Geschichte und Geschehen

OBERSTUFE

THEMENHEFT

Krisen, Umbrüche und Revolutionen: Krise(n) der römischen Republik seit dem 2. Jahrhundert v. Chr.; Krise und Umbruch in Osteuropa Ende des 20. Jahrhunderts

Michael Sauer (Herausgeber)

Michael Epkenhans
Sönke Jaek
Michael Sauer
Raimund Schulz

Ernst Klett Verlag
Stuttgart · Leipzig

Umschlagbild links: Cicero beschuldigt Catilina im Senat der Verschwörung, Fresko von Cesare Maccari, 1889, Rom, Palazzo Madama; **rechts:** Statue des Augustus von Prima Porta, 1. Jh. n. Chr., Kopie nach einem Original um 20–17 v. Chr., Rom, Vatikanische Museen.

1. Auflage 1 5 4 3 2 | 16 15 14 13

Alle Drucke dieser Auflage sind unverändert und können im Unterricht nebeneinander verwendet werden.
Die letzte Zahl bezeichnet das Jahr des Druckes.

Herausgeber: Prof. Dr. Michael Sauer
Autoren: Prof. Dr. Michael Epkenhans: S. 14–35; Sönke Jaek: S. 90–119; Prof. Dr. Michael Sauer: S. 8–13, 126–129, 131; Prof. Dr. Raimund Schulz: S. 36–89

Redaktion: Dr. Gabriele Möhring; Martin Fruhstorfer, Leipzig
Herstellung: Kerstin Heisch
Bildassistenz: Katja Schnürpel

Gestaltung: Grafikdesign Petra Michel, Stuttgart
Umschlaggestaltung: Grafikdesign Petra Michel, Stuttgart
Satz: Kristin Drechsler, Leipzig
Kartografien: Ingenieurbüro für Kartografie J. Zwick, Gießen
Reproduktion: Meyle+Müller GmbH+Co. KG, Pforzheim
Druck: Offizin Andersen Nexö, Leipzig

Printed in Germany
ISBN 978-3-12-430082-9

9 783124 300829

SEITE

8 Einführung in das Themenheft

Geschichte versteht sich als ein Denkfach, in dem nicht auswendig gelerntes Wissen im Vordergrund steht, sondern das Deuten und Reflektieren von Geschichte. Damit dies gelingen kann, benötigen Sie grundlegende fachspezifische Kompetenzen. Einige davon haben Sie sich bereits angeeignet, in der Oberstufe kommen neue hinzu. Welche das sind, wodurch sie sich auszeichnen und worauf Sie bei deren Anwendung achten sollten, erfahren Sie in diesem Kapitel.

SEITE

14 Krisen, Umbrüche und Revolutionen

Seit jeher gehören tief greifende Veränderungen in Politik, Wirtschaft, Gesellschaft und Kultur zur Geschichte der Menschheit. Im Rückblick erscheinen diese Veränderungen häufig als „Wendepunkte in der Geschichte“. In diesem Kapitel werden Sie sich mit unterschiedlichen Ausprägungen und Erscheinungsformen solcher Wendepunkte auseinandersetzen. Auf der Grundlage von Deutungsmustern und Erklärungsmodellen können Sie selbstständig vergangene und gegenwärtige Umbruchsituationen deuten und beurteilen.

SEITE

In diesem Kapitel können Sie untersuchen und deuten, wie sich die römische Republik seit dem 2. Jahrhundert v. Chr. militärisch, wirtschaftlich, politisch und sozial veränderte und welche Strategien zur Bewältigung der auftretenden Krisen zur Anwendung kamen. Bei der Deutung und Wertung dieser historischen Prozesse können Sie unterschiedliche Erklärungsmodelle und Theorieansätze anwenden.

Ausgehend von der durch den Zweiten Weltkrieg entstandenen politischen Situation werden Sie an ausgewählten Beispielen die Entwicklung der osteuropäischen Staaten bis zum Zusammenbruch der kommunistischen Systeme Ende der 1980er-Jahre analysieren und bewerten. Dabei stehen Krisensymptome und Krisenbewältigungsstrategien im Zentrum der Betrachtungen.

In diesem Abschnitt werden Hilfen für Ihre individuelle Vorbereitung auf die Abiturprüfung bereitgestellt. Von Beginn an können Sie anhand der einzelnen Elemente überprüfen, welche Inhalte und Kompetenzen Sie bereits beherrschen und in welchen Teilbereichen noch Übungsbedarf besteht. So werden Sie sicher ins Abitur geführt.

So arbeiten Sie mit dem Themenheft

In diesem Heft zum Rahmenthema „Krisen, Umbrüche und Revolutionen“ sind die Pflichtthemen „Theorien und Modelle zu Umbruchsituationen“ und „Krise(n) der römischen Republik seit dem 2. Jahrhundert v. Chr.“ sowie das Wahlthema „Krise und Umbruch in Osteuropa Ende des 20. Jahrhunderts“ aufbereitet.

Orientierungsseiten zu Beginn eines jeden Kapitels geben Ihnen einen **Problemaufriss** und schlagen **Leitfragen** für die Arbeit am Thema vor.

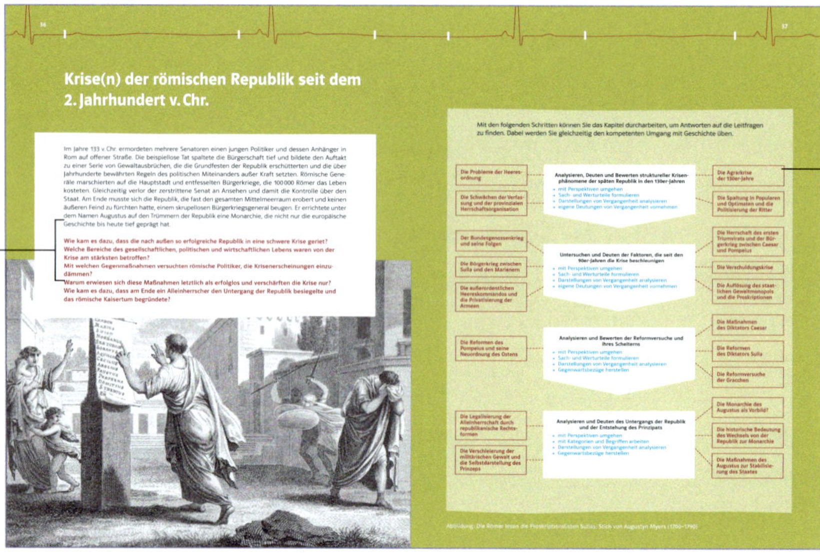

Eine Verlaufsskizze verdeutlicht die **Kapitelstruktur**, einen möglichen **Untersuchungsgang** durch das Thema sowie die **Fachkompetenzen**, die Sie erwerben und anwenden können.

Der Darstellungsteil jedes Unterkapitels beginnt mit einem **Problemaufriss** sowie **Anregungen** für die Arbeit mit den Verfassertexten und Abbildungen. Darin eingebettet sind Hinweise auf die zu übenden **Fachkompetenzen.**

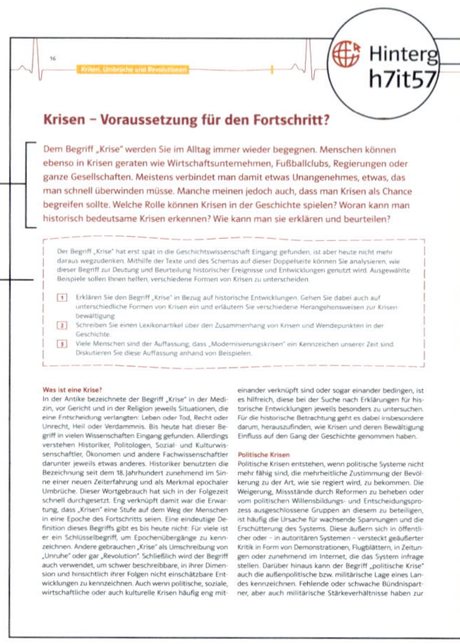

Geschichte-und-Geschehen-Codes führen Sie zu zusätzlichen Informationen und Übungen im Internet. Sie brauchen nur die Code-Nummern in das Suchfeld auf www.klett.de einzugeben.

Der Materialteil beginnt immer mit einer Erläuterung der **inhaltlichen Schwerpunkte** und der **konzeptionellen Überlegungen,** unter denen die Materialien ausgewählt wurden, sowie einer Darlegung des **Lernpotenzials,** das ihnen innewohnt. Es folgen **Untersuchungsaufträge** für die Arbeit mit dem Material.

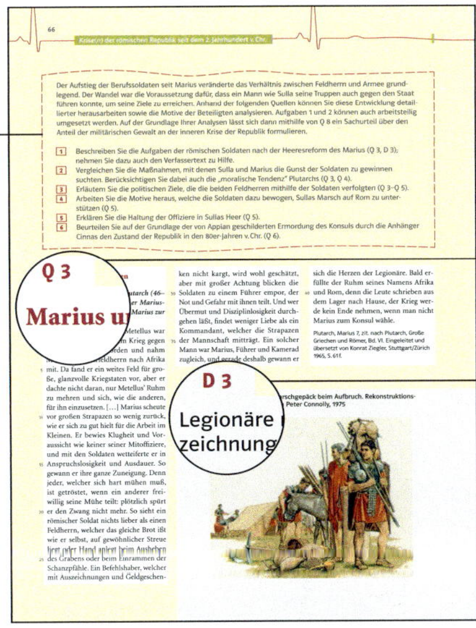

Historische Quellen sind durch Q (z. B. **Q 3**), **Geschichtsdarstellungen** immer mit D (z. B. **D 2**) gekennzeichnet.

Am Ende des Buches finden Sie den Bereich „Abitur kompakt".

Anhand eines **Überblicks des Abiturwissens,** der **Methoden** sowie der **Operatoren und Anforderungsbereiche** können Sie selbst überprüfen, inwieweit Sie fit fürs Abitur sind.

Wie kompetent Sie hinsichtlich der Arbeit mit Quellen und Materialien sind, können Sie auch mit Hilfe der **Probeklausur** selbst überprüfen.

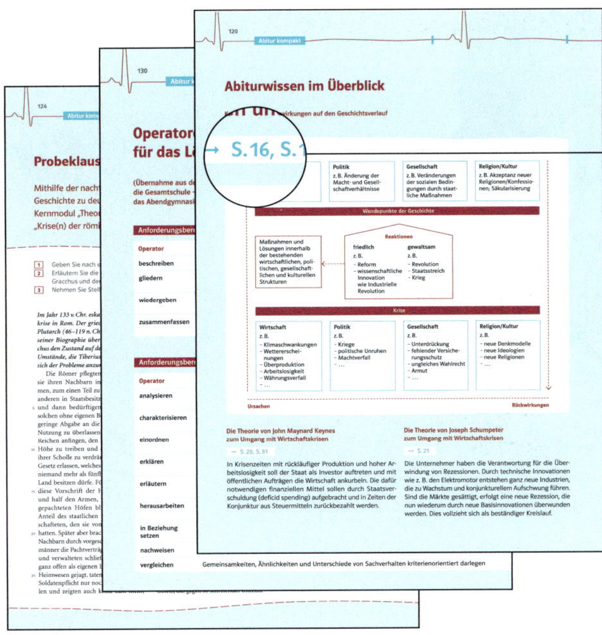

Seitenverweise erleichtern Ihnen einen **schnellen Zugriff auf die Inhalte,** die Sie noch einmal vertiefen möchten.

Geschichte deuten und reflektieren

Geschichte hat Hochkonjunktur. Sie fasziniert – in einem Spielfilm, in einer Fernsehdokumentation oder als kulturelles Event. Sie verkauft sich gut – als Geschichtsmagazin oder als historischer Roman. Sie fungiert als Werbeträger – für Konsumprodukte oder für Reiseziele. Sie dient als Argument – in Gedenkreden oder bei Auseinandersetzungen mit politischen Gegnern. Aber zugleich ist Geschichte etwas schwer Fassbares, denn ihr Gegenstand, die Vergangenheit, ist unwiederbringlich dahin. Wir können ihr nicht direkt begegnen, allenfalls einzelnen Überbleibseln; wir können uns nur in unseren Köpfen ein Bild von ihr machen und uns im Rückblick Urteile über sie bilden. Dafür bedarf es spezifischer Kompetenzen, die Sie in diesem Kapitel kennenlernen.

D 1

Karikatur von Roland Beier, 1990

1

Erläutern Sie, welche historischen Sachverhalte der Karikaturist deutet und zu welchem Sachurteil er gelangt.

Historisch denken und arbeiten

Sie sind es gewohnt, dass in Ihrem Geschichtsunterricht viel mit Quellen gearbeitet wird. Dahinter steht die Absicht, dass Sie wie ein Historiker Ereignisse und Prozesse aus der Vergangenheit anhand überlieferter Zeugnisse untersuchen sollen.

Bei der Arbeit des Historikers geht es jedoch nicht nur um die Analyse einzelner Quellen. Sie sind zwar wichtigste Grundlage und Ausgangspunkt der Arbeit, doch es stellt sich die Frage: Wie kommt man nun vom Quellenstudium zu allgemeineren Darstellungen und Deutungen der Vergangenheit? Oder anders gefragt: Wie „schreibt man Geschichte"? Dafür müssen Sie auf eine bestimmte Art und Weise über Geschichte nachdenken. Wichtige Kompetenzen, die zu diesem Nachdenken gehören, werden im Folgenden erläutert. Mit einzelnen Aspekten davon sind Sie sicherlich auch schon in der Sekundarstufe I in Berührung gekommen. Mithilfe dieses Themenheftes sollen Sie diese Kompetenzen ausdrücklich verstehen können und anwenden lernen.

KOMPETENZTIPP

Zur Arbeit mit Quellen

Wie man mit unterschiedlichen Arten von Quellen arbeitet, haben Sie schon in der Sekundarstufe I gelernt. Die Methoden, die Sie dabei beherrschen und anwenden sollen, finden Sie im Teil „Abitur kompakt" ab S. 126.

In den Grafiken sind die Ausführungen zu einzelnen Kompetenzen noch einmal prägnant zusammengefasst. Sie können als Gedächtnisstütze bei der Arbeit an den Themen dieses Heftes dienen.

Eigene Deutungen/Darstellungen von Vergangenheit vornehmen

In der Sekundarstufe II wird von Ihnen verlangt, dass Sie – meist ausgehend von einer Quelleninterpretation – umfassendere und eigenständige Darstellungen von Geschichte vornehmen. Worauf müssen Sie dabei achten? Zu Beginn einer Darstellung müssen Sie deutlich machen, wovon diese handelt: Mit welchem historischen Ereignis, welcher Situation, welchem Problem beschäftigen Sie sich? Was ist der weitere thematische, zeitliche oder räumliche Zusammenhang? Wie lautet Ihre genaue Fragestellung, die Sie selbst gewählt haben oder die von außen vorgegeben sein kann? Welchen Untersuchungsgang haben Sie gewählt? Dann gilt es zu erklären, wer die historischen Akteure sind, mit denen Sie es zu tun haben, worin ihre Handlungen, deren Ursachen, Motive, Ziele, Mittel und Wirkungen bestehen. Darüber hinausgehend müssen Sie aber auch allgemeinere gesellschaftliche, politische oder wirtschaftliche Rahmenbedingungen in den Blick nehmen.

Ihre Darstellung sollte klar strukturiert sein und einen erkennbaren roten Faden besitzen. Zentral sind präzises historisches Argumentieren und angemessene sprachliche Darstellung. Sie müssen Ihre Aussagen begründen und möglichst anhand von Quellen (mit korrekt nachgewiesenen Zitaten) belegen. Auf widersprüchliche Aussagen in den Quellen müssen Sie hinweisen. Es gilt zu unterscheiden zwischen Begriffen, die aus den Quellen oder aus deren zeitgenössischem Zusammenhang stammen, und Ihren eigenen bzw. den fachwissenschaftlichen Begriffen oder Theorien. Korrekt ausgedrückt werden müssen zeitliche Beziehungen (vorher, nachher, später, während, Jahreszahl …) und Ursache-Folge-Beziehungen (weil, infolgedessen, dadurch …; aber auch obwohl, dennoch …). Unterscheiden müssen Sie zwischen verschiedenen Graden von Wahrscheinlichkeit (mit Sicherheit, wahrscheinlich, vermutlich, vielleicht …). Sie sollten auch auf mögliche abweichende Sichtweisen und Deutungsalternativen hinweisen (einerseits – andererseits, dagegen ließe sich einwenden, man könnte dies auch so interpretieren …) oder die Möglichkeit eines anderen historischen Verlaufs in den Blick nehmen (wenn … gewesen wäre, dann hätte vielleicht …).

Darstellungen und Deutungen vornehmen

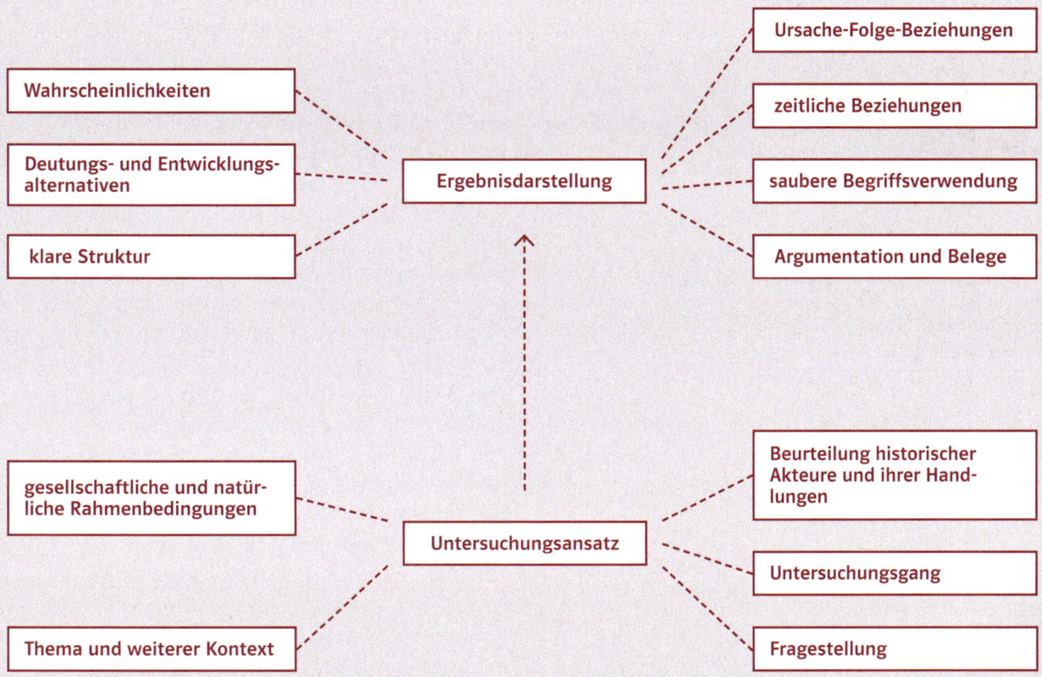

Sach- und Werturteile formulieren

Wie kann man überhaupt zu Deutungen der Vergangenheit gelangen? Bei der Untersuchung von historischen Sachverhalten lassen sich drei Schritte unterscheiden: Sachanalyse, Sachurteil, Werturteil. An erster Stelle steht die Sachanalyse: Ausgehend von Quellen und ihrer Interpretation kann man einzelne Sachaussagen über historische Ereignisse oder Prozesse machen. Auf der Basis dieser Sachaussagen gelangt man zu einem zusammenfassenden Sachurteil: Man erklärt und deutet den historischen Sachverhalt. Abhängig von der jeweiligen Fragestellung, der Auswahl, Gewichtung und argumentativen Verknüpfung von Sachaussagen kann man zu durchaus unterschiedlichen Sachurteilen über denselben Sachverhalt gelangen. Das Werturteil schließlich bezieht persönliche und gegenwartsbezogene Sichtweisen und Wertungen mit ein, zum Beispiel heutige, weitverbreitete Vorstellungen von Menschenrechten oder Demokratie.

Wenn Sie sich mit historischen Themen befassen, sollten Sie diese drei Schritte so genau wie möglich auseinanderhalten. Besonders wichtig ist die Unterscheidung von Sach- und Werturteil. Beim Werturteil müssen Sie ausdrücklich darüber reflektieren, was die Grundlagen und Maßstäbe Ihrer Beurteilung sind. In vielen historischen Situationen war Gewaltausübung, Grausamkeit, Unterdrückung alltäglich. Aus heutiger Sicht verurteilen wir das. Aber wie dachten eigentlich die Zeitgenossen darüber? Wie verhalten sich unsere Wertmaßstäbe zu ihren? Nur wenn Sie solche Fragen im Blick haben, vermeiden Sie die allzu einfache Besserwisserei eines später Lebenden.

Wie drückt sich der Unterschied zwischen Sach- und Werturteil in Aufgabenformulierungen aus? Aufgaben wie „Erklären" und „Beurteilen" beziehen sich auf Sachurteile, „Erörtern" und „Stellung nehmen" beziehen sich auf Werturteile. Dieses Bewerten vollzieht sich häufig in Form eines Vergleichs zwischen unterschiedlichen Lebens- und Denkweisen in Vergangenheit und Gegenwart.

Von der Sachanalyse zum Werturteil

Werturteil
Bewertung unter Einbeziehung heutiger Sichtweisen und Maßstäbe

↑

Sachurteil
Erklärung und Deutung im historischen Zusammenhang

↑

Sachanalyse
Erkenntnisse und Sachaussagen über historische Ereignisse und Prozesse

Mit Dimensionen und Begriffen arbeiten

Wer sich mit der Vergangenheit beschäftigt, kann sein Interesse auf ganz unterschiedliche Bereiche richten – sie werden als Dimensionen bezeichnet: Politik, Wirtschaft, Krieg, Technik, Arbeit, soziale Verhältnisse, Geschlecht, Kultur, Religion, Alltag usw. Es handelt sich dabei gewissermaßen um Scheinwerfer, mit denen Sie in die Vergangenheit hineinleuchten können: Je nachdem, für welche Sie sich entscheiden, bekommen Sie ganz Unterschiedliches in den Blick und gelangen zu verschiedenartigen Einsichten. Es gibt daher nicht die „eine Geschichte", sondern viele verschiedene Teil-Geschichten, die man über die Vergangenheit schreiben kann.

Wenn man selbst die Vergangenheit untersuchen will, muss man also wissen, welche Dimensionen der Geschichte einen besonders interessieren und welche im Hinblick auf eine bestimmte Zeit vielleicht besonders ergiebig sind; und man muss erkennen und nachvollziehen können, was jemand anderer in seiner Geschichtsdarstellung in den Mittelpunkt gerückt hat. Auch im Geschichtsunterricht können sehr unterschiedliche Dimensionen im Mittelpunkt der Betrachtung stehen. Beim Kapitel „Kulturelle Wandlungsprozesse" in diesem Heft wird schon in der Überschrift deutlich, dass es sich um eine bestimmte Dimension von Geschichtsbetrachtung handelt.

In allen Wissenschaften spielen Fachbegriffe eine zentrale Rolle. In der Geschichtswissenschaft unterscheiden wir verschiedene Arten von Begriffen. Am einfachsten sind solche Begriffe, mit denen in der Vergangenheit bestimmte Ereignisse oder Objekte benannt wurden, zum Beispiel Schwertleite oder Manufaktur. Es gibt jedoch auch Begriffe, die über lange Zeit gleichbleiben, während sich die Dinge, die sie bezeichnen, tiefgreifend verändern können. Weil es diese Begriffe auch noch heute gibt, meinen wir zunächst, sie seien klar definiert und bedeuteten stets dasselbe, zum Beispiel Staat. Um sie historisch angemessen zu verwenden, müssen wir sie aber in ihrem jeweiligen Zusammenhang betrachten. Und schließlich gibt es sehr komplexe Begriffe, mit denen Historiker die Geschichte deuten wollen und hinter denen sich ganze Theorien verbergen: Feudalismus, Imperialismus, Modernisierung. Nur wenn man diese Theorien kennt, kann man die Begriffe angemessen verwenden. Die unterschiedlichen Arten und Reichweiten von Begriffen müssen Sie also im Blick haben, wenn Sie sorgsam mit ihnen umgehen wollen.

Mit Perspektivität umgehen

Mit Perspektivität umgehen zu können, ist eine zentrale Kompetenz bei der Beschäftigung mit Geschichte. Das gilt zunächst für die Arbeit mit Quellen. Historische Quellen aller Art sind geprägt durch den Standpunkt, den Blickwinkel, die Interessen desjenigen, von dem sie stammen. Kulturelle, religiöse, nationale Zugehörigkeit, soziale Position, Geschlecht, politische oder wirtschaftliche Interessen können dabei eine Rolle spielen. Aber auch die Fragen, die wir heute an die Vergangenheit richten, sind von solchen Standpunkten und Interessen beeinflusst. Wir haben es also mit Perspektivität auf verschiedenen Zeitebenen zu tun, in der Vergangenheit wie in der Gegenwart.

Wie bekommt man bei der Quellenarbeit Perspektivität in den Blick? Sie müssen dafür zum Beispiel wissen, wer der Verfasser eines Quellentextes war, welches Amt, welche Stellung er innehatte, zu welcher sozialen Schicht er gehörte, in welcher Beziehung er zu dem von ihm beschriebenen Vorgang stand, was er darüber aus erster Hand wissen konnte. Solche Informationen können Sie zumeist nicht selbst erheben, sondern erhalten Sie in Ihrem Geschichtsbuch mitgeteilt. Ihre Aufgabe ist es dann zu prüfen, inwieweit sich solche Gesichtspunkte in den Äußerungen des Verfassers niederschlagen. Besonders gut können Sie dies herausfinden und üben, wenn Quellen gezielt multiperspektivisch zusammengestellt sind, wenn also mindestens zwei unterschiedliche Positionen vertreten sind. Wie schätzen zum Beispiel der Besitzer und eine Arbeiterin die Arbeitsbedingungen in einer Textilfabrik um 1900 ein? Multiperspektivität lässt die Unterschiedlichkeit von Aussagen besonders markant zum Vorschein treten und lädt zur gezielten vergleichenden Analyse der zugrunde liegenden Perspektiven ein. Sie finden solche Zusammenstellungen beispielsweise auf S. 54/55. Genauso kann man auch unterschiedliche, anders wertende oder einander widersprechende Urteile von Historikern multiperspektivisch gegeneinanderstellen. Ein Beispiel dafür sind D 2–D 3 auf S. 70–71.

Über dieses Erkennen und Analysieren von Perspektivität hinaus führt die historische Perspektivenübernahme. Es geht darum, die Gedanken, Gefühle, Einstellungen und Handlungen von Menschen in der Vergangenheit nachzuvollziehen, sich auf sie einzulassen, gewissermaßen probehalber die Welt mit ihren Augen zu sehen. Das ist sehr anspruchsvoll, denn man muss dafür die vergangene Zeit, um die es geht, möglichst genau kennen: Was konnten Menschen damals überhaupt wissen oder denken? Was war für sie ganz unvorstellbar? Hätte sich derjenige, mit dem wir uns beschäftigen, überhaupt anders verhalten können, als er es getan hat? Ein weiterer Schritt ist dann, mehrere Perspektiven miteinander zu vergleichen.

Das Übernehmen von Perspektiven kann auch angeregt und trainiert werden durch entsprechende Arbeitsaufträge. Diese können Ihnen helfen, sich in eine historische Situation zu versetzen und dort aus einer bestimmten Perspektive heraus zu denken oder zu handeln. Ein solcher Arbeitsauftrag könnte zum Beispiel folgendermaßen lauten: „Versetzen Sie sich in die Situation eines römischen Bauern um 140 v. Chr. Sie haben schon zwei Mal als Legionär an Kriegen teilgenommen, beide Male in Italien. Das war für Sie selbstverständlich: Es ging um die Verteidigung des Vaterlandes und Ihres eigenen Besitzes. Und es gab ja auch gute Beute. Aber nun finden die Kriege immer weiter entfernt statt und dauern immer länger. Die Spanier, so haben Sie gehört, sind schwer zu besiegen, die römischen Verluste sind hoch. Jetzt finden wieder Aushebungen statt – sollen Sie sich noch einmal freiwillig zu den Waffen melden oder lieber versuchen, der Einberufung zu entgehen? Sie führen mit Ihrem Nachbarn ein langes Gespräch darüber und legen ihm Ihre Gedanken dar." Sinnvoll sind dafür auch oft spezielle Textsortenvorgaben – Brief, Tagebuch, Zeitungsartikel, Rede –, die ganz unterschiedliche Überlegungen und Darstellungsweisen erforderlich machen. In diesem Themenheft finden Sie entsprechende Aufgaben beispielsweise auf den Seiten 22, 24, 28, 44, 62, 68, 84, 98, 100 usw.

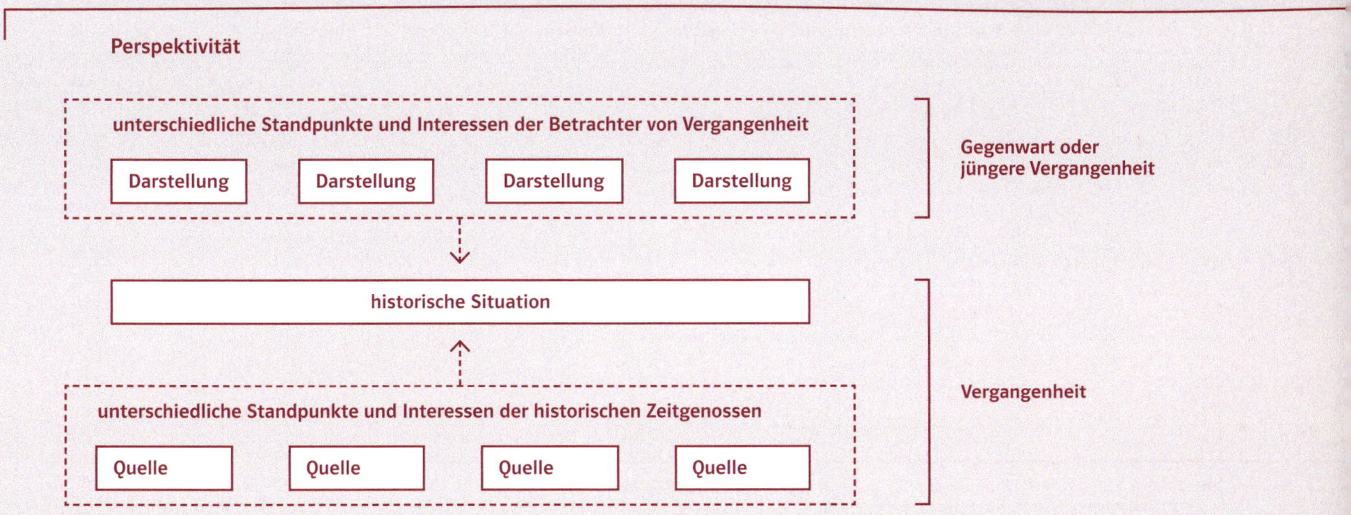

Darstellungen von Vergangenheit analysieren

Bei den bislang beschriebenen Kompetenzen ging es vorwiegend um die Frage, wie man selbst mit der Vergangenheit und den überlieferten Quellen umgeht, um zu einem eigenen Verständnis und Urteil zu gelangen. Im Alltag tritt uns Geschichte allerdings eher in Form fertiger Darstellungen gegenüber, die andere erstellt haben. Das sind nicht etwa nur die Bücher von Historikern, sondern viel häufiger Fernsehdokumentionen oder Spielfilme, Romane oder Zeitschriften, Ausstellungen oder Computerspiele und natürlich auch Verfassertexte in Schulbüchern. In allen diesen Darstellungsformen können vergangene Ereignisse, Situationen und Prozesse unterschiedlich, unter Umständen sogar gegensätzlich gedeutet werden. Das hängt ab von den jeweiligen Fragestellungen, von den herangezogenen Quellen, deren Gewichtung und Auslegung, aber auch von den Interessen, die mit der Darstellung verfolgt werden. Eine wichtige Aufgabe des Geschichtsunterrichts besteht deshalb darin, Sie dazu zu befähigen, mit solchen unterschiedlichen Formaten von Geschichtsdarstellung kompetent umzugehen – Sie sollen gewissermaßen zu einem mündigen und kritischen Geschichtsverbraucher werden.

Dafür ist es zunächst einmal wichtig, dass Sie einige grundlegende Kenntnisse über die Besonderheiten der jeweiligen Darstellungsform besitzen. Worauf muss ich besonders achten, wenn ich eine Fernsehdokumentation genauer betrachten will? Woran kann ich erkennen, wie gut eine Ausstellung ihrem historischen Thema gerecht wird? Für alle Arten von Geschichtsdarstellung gilt es einige wichtige Fragen im Blick zu behalten: Welche zentralen Aussagen werden über das Thema gemacht? Wie werden sie gemacht – werden zum Beispiel in einer Dokumentation Filmdokumente und Zeitzeugenaussagen argumentativ sinnvoll miteinander verknüpft oder sind sie nur Illustration für einen unsichtbaren und allwissenden Erzähler? Wird eine bestimmte Sichtweise gegenüber anderen besonders bevorzugt? Geht man stillschweigend von irgendwelchen Voranahmen aus, die die Darstellung von vornherein maßgeblich beeinflussen? Basiert die Darstellung auf einem überholten Forschungsstand? Wird die Darstellung an einzelnen Personen festgemacht, denen – im Guten oder im Bösen – eine übergroße Bedeutung zugeschrieben wird? Dient – im Roman oder im Computerspiel – das Historische nur als Fassade für eine eigentlich moderne Handlung oder Spielidee? Liegen der Darstellung stereotype Geschichtsvorstellungen – zum Beispiel von einer Epoche wie dem Mittelalter – zugrunde? Wird Geschichte zu Verkaufszwecken fragwürdig reißerisch aufgemacht? Welches Publikum hat man im Blick, welches Vorwissen wird vorausgesetzt, von welchen Interessen geht man aus? Und werden die eigene Herangehensweise an die Geschichte, der Umgang mit Quellen und die Urteilsmaßstäbe thematisiert und reflektiert?

Solche Fragen sollten Sie gerade bei der Beschäftigung mit populären Formen der Geschichtsdarstellung immer mitdenken, ohne dass Ihnen dabei das Vergnügen beim Schmökern eines Romans vergehen muss.

Darstellungen analysieren

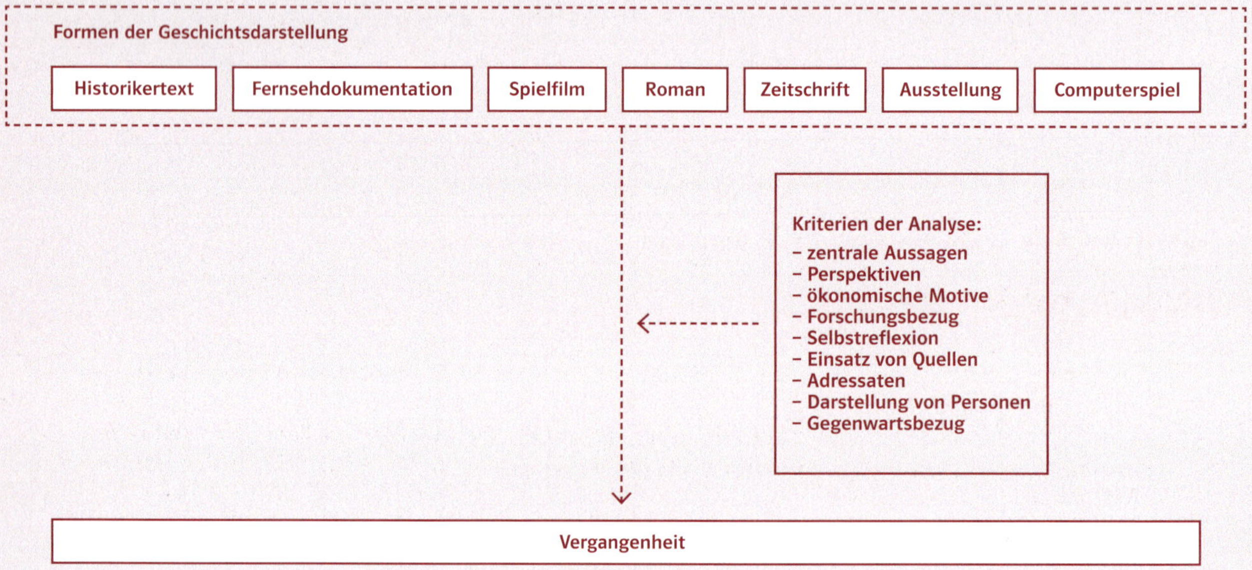

Gegenwartsbezüge herstellen und reflektieren

Unsere Beschäftigung mit der Vergangenheit geht immer von unserer Gegenwart aus. Aus unserer Gegenwart stammt das Interesse an der Vergangenheit und aus ihr kommen die Fragen, die wir an die Vergangenheit richten. Für unsere Gegenwart wollen wir aus der Vergangenheit Aufschlüsse, Anregungen und Hilfestellungen gewinnen.

Welche unterschiedlichen Bezüge zwischen Vergangenheit und Gegenwart lassen sich unterscheiden? Erstens kann Vergangenheit in unserer Gegenwart unmittelbar präsent sein. Das gilt zum Beispiel für historische Überbleibsel wie Bauten, Denkmäler oder Friedhöfe. Die Vergangenheit kann aber auch in der Erinnerung, im Gedenken oder in der Diskussion gegenwärtig sein. So ist es zum Beispiel bei der gesamten öffentlichen Auseinandersetzung mit Geschichte – anlässlich von Gedenktagen und Jubiläen oder in kontroversen Debatten. Wenn Sie solche Auseinandersetzungen nachvollziehen und sich ein Urteil darüber bilden wollen, müssen Sie die historischen Bezugspunkte kennen, um die es geht.

Zweitens kann zwischen Vergangenheit und Gegenwart ein direkter Ursachenzusammenhang bestehen: Die jüngere Vergangenheit ist die direkte Vorgeschichte der Gegenwart, ohne sie lässt sich kaum verstehen, warum unsere heutigen Verhältnisse so sind, wie sie sind. Wie weit eine solche Gegenwartsvorgeschichte zurückreicht, darüber kann man immer streiten; für die deutsche Geschichte müssen wir sicherlich bis ins 1871 gegründete Kaiserreich zurückgehen.

Drittens lässt sich zwischen Vergangenheit und Gegenwart ein Sinnzusammenhang herstellen. Dabei geht es nicht um zeitliche Nähe, sondern um die Ähnlichkeit von Situationen und Problemen: Welche Herausforderungen, Reaktionen und Ideen gab es damals, welche gibt es heute oder welche könnte es geben? Können wir historische Modelle, Erfahrungen oder auch Misserfolge für uns heute nutzbar machen? So haben schon vor längerer Zeit die Probleme mit aktuellen Migrationsprozessen in der Bundesrepublik mit dazu beigetragen, dass man sich genauer mit solchen Prozessen in der Vergangenheit – ihrem Verlauf, ihren Rahmenbedingungen, den Motiven und Erfahrungen der Beteiligten – beschäftigt hat.

Sowohl beim Ursachenzusammenhang als auch beim Sinnzusammenhang sind die Bezüge zwischen Gegenwart und Vergangenheit nicht einfach vorgegeben: Wir selbst müssen sie für uns erkennen oder überhaupt erst herstellen, und das heißt: gezielt danach fragen und suchen. Dabei geht es im einen Fall um die Analyse von Entwicklungs- und Wandlungsprozessen, im anderen um einen kritischen Vergleich.

Gegenwartsbezüge herstellen

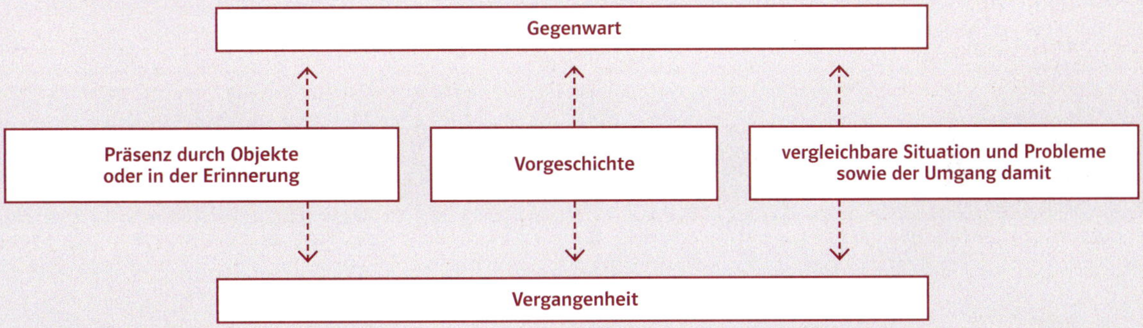

ZUSAMMENFASSENDE AUFGABEN

I Analysieren Sie die Verfassertexte auf den Seiten 84–85 im Hinblick auf die Dimensionen von Geschichte, die dort Berücksichtigung finden.

II Analysieren Sie die Verfassertexte auf den Seiten 16–17 im Hinblick auf die Formulierung von Zeit-Beziehungen, Ursache-Folge-Beziehungen, Wahrscheinlichkeiten, unterschiedliche Perspektiven und historische Alternativen.

III Vergleichen Sie jeweils ein Heft der Geschichtsmagazine „Damals", „Geo-Epoche" sowie „PM-History" unter ausgewählten Analysekriterien (Grafik nebenstehende Seite) miteinander.

Krisen, Umbrüche und Revolutionen

Die Lebensbedingungen von Menschen hängen nicht nur von natürlichen Voraussetzungen ab. Sie werden vor allem auch durch die wirtschaftlichen, politischen und gesellschaftlichen Verhältnisse geprägt. Manchmal vergehen sehr lange Zeiträume, in denen kaum Veränderungen all dieser Bedingungen vonstattengehen oder sie vollziehen sich in solch kleinen Schritten, dass sie von den Zeitgenossen kaum wahrgenommen werden. Dann wiederum gibt es auch Zeiten, in denen sich die Lage so stark verändert, dass sich Unzufriedenheit oder gar tiefe Krisen herausbilden. Ob es sich dabei um Beispiele wie die tiefe gesellschaftliche Krise der antiken römischen Republik, Hungerkrisen im Mittelalter, die bestehenden Herrschaftsverhältnisse vor der Französischen Revolution, die rasante technische und wirtschaftliche Entwicklung in Zeiten der Industrialisierung oder die Bankenkrise in der Gegenwart handelt, eins war und ist immer ähnlich: Die Menschen müssen auf derartige Situationen reagieren. Ihr Handeln führt häufig zu tief greifenden Umbrüchen in der Gesellschaft, auch wenn ihnen das nicht immer bewusst ist. Rückblickend werden solche Wendepunkte in der Geschichte von Historikern und anderen Wissenschaftlern genau analysiert und Konzepte und Theorien daraus hergeleitet. Einerseits kann damit das Geschehene besser verständlich gemacht werden, andererseits wird damit auch versucht, zukünftiges Handeln in den Blick zu nehmen.

Wie kommt es nun aber zu Umbruchssituationen in der Geschichte?
Welche Formen von Umbrüchen haben die Entwicklung vorangetrieben?
Wie wurden und werden Entwicklungsschübe und Wendepunkte gedeutet?
Welche Erklärungsmuster und Theorien wurden dafür entworfen und wie tragen diese zum Verständnis der Gegenwart bei?

Bei der Arbeit mit dem vorliegenden Themenheft werden Sie an Beispielen lernen, Wendepunkte und beschleunigte Veränderungsprozesse in der Geschichte zu analysieren, zu deuten und zu bewerten. Folgende Schritte führen Sie zum Ziel:

Theorie der wirtschaftlichen Entwicklung nach Keynes

Theorie der wirtschaftlichen Entwicklung nach Schumpeter

Erklärungsmodelle und Theorien zu Krisen, Revolutionen und Modernisierung

- → Benennen und Erklären allgemeingültiger Theorien und Modelle zu historischen Umbruchssituationen
- → Arbeiten mit Kategorien und Begriffen

historischer Materialismus

Modernisierungstheorie

Krisen der römischen Republik

Krise des späten Mittelalters

American Revolution

Französische Revolution

Exemplarischer Überblick über wichtige Umbrüche in der Geschichte

- → Benennen und Erklären von beschleunigten Veränderungsprozessen und Wendepunkten
- → theoriebezogenes Deuten der jeweiligen Formen des Wandels als Krise, Umbruch oder Revolution

Russische Revolutionen 1917

Weltwirtschaftskrise am Ende der 1920er-Jahre

Krise und Umbruch in Osteuropa am Ende des 20. Jahrhunderts

Mauerfall und friedliche Revolution in der DDR

Krisen der römischen Republik

Vertiefende quellengestützte Analyse zweier historischer Sachverhalte und deren theoriebezogene Deutung

- → Analysieren und Beurteilen ausgewählter Umbrüche hinsichtlich ihrer Ursachen und Bedingungen, ihres Verlaufs und ihrer Folgen
- → Erläutern zeitgenössischer und gegenwärtiger Deutungen dieser Umbrüche
- → Entwickeln eigener Deutungsansätze und Werturteile auf der Grundlage von Erklärungsmodellen und Theorien

Krise und Umbruch in Osteuropa am Ende des 20. Jahrhunderts

Abbildung: Der Sturm auf die Bastille am 14. Juli 1789,
Gemälde von Jean-Baptiste Lallemand (1716–1803), 80 × 104 cm, Musée Carnavalet, Paris.

Krisen – Voraussetzung für den Fortschritt?

Dem Begriff „Krise" werden Sie im Alltag immer wieder begegnen. Menschen können ebenso in Krisen geraten wie Wirtschaftsunternehmen, Fußballclubs, Regierungen oder ganze Gesellschaften. Meistens verbindet man damit etwas Unangenehmes, etwas, das man schnell überwinden müsse. Manche meinen jedoch auch, dass man Krisen als Chance begreifen sollte. Welche Rolle können Krisen in der Geschichte spielen? Woran kann man historisch bedeutsame Krisen erkennen? Wie kann man sie erklären und beurteilen?

Der Begriff „Krise" hat erst spät in die Geschichtswissenschaft Eingang gefunden, ist aber heute nicht mehr daraus wegzudenken. Mithilfe der Texte und des Schemas auf dieser Doppelseite können Sie analysieren, wie dieser Begriff zur Deutung und Beurteilung historischer Ereignisse und Entwicklungen genutzt wird. Ausgewählte Beispiele sollen Ihnen helfen, verschiedene Formen von Krisen zu unterscheiden.

1 Erklären Sie den Begriff „Krise" in Bezug auf historische Entwicklungen. Gehen Sie dabei auch auf unterschiedliche Formen von Krisen ein und erläutern Sie verschiedene Herangehensweisen zur Krisenbewältigung.

2 Schreiben Sie einen Lexikonartikel über den Zusammenhang von Krisen und Wendepunkten in der Geschichte.

3 Viele Menschen sind der Auffassung, dass „Modernisierungskrisen" ein Kennzeichen unserer Zeit sind. Diskutieren Sie diese Auffassung anhand von Beispielen.

Was ist eine Krise?

In der Antike bezeichnete der Begriff „Krise" in der Medizin, vor Gericht und in der Religion jeweils Situationen, die eine Entscheidung verlangten: Leben oder Tod, Recht oder Unrecht, Heil oder Verdammnis. Bis heute hat dieser Begriff in vielen Wissenschaften Eingang gefunden. Allerdings verstehen Historiker, Politologen, Sozial- und Kulturwissenschaftler, Ökonomen und andere Fachwissenschaftler darunter jeweils etwas anderes. Historiker benutzten die Bezeichnung seit dem 18. Jahrhundert zunehmend im Sinne einer neuen Zeiterfahrung und als Merkmal epochaler Umbrüche. Dieser Wortgebrauch hat sich in der Folgezeit schnell durchgesetzt. Eng verknüpft damit war die Erwartung, dass „Krisen" eine Stufe auf dem Weg der Menschen in eine Epoche des Fortschritts seien. Eine eindeutige Definition dieses Begriffs gibt es bis heute nicht: Für viele ist er ein Schlüsselbegriff, um Epochenübergänge zu kennzeichnen. Andere gebrauchen „Krise" als Umschreibung von „Unruhe" oder gar „Revolution". Schließlich wird der Begriff auch verwendet, um schwer beschreibbare, in ihrer Dimension und hinsichtlich ihrer Folgen nicht einschätzbare Entwicklungen zu kennzeichnen. Auch wenn politische, soziale, wirtschaftliche oder auch kulturelle Krisen häufig eng miteinander verknüpft sind oder sogar einander bedingen, ist es hilfreich, diese bei der Suche nach Erklärungen für historische Entwicklungen jeweils besonders zu untersuchen. Für die historische Betrachtung geht es dabei insbesondere darum, herauszufinden, wie Krisen und deren Bewältigung Einfluss auf den Gang der Geschichte genommen haben.

Politische Krisen

Politische Krisen entstehen, wenn politische Systeme nicht mehr fähig sind, die mehrheitliche Zustimmung der Bevölkerung zu der Art, wie sie regiert wird, zu bekommen. Die Weigerung, Missstände durch Reformen zu beheben oder vom politischen Willensbildungs- und Entscheidungsprozess ausgeschlossene Gruppen an diesem zu beteiligen, ist häufig die Ursache für wachsende Spannungen und die Erschütterung des Systems. Diese äußern sich in öffentlicher oder – in autoritären Systemen – versteckt geäußerter Kritik in Form von Demonstrationen, Flugblättern, in Zeitungen oder zunehmend im Internet, die das System infrage stellen. Darüber hinaus kann der Begriff „politische Krise" auch die außenpolitische bzw. militärische Lage eines Landes kennzeichnen. Fehlende oder schwache Bündnispartner, aber auch militärische Stärkeverhältnisse haben zur

Folge, dass Staaten sich isoliert fühlen. Dieses „Krisengefühl" verleitet Staatsmänner häufig dazu, internationale Krisen zu provozieren, mit Rivalen um die Wette zu rüsten oder auch mit Krieg zu drohen.

Gesellschaftliche Krisen

Verantwortlich für gesellschaftliche oder soziale Krisen kann zum Beispiel das wachsende Auseinanderklaffen zwischen verschiedenen Schichten der Gesellschaft sein. Insbesondere, wenn kleine Teile der Bevölkerung immer reicher werden, während andere zunehmend verarmen, kommt es zu sozialen Krisen. Ursächlich dafür verantwortlich ist häufig eine ungerechte Verteilung von Steuerlasten oder das Vorhandensein von Privilegien für bestimmte Schichten.

Wirtschaftliche Krisen

Das bekannteste Beispiel für Krisen sind Wirtschaftskrisen: Der Verfall von Währungen durch Inflation und der damit einhergehende Verlust von Kaufkraft führen zum Rückgang der Produktion mangels Nachfrage. Firmenzusammenbrüche, Massenarbeitslosigkeit und Börsencrashs sind Folgen und zugleich Kennzeichen wirtschaftlicher Krisen. Häufig handelt es sich dabei nicht allein um nationale, sondern um internationale Entwicklungen.

Kulturkrisen

Zwischen den verschiedenen Schichten und Generationen oder religiösen und ethnischen Gruppen einer Gesellschaft kommt es aufgrund unterschiedlicher Auffassungen über alte und neue Wertvorstellungen, Lebensformen und Überzeugungen häufig zu Spannungen. Solche Kultur- oder Modernisierungskrisen spiegeln sich z. B. in Kleidung und Musik, Literatur, Freizeitverhalten und Kunst sowie in öffentlichen Diskussionen und Protesten wider.

D 1

Krisen und ihre Auswirkungen auf den Geschichtsverlauf

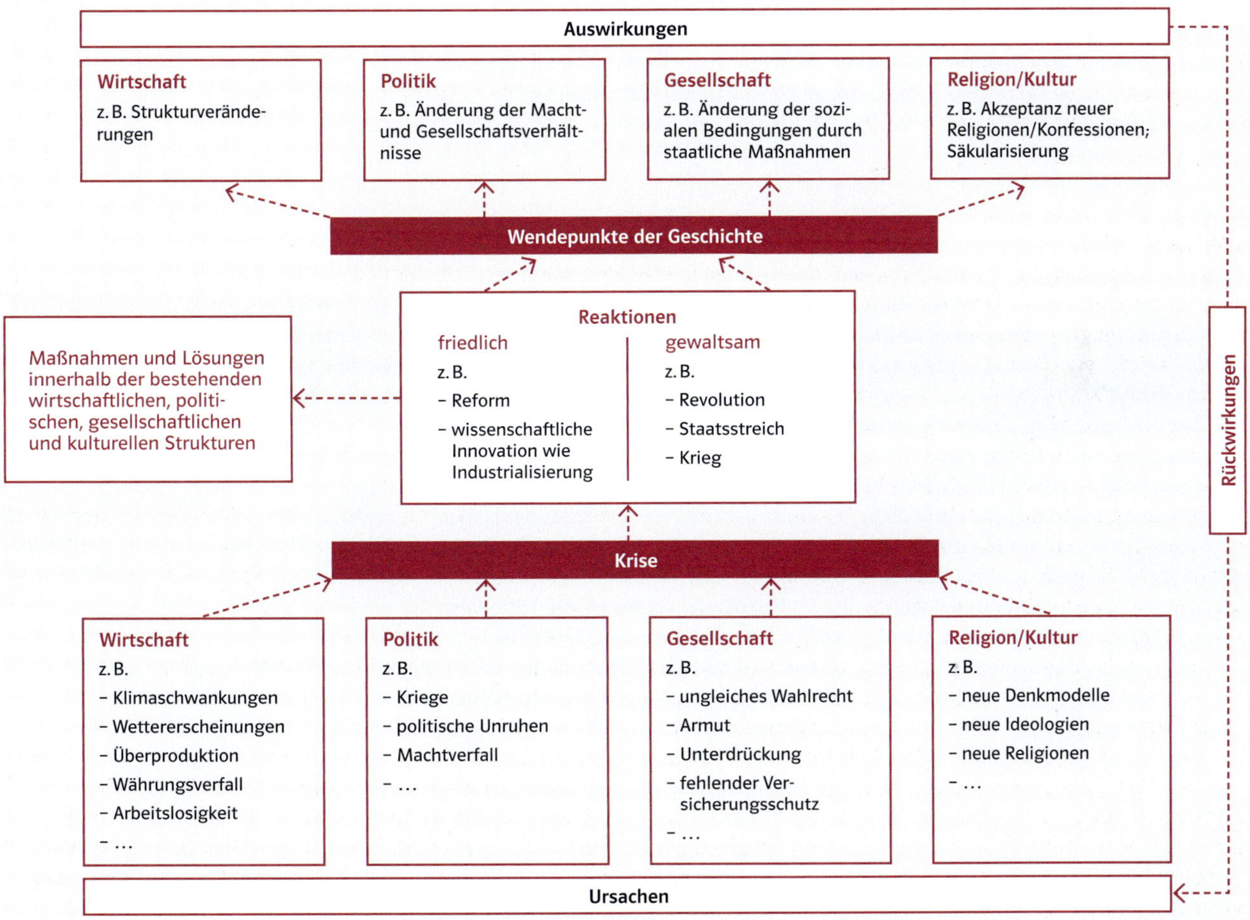

Die Auswirkungen von Krisen auf das Zusammenleben der Menschen haben Historiker und Wissenschaftler anderer Disziplinen schon früh veranlasst, Krisen zu untersuchen, um Wege zu deren Verhinderung oder deren Lösung aufzeigen zu können. Schlüssige Rezepte haben sie aber in den seltensten Fällen anbieten können. Besonders intensiv haben sich Ökonomen mit Krisen beschäftigt. Anlass dafür sind die schwerwiegenden Folgen großer wirtschaftlicher Krisen im ausgehenden 19., vor allem aber in der ersten Hälfte des 20. Jahrhunderts gewesen. Wie schwierig es ist, die richtigen Antworten zu finden, machen die hier abgedruckten Texte deutlich. Zunächst wird Ihnen eine Schrift aus dem 19. Jahrhundert vorgestellt, die sich damit auseinandersetzt, welche Rolle Krisen in der Geschichte spielen. Der anschließende Text D 2 verdeutlicht, wie neue Fragestellungen und Blickwinkel Krisen in der Geschichte deuten können. Ein anderer und zugleich äußerst aktueller Aspekt wird in den Arbeiten des englischen Wirtschaftswissenschaftlers John Maynard Keynes und des amerikanischen Ökonomen Joseph Schumpeter aufgegriffen. Sie entwickelten Theorien über die Rolle des Staates bei der Bewältigung wirtschaftlicher Krisen.
Mithilfe der Materialien werden Sie unterschiedliche zeitgenössische und moderne Deutungsansätze von Modellen und Theorien zum Wesen von Krisen und deren Überwindung analysieren, miteinander vergleichen und eigene Deutungen vornehmen.

1. Charakterisieren Sie, wie Krisen in der Geschichte in Q 1 und D 2 gedeutet werden und diskutieren Sie die unterschiedlichen Deutungsansätze.
2. Vergleichen Sie die von Keynes und Schumpeter vertretenen Theorien, wie auf Wirtschaftskrisen zu reagieren sei. Bewerten Sie die jeweiligen Lösungsansätze (Q 3, Q 4).
3. Nehmen Sie Stellung zu Schumpeters Auffassung, dass Depressionsphasen ein normales Ereignis in der Konjunkturbewegung seien. Berücksichtigen Sie dabei auch Q 2.
4. Vergleichen Sie die Empfehlungen von Keynes mit der Politik heutiger Regierungen (Q 3).
5. Führen Sie in der Klasse eine Debatte zu dem Thema „Sind Krisen ein ‚Störfall der Geschichte' oder gehören sie notwendigerweise zur historischen Entwicklung?".

Q 1

„Krisen räumen auf"

Der Schweizer Historiker Jacob Burckhardt schreibt 1868 über „Die geschichtlichen Krisen":

Zum Lobe der Krisen läßt sich nun vor allem sagen: die Leidenschaft ist die Mutter großer Dinge, d. h. die wirkliche Leidenschaft, die etwas Neues und nicht nur das Umstürzen des Alten will. Ungeahnte Kräfte werden in den einzelnen und in den Massen wach, und auch der Himmel hat einen andern Ton. Was etwas ist, kann sich geltend machen, weil die Schranken zu Boden gerannt sind oder eben werden.

Die Krisen und selbst ihre Fanatismen sind (freilich je nach dem Lebensalter, in welchem das betreffende Volk steht!) als echte Zeichen des Lebens zu betrachten, die Krisis selbst als eine Aushilfe der Natur, gleich einem Fieber, die Fanatismen als Zeichen, daß man noch Dinge kennt, die man höher als Habe und Leben schätzt. Nur muß man eben nicht bloß fanatisch gegen andere und für sich ein zitternder Egoist sein.

Überhaupt geschehen alle geistigen Entwicklungen sprung- und stoßweise, wie im Individuum, so hier in irgendeiner Gesamtheit. Die Krisis ist als ein neuer Entwicklungsknoten zu betrachten.

Die Krisen räumen auf: zunächst mit einer Menge von Lebensformen, aus welchen das Leben längst entwichen war, und welche sonst mit ihrem historischen Recht nicht aus der Welt wären wegzubringen gewesen. Sodann aber auch mit wahren Pseudoorganismen, welche überhaupt nie ein Recht des Daseins gehabt und sich dennoch im Laufe der Zeit auf das stärkste bei dem ganzen übrigen Leben assekuriert, ja hauptsächlich die Vorliebe für alles Mittelmäßige und den Haß gegen das Ungewöhnliche verschuldet hatten. Die Krisen beseitigen auch die ganz unverhältnismäßig angewachsene Scheu vor „Störung" und bringen frische und mächtige Individuen empor.

Zitiert nach: Jacob Burckhardt, Weltgeschichtliche Betrachtungen, hrsg. von Rudolf Marx, Stuttgart 1955, S. 188 f.

D 2

Klima und Krisen

Der Wissenschaftsjournalist Axel Bojanowski schreibt 2011 über neue Forschungsergebnisse:

Die neuen Klimadaten sind das nüchterne Abbild einer gigantischen Katastrophe, die nun über Europa hereinbrach. Sie zeigen im 14. Jahrhundert viele kalte Sommer. 1314 kamen schwere Regenfälle und ein harter Winter hinzu.

Hinter den Zahlen verbergen sich grausame Ereignisse: Es begann damit, dass aufgrund des Wetters die Ernte ausblieb. Von 1315 bis 1322 dezimierte der „Große Hunger“ die Bevölkerung. Bereits 1315 mussten viele Leute Hunde und Pferde essen. 1346 und 1347 waren besonders kalte Jahre, der Wein erfror, das Getreide verfaulte. Die geschwächten Menschen hatten Seuchen nichts entgegenzusetzen. Vermutlich aus China brachten Reisende den „Schwarzen Tod“ mit: Von 1346 bis 1352 soll die Hälfte der Bevölkerung Europas an der Pest gestorben sein.

Südlich der Alpen sanken die Temperaturen nicht ganz so stark. Vermutlich war das ein Grund dafür, dass sich nun in Italien die Renaissance („Wiedergeburt“) entfalten konnte.

[…] Die Renaissance hatte es schwer, über die Alpen zu kommen. Im Norden war das finstere Mittelalter zurückgekehrt, die Macht des Glaubens erstarkt. Die Kirche schob den Hexen die Schuld für schlechte Ernten und Krankheiten zu, sie ließ Frauen verbrennen. 1524 erhoben sich die Bauern in ihrer Not gegen den Adel, der immer mehr aus ihnen herauspressen wollte.

Und es wurde noch kälter. Die Kleine Eiszeit hatte begonnen. […] In der „Grausamen Kälte von 1709“ gefroren noch in Portugal die Flüsse, Palmen versanken im Schnee. In ganz Europa trieben erstarrte Fische im Wasser, das Vieh erfror in den Ställen, Rehe lagen tot auf den Wiesen, Vögel sollen wie Steine zu Boden geplumpst sein. Im Sommer 1710 sah man Menschen, die auf den Feldern „wie Schafe“ grasten, wie es in zeitgenössischen Berichten heißt. […]

Zu jener Zeit feierte der Absolutismus Triumphe, es war die totale Entmündigung des Volkes. […] Doch mit dem Ende der Kleinen Eiszeit erwachte das Volk aus seiner Erstarrung. Die Zeit der Aufklärung kam, Widerspruch regte sich.

„Hungerkrisen wurden nun als Folge von Missmanagement verstanden“, erläutert der Historiker Behringer Bauern stellten auf Fruchtwechsel-Wirtschaft um: Auf einem Feld wurden fortan wechselnde Sorten angebaut, um die Ergiebigkeit zu erhöhen. Zudem wurde die Bewässerung modernisiert, Moore urbar gemacht, bessere Straßen gebaut und Deiche aufgerüstet. Die Agrar-Revolution bewirkte, dass Hungersnöte seltener wurden. Die Menschen hätten ihre Lehren aus den Klimakrisen gezogen, folgert Behringer.

Zitiert nach: www.spiegel.de/wissenschaft/natur/0,1518,739422-4,00.htm. Erschienen: 14.01.2011.

Q 2

„Der fliegende Holländer.
Vor Anker alle sieben Jahr, die Börs’ zu schrecken, geht er an’s Land!“, Karikatur auf den Börsenkrach 1901, Farbdruck eines unbekannten Künstlers, aus: Der Wahre Jacob vom 15. Januar 1901

Q 3

Die nationale Produktion erhöhen

Der englische Ökonom John Maynard Keynes schreibt in einem Brief an den amerikanischen Präsidenten Franklin D. Roosevelt über die Notwendigkeit einer neuen Wirtschaftspolitik, 31. Dezember 1933:

[…] Ziel einer wirtschaftlichen Erholung ist es, die nationale Produktion zu erhöhen und mehr Menschen in Arbeit zu bringen. Im Wirtschaftssystem der modernen Welt wird die Produktion in erster Linie für den Verkauf hergestellt; und die produzierte Menge hängt vom Umfang der Kaufkraft im Vergleich zum Herstellungspreis der Produkte ab, deren Absatz man am Markt erwartet.

Grob gesagt kann es daher zu keiner Ausweitung der Produktion kommen, ohne dass der eine oder andere von drei Faktoren zum Einsatz kommt. Die einzelnen Menschen müssen veranlasst werden, mehr von ihrem bestehenden Einkommen auszugeben, oder die Unternehmen müssen, entweder durch erhöhtes Vertrauen in die Geschäftsaussichten oder durch einen niedrigeren Zins, dazu gebracht werden, zusätzliche laufende Einkommen in den Händen ihrer Beschäftigten zu schaffen, was geschieht, wenn entweder das Umlauf- oder das Anlagevermögen des Landes erhöht wird; oder die Staatsgewalt muss zur Hilfe gerufen werden, um zusätzliche laufende Einkommen zu schaffen, indem sie geliehenes oder gedrucktes Geld ausgibt.

In schlechten Zeiten ist nicht zu erwarten, dass der erste Faktor in ausreichendem Umfang zum Tragen kommt. Der zweite Faktor wird erst als zweite Welle des Angriffs auf die Wirtschaftskrise hinzukommen, nachdem durch die Ausgaben der öffentlichen Hand eine Trendwende eingetreten ist. Wir können daher nur vom dritten Faktor den anfänglichen starken Impuls erwarten. […]

Steigende Preise sind zu begrüßen, weil sie gewöhnlich ein Symptom steigender Produktion und Beschäftigung sind. Wenn mehr Kaufkraft ausgegeben wird, erwartet man eine steigende Produktion bei steigenden Preisen. Da es keine steigende Produktion ohne steigende Preise gibt, ist es notwendig sicherzustellen, dass der Aufschwung nicht dadurch behindert wird, dass das Geldangebot nicht für den erhöhten nominalen Umsatz [kein real gestiegener Umsatz, sondern nur durch Preiserhöhung erzielte Umsatzzahlen] ausreicht.

[…] Es lässt sich jedoch viel weniger zugunsten von steigenden Preisen sagen, wenn sie auf Kosten einer steigenden Produktion zustande kommen.

[…] Die Anregung der Produktion durch eine Erhöhung der gesamtwirtschaftlichen Kaufkraft ist der richtige Weg, um Preise steigen zu lassen; nicht umgekehrt.

Als wichtigsten Motor in der Anfangsphase einer Politik für einen Aufschwung betone ich somit ganz besonders die Erhöhung der gesamtwirtschaftlichen Kaufkraft durch Staatsausgaben, die durch Kredite finanziert sind und nicht nur einen Transfer aus der Besteuerung [Veränderung der Verwendung/Verteilung von Steuergeldern] bestehender Einkommen darstellen. Im Vergleich dazu zählt nichts anderes.

[…] In einer Phase der Hochkonjunktur kann es zu Inflation kommen, wenn man zulässt, dass eine unbegrenzte Kreditvergabe den begeisterten Enthusiasmus von Wirtschaftsspekulanten stützt. Aber in einer wirtschaftlichen Schwächephase ist die öffentliche Kreditausweitung das einzige sichere Mittel, mit dem man schnell eine steigende Produktion bei steigenden Preisen erreichen kann. Aus diesem Grund haben Kriege immer eine starke Aktivität der Industrie ausgelöst. In der Vergangenheit hat das orthodoxe Finanzwesen den Krieg als einzige legitime Ausrede für die Schaffung von Beschäftigung durch Staatsausgaben angesehen. Sie, Herr Präsident, haben, nachdem Sie solche Fesseln abgestreift haben, die Freiheit, im Interesse von Frieden und Wohlstand die Vorgehensweise anzuwenden, die bislang nur dem Zweck des Krieges und der Zerstörung dienen durfte.

[…] Im Bereich der nationalen Politik stelle ich aus den oben genannten Gründen sehr umfangreiche kreditfinanzierte Ausgaben unter der Führung des Staates in den Vordergrund. Es ist nicht meine Aufgabe, bestimmte Ausgabenzwecke auszuwählen. Der Vorzug sollte jedoch denjenigen gegeben werden, die schnell und in großem Stile realisiert werden können, wie zum Beispiel die Sanierung der Eisenbahn. Das Ziel ist es, den Ball ins Rollen zu bringen.

Die Vereinigten Staaten sind bereit, auf den Wohlstand zuzurollen, wenn in den nächsten sechs Monaten kräftig angeschoben werden kann. Könnten nicht die Energie und die Begeisterung, die das NRA [National Recovery Administration = US-Behörde, die während der Weltwirtschaftskrise geschaffen wurde und die die Bereitstellung und Verteilung von Geldern für öffentliche Investitionen überwachte – vgl. S. 76] in seiner Anfangsphase in Gang gesetzt haben, in den Dienst einer Kampagne für beschleunigte Investitionsausgaben, so klug gewählt, wie es der Druck der Umstände erlaubt, gestellt werden? Sie können sich zumindest sicher sein, dass das Land durch solche Projekte eher bereichert wird als durch die unfreiwillige Arbeitslosigkeit von Millionen.

[…] An die zweite Stelle setze ich die Aufrechterhaltung einer günstigen und reichlichen Kreditvergabe, insbesondere die Senkung des langfristigen Zinssatzes. […] Bei diesen Anpassungen und Erweiterungen Ihrer bestehenden Politikmaßnahmen erwarte ich mit großer Zuversicht ein erfolgreiches Ergebnis. Wie viel dies bedeuten würde, nicht nur für den materiellen Wohlstand der Vereinigten Staaten und der ganzen Welt, sondern auch als Trost für die menschliche Seele, durch eine Wiederherstellung ihres Glaubens an die Weisheit und die Macht des Staates!

Zitiert nach: http://www.keynes-gesellschaft.de/Hauptkategorien/GeneralTheory/Brief-Keynes31.12.33.php (Stand 10.05.2012).

Q 4

Normale Konjunkturbewegungen

Der aus Österreich stammende und in den USA lehrende Wirtschaftswissenschaftler Joseph Schumpeter schreibt 1932:

Ja, zunächst haben wir [...] die Depressionsphase eines normalen Konjunkturzyklus vor uns. Aber dessen Symptome [...] wurden zum Gesamtbild einer Katastrophe verschärft, und es traten Erscheinungen auf, die normalen Depressionsperioden fremd sind, weil eine andere Gruppe von Ursachen, die nicht in der Sphäre des Wirtschaftens wurzeln, hinzutraten – wir wollen sie kurz die politischen nennen. Das Verhältnis zwischen der konjunkturellen und der politischen Komponente ist so zu denken, daß die aus der politischen und sozialen Sphäre auf die Wirtschaft wirkenden Läsionen [Verletzungen] ihren Druck grundsätzlich stetig ausüben, so daß die Aufschwungsperioden schwächer und kürzer, die Depressionen stärker und länger werden, als sie sonst wären. Dazu kommt nur noch die Gruppe jener Schädigungen, die in der heutigen Depression dem Wirtschaftskörper in therapeutischer Absicht beigebracht werden. [...]

Freilich scheint es mir zweifellos, daß heute Depressionen lediglich infolge der Einwirkungen der politischen Sphäre auf die wirtschaftliche zu Katastrophen werden: Von Einwirkungen aller Größenordnungen und Typen, die sich in unübersehbarer Reihe, angefangen von Weltkriegen bis herunter zu unvernünftigen Verwaltungsakten, aufzählen ließen, Einwirkungen, deren Druck in Aufschwungsperioden erträglich, in Depressionen unerträglich, doch konstant wirkt, und anderen, die erst in der Depressionsperiode entstehen aus der sachunkundig verfolgten Absicht, ihre Symptome zu mildern. Aber eben diese Art von Wirtschaftspolitik steht zum Teil auf dem Schuldkonto der privatwirtschaftlichen Gesellschaftsordnung, zu jenem Teil nämlich, zu welchem sie verhüllte oder unverhüllte Interessenpolitik in Dienst von Gruppen ist, deren Existenz mit bestimmten Produktionsapparaten verbunden ist. Diese Kategorie von Schädigungen würde mangels Motivs in einer sozialistischen Welt entfallen, und darin mag wohl eine Überlegenheit liegen, die so manches andere kompensiert. [...] Die Sache liegt ungefähr gerade umgekehrt, als meist angenommen wird. Das kapitalistische System als solches bedarf keiner Regelung oder Planung innerhalb oder außerhalb der Depression, um zu funktionieren, Erfolge zu erzielen und Zusammenbrüche zu vermeiden. Es bedarf weder des Modelns noch des Ankurbelns, es läuft von selbst und mit wirtschaftsgeschichtlich unerhörten Resultaten. Das logisch nächstliegende Heilmittel für eine Reihe schreiender Übel wäre nicht Vermehrung, sondern Verminderung der planwirtschaftlichen Eingriffe. Überblickt man manche der größten Schwierigkeiten der heutigen Weltwirtschaft – die Lage des deutschen Getreidebaus z. B. –, so erkennt man, daß die Kausalkette fast immer auf Industrieförderungen der Vergangenheit zurückfuhrt, die lebensunfähige Gebilde geschaffen oder lebensfähige Gebilde zu lebensunfähigen Dimensionen aufgebauscht hat. Aber da es so aussieht, als ob das kapitalistische System unrettbar störender und zerstörender Wirtschafts- und Finanzpolitik verhaftet wäre, so darf der Sozialist reinsten Wassers – nur er freilich und nicht der planwirtschaftliche Halbsozialist – die Not der Depressionszeiten, so wie sie ist, im Gegensatz dazu, wie sie sein könnte, mit vollem Recht in seine Wagschale werfen.

[...] Beschränken wir uns auf Amerika und gehen wir nur zwei Jahrzehnte hinter den Kriegsausbruch zurück, so sehen wir Rezessionen von verschiedener Intensität in den Jahren 1893, 1896, 1900, 1903, 1907, 1911, und wenn wir den Krieg überspringen, wiederum in den Jahren 1921, 1924 und 1927, so daß für 1930 wieder Depression im 40-Monate-Zyklus zu erwarten war, wenn wir der statistischen Regelmäßigkeit vertrauen dürfen. [...] Daraus denn das tröstliche Ergebnis, daß, was der heutigen Wirtschaftslage zugrunde liegt, in der Tat nicht mehr als die Depressionsphase der normalen Konjunkturbewegung ist. Tröstlich nenne ich das Ergebnis aus zwei Gründen: Einmal deshalb, weil es in der Tat noch viel schlimmer stünde um unsere Wirtschaft und die Kultur, deren Basis sie ist, wenn wir uns sagen müßten, daß alles, was wir durchleben, zu einer Zeit einträte, für die Statistik und Theorie Aufschwung erwarten lassen würden. Erst am Tage, an dem das eintritt[...], wird es den politischen Schädigungen gelungen sein, der Wirtschaft das Rückgrat zu brechen, erst dann wird es auch richtig sein zu sagen, daß es aus ist mit dem Kapitalismus und allem, was er der Menschheit noch zu bieten hat, erst dann wird nichts anderes übrig bleiben als stabilisierte Armut. Und der andere tröstliche Punkt an der Sache ist, daß eben deshalb angenommen werden kann, daß das kommende Jahr jene bescheidene Erholung bringen wird, die schon eingetreten wäre, wenn es keine politischen Schädigungen und namentlich keine Krisentherapie gäbe, die sich ja nach und nach, besonders in ihrer deflationistischen Spielart – in der Form der Politik gleichzeitiger Senkung von Preisen und Einkommen – zu einer selbständigen Ursache depressiver Erscheinungen entwickelt, die für sich allein schon ausreichen würde, eine Depression hervorzurufen, und, wenn konsequent fortgesetzt, von der Zinssenkung über Kreditrationierung zur Brotkarte führen würde. Vielleicht bedarf es keines langen Beweises dafür, daß Deflationspolitik Deflationskrisen hervorrufen muß – Verluste, Bankerotte und Arbeitslosigkeit, die andernfalls nicht existierten, bzw. daß sie Verluste, Bankerotte und Arbeitslosigkeit den schon vorhandenen hinzufügen muß.

Joseph A. Schumpeter, Aufsätze zur Wirtschaftspolitik, hrsg. von Wolfgang F. Stolper und Christian Seidl, Tübingen 1985, S. 207–209.

Revolutionen – „Lokomotiven der Geschichte"?

„Revolutionen sind die Lokomotiven der Geschichte", behauptete der deutsche Philosoph und Kommunist Karl Marx in der Mitte des 19. Jahrhunderts. Doch was ist eine Revolution? Wie kommt es zu Revolutionen und welche Folgen haben sie? In diesem Kapitel erfahren Sie, was Historiker, Juristen und Philosophen im 19. und 20. Jahrhundert unter einer „Revolution" verstanden, warum sie diese für notwendig hielten oder auch scharf ablehnten.

Der Begriff „Revolution" erlebt in der Gegenwart einen geradezu inflationären Gebrauch. Die Werbung verspricht eine Revolution auf dem Automarkt oder bei der Wirkung kosmetischer Artikel. Die in den 1960er-Jahren aufkommende neue Sexualmoral bezeichnet man als sexuelle Revolution und manch neue Mode wird mit dem Attribut „revolutionär" versehen. Um all das soll es hier nicht gehen. Die Darstellungen geben Ihnen einen Einblick über den Zusammenhang von historischen Entwicklungen und Revolutionen. Sie können unterschiedliche Erklärungsmuster und Deutungen von Revolutionen, die Bedeutung von Revolutionen für den Geschichtsverlauf analysieren und eigene Deutungen und Wertungen vornehmen.

1 Erläutern Sie die Unterschiede von „Revolution", „Gegenrevolution" und „Friedliche Revolution".
2 Setzen Sie sich mit der Theorie des historischen Materialismus auseinander. Debattieren Sie in der Klasse vor Ihrem eigenen Erfahrungshintergrund, ob Geschichte gesetzmäßig verlaufen kann.
3 Überprüfen Sie anhand von D 1, inwieweit man bei den dargestellten Entwicklungen von Revolutionen sprechen kann.
4 Erörtern Sie den Stellenwert von Revolutionen in der Geschichte und beurteilen Sie den Ausspruch von Karl Marx, Revolutionen seien „Lokomotiven der Geschichte".

Was ist eine Revolution?

Im Gegensatz zum Begriff „Krise" ist „Revolution" ein erst in der Neuzeit entstandener Ausdruck zur Beschreibung geschichtlicher Ereignisse und Entwicklungen. In der Antike und im Mittelalter wurden alle Versuche, einen Wandel in der Herrschaftsform oder der geltenden Verfassung herbeizuführen, in der Regel als „Revolte" oder „Aufruhr", als „Verschwörung" oder auch als „Hochverrat" bezeichnet. Und sie wurden grundsätzlich negativ bewertet. Vor dem Hintergrund der geltenden Rechtsordnungen galten sie als Verbrechen, die bestraft werden mussten. Ereignisse, die seit dem 18. Jahrhundert als „Revolution" bezeichnet werden, wurden demgegenüber von Anfang an anders beurteilt. Revolutionen haben gängigen Theorien zufolge zwar auch den gewaltsamen Umsturz bestehender Staats-, Rechts- und Lebensverhältnisse unter Beteiligung großer Massen zum Ziel. Im Gegensatz zu den „Rebellionen" oder dem häufig rein lokalen „Aufruhr" in früheren Zeiten orientieren sich „Revolutionen" jedoch an programmatischen Ideen oder Ideologien, „die positive Ziele im Sinne einer Erneuerung, einer Weiterentwicklung oder eines Menschheitsfortschritts aufstellten – so der Historiker Karl Griewank.

Voraussetzungen für Revolutionen

Zu den wesentlichen Voraussetzungen einer Revolution gehört, dass sich die Menschen der Veränderlichkeit der Welt bewusst wurden und erkannten, dass Umwälzungen und Neuerungen etwas Positives bewirken können. Die Lehren der Aufklärer seit dem ausgehenden 17. Jahrhundert bereiteten den großen Revolutionen seit dem 18. Jahrhundert den Boden. Ausgangspunkt war der Gedanke, dass alle Menschen von Natur aus frei und gleich seien, dass keine Ordnung von Gott gewollt, sondern dass die Teilhabe an der politischen Willensbildung ein grundlegendes Menschenrecht sei. An die Stelle der religiösen Heilserwartung trat die Auffassung, dass der Mensch selbst sein Schicksal bestimmen könne. Daraus wurde das Recht abgeleitet, bestehende Ordnungen unter Anwendung von Gewalt vollständig zu ändern und über die weitere Zukunft gemeinsam zu bestimmen, anstatt sich wie bisher dem Willen eines Einzelnen – des absoluten Monarchen – zu unterwerfen. Vor diesem Hintergrund schien es in bestimmten Situationen historisch notwendig, im Interesse des Fortschritts durch eine Revolution Veränderungen herbeizuführen, die zuvor noch als unmöglich und unerwünscht galten.

Revolution und historischer Materialismus

Noch einen Schritt weiter gingen Karl Marx und Friedrich Engels. In ihren Schriften behaupteten sie, dass der Ablauf der Geschichte nicht vorrangig vom Denken und Wollen der Menschen bestimmt werde. Für sie vollzog sich Geschichte in gesetzmäßigen Bahnen. Grundlage für das Zusammenleben der Menschen in einer Gesellschaft sei die Art und Weise der Produktion und die Verteilung aller produzierten Güter. Daraus ließen sich auch alle Herrschaftsverhältnisse erklären. Sie schlussfolgerten, dass immer dann, wenn sich Produktion und Verteilung von Gütern grundsätzlich verändern, ein unlösbarer Widerspruch zwischen den ökonomischen und Herrschaftsverhältnissen entsteht. Letztere müssten sich demzufolge zwangsläufig ändern. Somit seien auch Revolutionen ein gesetzmäßiges Ereignis in der Geschichte. Ein solches Deutungsmodell von Geschichte wird als „Historischer Materialismus" bezeichnet.

Revolution – Gegenrevolution – friedliche Revolution

Die Liste der Revolutionen, die seit dem 17. Jahrhundert die bestehende politische, soziale und wirtschaftliche Ordnung grundlegend zu verändern versuchten, ist lang. In England, Frankreich, Deutschland, Österreich, Ungarn, Italien und Russland, aber auch in Nordamerika, China und zuletzt in zahlreichen arabischen Ländern kam es zu Revolutionen. Doch in gleicher Weise, wie Revolutionen versuchten, grundlegend Neues zu schaffen, hat es von Anfang an auch Gegenrevolutionen gegeben. Diese versuchten, das Rad der Geschichte zurückzudrehen. Dabei handelten ihre Anhänger genauso gewaltsam und möglichst mit Unterstützung von Massen wie zuvor die Anhänger der Revolution. Beispiele dafür sind das Vorgehen der Anhänger Ludwigs XVI. im In- und Ausland nach 1789, die Niederschlagung der Revolution 1848/49 oder der Kampf zaristischer Offiziere gegen die Bolschewiki 1918/19.

Der Begriff „Revolution" war lange Zeit mit der Vorstellung von Gewaltanwendung verbunden. In der Geschichte hat es aber auch „friedliche Revolutionen" gegeben. Ein Beispiel dafür ist der Zusammenbruch der DDR 1989: Angesichts der stetig größer werdenden Bewegung friedlicher Demonstranten gegen das System und mangels Unterstützung der eigenen Bündnispartner sah das SED-Regime keine Alternative, als vor den revolutionären Massen zu kapitulieren.

Der Begriff „Revolution" kann aber auch grundlegende Veränderungen in anderen Bereichen benennen. Beispielsweise wurde der technologische Wandel – ausgelöst von Erfindungen wie der Dampfmaschine, des Benzin- und Elektromotors oder schließlich des Computers – bereits von Zeitgenossen als ein revolutionäres Ereignis beschrieben. Auch diese Entwicklungen revolutionierten überlieferte Formen der Produktion und des Zusammenlebens.

D 1

Die Entwicklung von Staat und Gesellschaft in Deutschland im 19. und 20. Jahrhundert

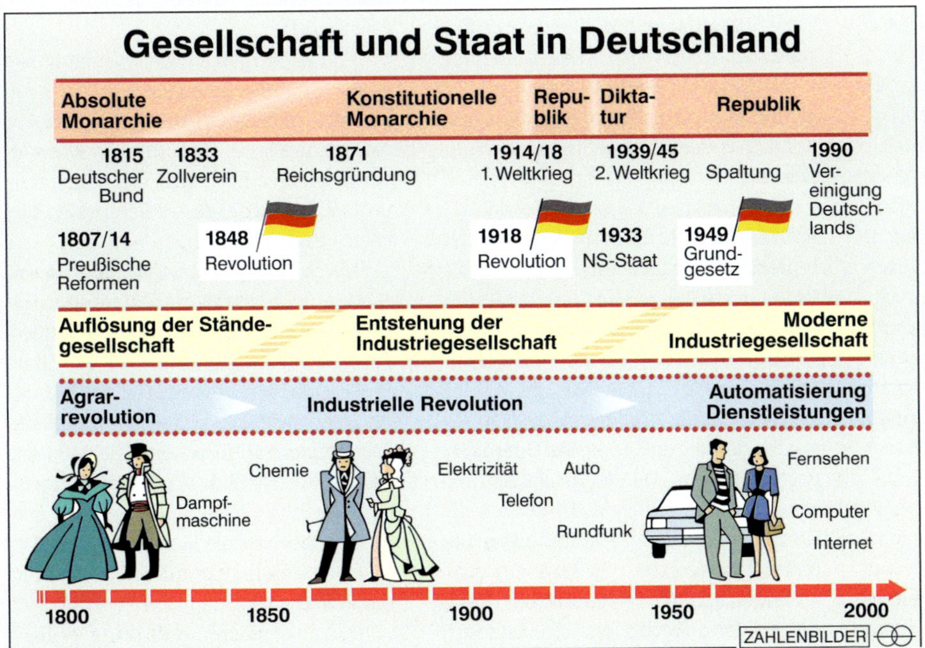

Im ausgehenden 19. Jahrhundert und über viele Jahrzehnte des 20. Jahrhunderts haben revolutionäre Bewegungen überall auf der Welt auf der Grundlage der Lehren von Karl Marx und Friedrich Engels versucht, mithilfe des unvermeidbaren „Klassenkampfes“ Fortschritt und soziale Gerechtigkeit durchzusetzen. Was die wichtigsten Theoretiker des Kommunismus darunter verstanden, erfahren sie in Q 1. Diese Quelle enthält wesentliche Auszüge aus dem für das marxistische Weltbild wichtigen „Kommunistischen Manifest“, das am Vorabend der Revolution von 1848 erschien. Die Ideen von Marx und Engels blieben jedoch nicht ohne Widerspruch, wie der Berliner Jurist Friedrich Julius Stahl, einer der Führer der Gegenrevolution, im Jahre 1852 in einer Rede deutlich macht (Q 2). Der Historiker Jürgen Osterhammel fasst den gegenwärtigen Stand der Forschung zur Erklärung von Revolutionen zusammen (D 2). Die übrigen Materialien erlauben Ihnen zu erkennen, wie und warum Menschen Revolutionen befürwortet oder abgelehnt haben.

1. Fassen Sie die Aussagen von Karl Marx und Friedrich Engels (Q 1) einerseits und von Friedrich Julius Stahl (Q 4) andererseits thesenförmig auf einer Wandzeitung zusammen und diskutieren Sie diese unter Einbeziehung von Q 5.
2. Erläutern Sie, wie diese Konzepte von unterschiedlichen Gruppen von Zeitgenossen aufgenommen werden konnten.
3. Analysieren Sie die Wahlplakate Q 2 und Q 3 im Hinblick auf die These „Zu jeder Revolution gehört das ‚Pathos des Neubeginns‘“ (D 2).
4. Ordnen Sie die Bilder Q 5 und Q 6 in ihre Zeit ein und schreiben Sie jeweils einen Zeitungstext dazu.
5. Erklären Sie auf der Grundlage Ihrer Kenntnisse über Revolutionen der Neuzeit die in Q 6 dargestellten Ereignisse.

Q 1

Geschichte ist eine Geschichte von Klassenkämpfen

Aus dem „Kommunistischen Manifest“, das Karl Marx und Friedrich Engels 1848 für den „Bund der Kommunisten“ verfassten:

Die Geschichte aller bisherigen Gesellschaft ist die Geschichte von Klassenkämpfen. Freier und Sklave, Patrizier und Plebejer, Baron und Leibeigner, Zunftbürger und Gesell, kurz, Unterdrücker und Unterdrückte standen in stetem Gegensatz zueinander, führten einen ununterbrochenen, bald versteckten, bald offenen Kampf, einen Kampf, der jedesmal mit einer revolutionären Umgestaltung der ganzen Gesellschaft endete oder mit dem gemeinsamen Untergang der kämpfenden Klassen. […]

Die aus dem Untergange der feudalen Gesellschaft hervorgegangene moderne bürgerliche Gesellschaft hat die Klassengegensätze nicht aufgehoben. Sie hat nur neue Klassen, neue Bedingungen der Unterdrückung, neue Gestaltungen des Kampfes an die Stelle der alten gesetzt.

Unsere Epoche, die Epoche der Bourgeoisie, zeichnet sich jedoch dadurch aus, dass sie die Klassengegensätze vereinfacht hat. Die ganze Gesellschaft spaltet sich mehr und mehr in zwei große feindliche Lager, in zwei große, einander direkt gegenüberstehende Klassen: Bourgeoisie und Proletariat. […]

In demselben Maße, worin sich die Bourgeoisie, d. h. das Kapital, entwickelt, in demselben Maße entwickelt sich das Proletariat, die Klasse der modernen Arbeiter, die nur so lange leben, als sie Arbeit finden, und die nur so lange Arbeit finden, als ihre Arbeit das Kapital vermehrt. Diese Arbeiter, die sich stückweis verkaufen müssen, sind eine Ware wie jeder andere Handelsartikel und daher gleichmäßig allen Wechselfällen der Konkurrenz, allen Schwankungen des Marktes ausgesetzt.

Die Arbeit der Proletarier hat durch die Ausdehnung der Maschinerie und die Teilung der Arbeit allen selbständigen Charakter und damit allen Reiz für den Arbeiter verloren. Er wird ein bloßes Zubehör der Maschine, von dem nur der einfachste, eintönigste, am leichtesten erlernbare Handgriff verlangt wird. […]

Von allen Klassen, welche heutzutage der Bourgeoisie gegenüberstehen, ist nur das Proletariat eine wirklich revolutionäre Klasse. Die übrigen Klassen verkommen und gehen unter mit der großen Industrie, das Proletariat ist ihr eigenstes Produkt. […]

Alle bisherigen Bewegungen waren Bewegungen von Minoritäten oder im Interesse von Minoritäten. Die proletarische Bewegung ist die selbständige Bewegung der ungeheuren Mehrzahl im Interesse der ungeheuren Mehrzahl. Das Proletariat, die unterste Schicht der jetzigen Gesellschaft, kann sich nicht erheben, nicht aufrichten, ohne dass der ganze Überbau der Schichten, die die offizielle Gesellschaft bilden, in die Luft gesprengt wird. […]

Das Proletariat wird seine politische Herrschaft dazu benutzen, der

Bourgeoisie nach und nach alles Kapital zu entreißen, alle Produktionsinstrumente in den Händen des Staats, d. h. des als herrschende Klasse organisierten Proletariats, zu zentralisieren und die Masse der Produktionskräfte möglichst rasch zu vermehren.

Es kann dies natürlich nur geschehen vermittels despotischer Eingriffe in das Eigentumsrecht und in die bürgerlichen Produktionsverhältnisse [...].

Diese Maßregeln werden natürlich je nach den verschiedenen Ländern verschieden sein. Für die fortgeschrittenen Länder werden jedoch die folgenden ziemlich allgemein in Anwendung kommen können: 1. Expropriation [Enteignung] des Grundeigentums und Verwendung der Grundrente [Preis für die Nutzung des Grund und Bodens] zu Staatsausgaben. 2. Starke Progressivsteuer [Steuer richtet sich nach der Höhe des Einkommens bzw. Vermögens]. 3. Abschaffung des Erbrechts. 4. Konfiskation des Eigentums aller Emigranten und Rebellen. 5. Zentralisation des Kredits in den Händen des Staates durch eine Nationalbank mit Staatskapital und ausschließlichem Monopol. 6. Zentralisation des Transportwesens in den Händen des Staates. 7. Vermehrung der Nationalfabriken, Produktionsinstrumente, Urbarmachung und Verbesserung der Ländereien nach einem gemeinschaftlichen Plan. 8. Gleicher Arbeitszwang für alle, Errichtung industrieller Armeen, besonders für den Ackerbau. 9. Vereinigung des Betriebs von Ackerbau und Industrie. Hinwirken auf die allmähliche Beseitigung des Unterschieds von Stadt und Land. 10. Öffentliche und unentgeltliche Erziehung aller Kinder. Beseitigung der Fabrikarbeit der Kinder in ihrer heutigen Form. Vereinigung der Erziehung mit der materiellen Produktion usw.

Sind im Laufe der Entwicklung die Klassenunterschiede verschwunden und ist alle Produktion in den Händen der assoziierten Individuen konzentriert, so verliert die öffentliche Gewalt den politischen Charakter. Die politische Gewalt im eigentlichen Sinne ist die organisierte Gewalt einer Klasse zur Unterdrückung einer andern. Wenn das Proletariat im Kampfe gegen die Bourgeoisie sich notwendig zur Klasse vereint, durch eine Revolution sich zur herrschenden Klasse macht und als herrschende Klasse gewaltsam die alten Produktionsverhältnisse aufhebt, so hebt es mit diesen Produktionsverhältnissen die Existenzbedingungen des Klassengegensatzes, der Klassen überhaupt, und damit seine eigene Herrschaft als Klasse auf. [...]

Die Kommunisten verschmähen es, ihre Ansichten und Absichten zu verheimlichen. Sie erklären es offen, dass ihre Zwecke nur erreicht werden können durch den gewaltsamen Umsturz aller bisherigen Gesellschaftsordnung. Mögen die herrschenden Klassen vor einer Kommunistischen Revolution zittern. Die Proletarier haben nichts in ihr zu verlieren als ihre Ketten. Sie haben eine Welt zu gewinnen. Proletarier aller Länder, vereinigt euch!

Karl Marx und Friedrich Engels, Werke, hrsg. vom Institut für Marxismus-Leninismus beim ZK der SED, Bd. 4, Ost-Berlin 1964, S. 461 ff.

Q 2

Aufruf des Rates der Volksbeauftragten zur Wahl der Nationalversammlung 1919, Plakat von César Klein

Q 3

Plakat des Spartakusbundes zur Reichstagswahl 1920

Q 4

Was bedeutet Revolution?

Der konservative Politiker und Vertraute des preußischen Königs, der Berliner Jura-Professor Friedrich Julius Stahl 1852 in einer Rede:

[…] Revolution bedeutet die bestimmte politische Lehre, welche seit 1789 als eine weltbewegende Macht die Denkart der Völker erfüllt und die Einrichtungen des öffentlichen Lebens bestimmt. Fragt man aber nach ihrem Begriff und Wesen, so ist es dies: Revolution ist die Gründung des ganzen öffentlichen Zustandes auf den Willen des Menschen statt auf Gottes Ordnung und Fügung […].

Die Revolution fordert die Volkssouverainetät, sei es die demokratische Republik, sei es die Monarchie, in welcher der König Knecht des Parlaments, das Parlament Knecht der öffentlichen Meinung oder der Volksmasse ist.

Die Revolution fordert die Freiheit, das Gewährenlassen in allen Gebieten, unbegränzte Theilbarkeit und Veräußerlichkeit des Grundeigenthums, unbeschränkte Ansässigmachung und Gewerbefreiheit, unbegränzte Freiheit der öffentlichen Lehre, der Sektenstiftung, der Ehescheidung. Sie fordert Abschaffung der Todesstrafe, Straflosigkeit der Gotteslästerung, ehrenvolles Begräbniß des Selbstmörders.

Die Revolution fordert die Gleichheit: Aufhebung aller Stände und Klassen und Korporationen, aller gegebenen Obrigkeiten, Nivellirung der Gesellschaft.

Die Revolution fordert die Trennung von Staat und Kirche: gleiches Recht aller Religionsbekenner auf die obrigkeitlichen Aemter, Gleichstellung aller Kulte, Behandlung der christlichen Kirche als bloßer Privatgesellschaft ohne Interesse und Bedeutung für Nation und Staat, Einführung der natürlichen Religion statt des Christenthums in der Volksschule und dem öffentlichen Unterrichte.

Die Revolution fordert die Charte, d.h. die Vernichtung der ganzen naturwüchsigen, geschichtlichen Verfassung des Landes, wie sie durch Jahrhunderte sich gebildet durch Herkommen und einzelne Gesetze, um eine neue zu machen […].

[…] Der christliche Sinn verlangt nicht nach einer Obrigkeit, die er selbst sich gesetzt, nach einer Verfassung, die er selbst gemacht, nach einem Recht, das er selbst aus seiner Vernunft entdeckt hat. Er empfängt das Alles viel lieber von dem göttlichen Walten, und begnügt sich, an dem großen Bau der Zeiten sein bescheiden kleines Theil beizutragen, wie Gott es ihm zugewiesen. Aber auch nur das Christenthum vermag es, die wirklichen Ziele, den wirklichen Fortschritt der Zeit zu erfüllen. Nur aus ihm kommen die gestaltenden Principien, von welchen man den befriedigenden Bau der Gesellschaft erwartet, die Freiheit, die Gleichheit, die Brüderlichkeit in ihrem wahren Wesen. Aus dem Christenthum kommt die ächte Freiheit, daß der Mensch nur aus seinem Innersten heraus handle nach der Gabe, die er von Gott hat, und über die menschliche Obrigkeit nicht Richter ist, und doch zugleich die Gebundenheit an die Ordnungen Gottes, welchen die wahre Freiheit selbst gleich als ihrer Heimath zustrebt.

Friedrich Julius Stahl, Siebzehn parlamentarische Reden und drei Vorträge. Berlin: Wilhelm Hertz, 1862, S. 132–46, in: http://germanhistorydocs.ghi-dc.org/sub_document.cfm?document_id=386.

Q 5

Barrikadenkämpfe am 18. März 1848 in Berlin, Farblithografie von F. C. Nordmann, 1848

D 2

Revolution als zentrale Idee

Der Historiker Jürgen Osterhammel schreibt 2009 über Revolutionen:

Mehr als in jeder anderen Epoche war Politik im 19. Jahrhundert revolutionäre Politik: Politik, in der nicht ‚alte Rechte' verteidigt wurden, die vielmehr in die Zukunft vorausgriff und partikulare Interessen, etwa die einer besonderen ‚Klasse' oder Klassenkoalitionen, zu Interessen einer ganzen Nation oder gar der Menschheit erhob. ‚Revolution' wurde in Europa zu einer zentralen Idee des politischen Denkens, zum Maßstab, der erstmals ‚Linke' und Rechte voneinander schied. […] Die Revolutionen – die Französische mehr als die Nordamerikanische – polarisierten entlang neuer Bruchlinien: nicht länger zwischen Elitefaktionen oder Religionsgruppen, sondern zwischen Weltanschauungslagern. Zugleich und in einem Widerspruch, der niemals gelöst wurde, erhoben sie den Anspruch auf menschheitliche Versöhnung. […] Nimmt man die Programme der Nordamerikanischen und der Französischen Revolution beim Wort, dann gehören seither zu jeder Revolution, die sich so nennen darf, das ‚Pathos des Neubeginns' (Arendt) und der Anspruch, mehr zu vertreten als nur die selbstsüchtigen Interessen der Protestierenden. Eine Revolution ist in diesem Verständnis ein lokales Ereignis mit universalem Geltungsanspruch. Und jede spätere Revolution zehrt von den Ideenpotenzialen, die mit der revolutionären Urzeugung von 1776 und 1789 in die Welt kamen, jede ist in gewissem Sinne initiativ.

Ein solcher philosophischer Begriff von ‚Revolution' ist freilich sehr eng, und er wird noch enger, wenn man verlangt, dass Revolutionen notwendig unter der Parole der „Freiheit" zu geschehen hätten und stets dem „Fortschritt" dienen sollten. Auch verallgemeinert er einen Universalitätsanspruch, der eine Erfindung des Okzidents [die westliche Welt] war und sich nirgendwo sonst ähnlich findet. Eine größere Zahl von Fällen in einem weiteren Raum bekommt man in den Blick, wenn man nicht nach Zielen und ihrer philosophischen Begründung fragt, auch nicht nach der geschichtsphilosophischen Sonderrolle der Großen Revolutionen, sondern nach dem beobachtbaren Geschehen und seinen strukturellen Ergebnissen. Eine Revolution ist dann ein Fall von kollektivem Protest mit besonderer Tragweite: ein tiefgreifender politischer Systemwechsel unter Beteiligung von Menschen, die nicht dem Kreis der bisherigen Inhaber der Macht angehörten. In der umsichtigen Sprache eines Sozialwissenschaftlers […] lässt sich definieren, eine Revolution sei „der erfolgreiche Umsturz der bisher herrschenden Eliten durch neue Eliten […], die nach ihrer (meist mit größerem Gewaltgebrauch und der Mobilisierung von Massen verbundenen Machtübernahme die Sozialstruktur (und damit auch Herrschaftsstruktur) fundamental verändern".

Jürgen Osterhammel, Die Verwandlung der Welt. Eine Geschichte des 19. Jahrhunderts, 3. Aufl. München 2009, S. 737 f.

Q 6

Arabische Revolution, Kairo 2011

Umbrüche durch Modernisierung

„Wer sich dem Wandel widersetzt, wird überrollt“, überschrieb die „Süddeutsche Zeitung“ am 8. Februar 2011 ein Interview. Die Schlagzeile klingt aggressiv. In dem Beitrag geht es um Technologie und Klimaschutz. Und doch werden auch hier Befürchtungen laut: Wer werden die Gewinner des Wandels sein, wer die Verlierer? Wird unser Wohlstand zu halten sein? Worauf werden die Menschen künftig verzichten müssen? Wird es genug Arbeit geben? Solche Diskussionen zeigen, dass historische Wendepunkte nicht nur durch politische Aktionen wie Revolutionen herbeigeführt werden. Es gibt auch andere Erklärungsmodelle.

Kaum ein Tag vergeht, ohne dass in der Öffentlichkeit davon die Rede ist, dass die Gesellschaft vor großen Umbrüchen stehe oder dass sich die Menschheit an einem historischen Wendepunkt befände – und oft entspricht diese Behauptung auch den Tatsachen. Um mit derartigen Herausforderungen adäquat umgehen zu können, muss zunächst geklärt werden, wo die Ursachen für solche Umbrüche liegen, wie sie zu erklären und zu deuten sind. Die sogenannte Modernisierungstheorie liefert ein Erklärungsmodell. Auf dieser Doppelseite können Sie analysieren, was darunter zu verstehen ist. Mithilfe der Texte und Q 1 wird es Ihnen ermöglicht, die Vielschichtigkeit des „Modernisierungsbegriffs“ und die damit verbundenen Wirkungen zu deuten und zu beurteilen.

1 Stellen Sie sich vor, Sie wären ein Radioreporter und sollten über den Zusammenhang von Modernisierung, Umbrüchen und Wendepunkten berichten. Sie haben drei Minuten Zeit.

2 Analysieren Sie anhand Q 1, wodurch die Modernisierung in den USA zwischen 1776 und 1876 gekennzeichnet war und wie sie sich auf unterschiedliche gesellschaftliche Gruppen auswirkte. Fertigen Sie dazu eine Tabelle an.

3 Wählen Sie aus Q 1 ein Beispiel für „Modernisierung“ aus und diskutieren Sie, inwieweit es sich um Fortschritt handelt.

Veränderungen in der Geschichte

Umbrüche und Wendepunkte hat es in der Geschichte immer gegeben – auch solche, die sich ganz allmählich über einen langen Zeitraum vollzogen, mitunter von den Zeitgenossen kaum bemerkt. Und doch hatten sie grundlegende Veränderungen der Gesellschaft zum Ergebnis. Der Übergang von der Tyrannei zur Demokratie im antiken Griechenland, der Aufbruch in die „Neue Welt“ zu Beginn der Neuzeit, die Agrarrevolution des 18. und 19. Jahrhunderts und die darauffolgende Industrialisierung, das Zusammenwachsen der Welt nach einem „Zeitalter der Weltkriege“ am Ende des 20. Jahrhunderts sowie die Globalisierung mit ihren keineswegs endgültig vorhersehbaren Auswirkungen auf das Leben der Menschen im 21. Jahrhundert sind nur einige Beispiele dafür. Die Deutung und Beurteilung solch tief greifender Veränderungen und damit Wendepunkten in der Geschichte hängt in hohem Maße davon ab, welche Erklärungsmodelle die jeweiligen Betrachter heranziehen. Ein solches Erklärungsmodell bieten sogenannte Modernisierungstheorien.

Modernisierungstheorie

Der Begriff der Modernisierung fand Mitte des 20. Jahrhunderts Eingang in die Geschichtswissenschaft. Ausgangspunkt dafür war die allgemeine Erkenntnis, dass Geschichte nicht nur von „großen Männern“, also einzelnen Akteuren gemacht wird. Auch das Handeln von bestimmten Gruppen, Klassen oder Parteien schien als Erklärungsmodell für historischen Wandel nicht mehr allein ausreichend. Eine Reihe von Historikern vertrat nunmehr die Auffassung, dass bisherige Formen Lebensweise und Herrschaftsausübung, überlieferte Normen oder traditionelle Produktionsweisen sich mindestens genauso stark durch Erfindungen, durch kulturelle Entwicklungen, durch den Einfluss neuer Theorien oder auch durch gewandelte Einstellungen der Menschen zu ihrer Umwelt ändern. Die Entdeckung ferner Länder und Kriege sind in der Geschichte ebenfalls für Umbrüche verantwortlich gewesen. Kurz: Vielfältige Modernisierungsprozesse in Wirtschaft, Herrschaft und Kultur bedingen sich wechselseitig und können die Gesellschaft nachhaltig verändern.

Wichtige Ereignisse innerhalb solcher Modernisierungsphasen in einer Gesellschaft erscheinen Zeitgenossen oder späteren Historikern als „Wendepunkte". Aus der Sicht von Zeitgenossen sind diese Umbrüche häufig ein zwiespältiger Prozess. Sie gehen einher mit der Überwindung herkömmlicher, traditionaler Formen des menschlichen Zusammenlebens, Denkens oder auch Wirtschaftens im Interesse des allgemeinen Fortschritts. Die Sozialstruktur der betreffenden Gesellschaft verändert sich, ein sozialer Wandel findet statt. Dadurch müssen die Menschen alte Traditionen aufgeben und sich an Neues gewöhnen. Welche Vorteile das Neue, die Modernisierung, mit sich bringt, vermögen sie dabei nicht immer gleich zu erkennen. Das ist häufig mit Zukunftsängsten verbunden.

Das Denken vieler Vertreter von Modernisierungstheorien wurde und wird von einem allgemeinen Fortschrittsoptimismus getragen. Im Gegensatz dazu werden zunehmend auch die damit verbundenen negativen Folgen betont: Entwurzelung, Aufgabe gewohnter Lebensweisen, Denkmuster oder bewährter politischer und sozialer Organisationen.

Q 1

Der Jahrhundertspiegel, Darstellung eines unbekannten Künstlers zur Weltausstellung 1876 in Philadelphia

Die Materialien D 1 und D 2 geben Aufschluss über den Inhalt von „Modernisierungstheorien", aber auch über die Zwiespältigkeit von „Modernisierung". Q 2 und Q 3 sind Beispiele für Modernisierungsschübe aus jüngerer Zeit. Anhand aller zusammengestellter Materialien können Sie die große Bandbreite des Modernisierungsbegriffs erkennen und zu einem Urteil über die jeweiligen Folgen der Modernisierung für den Einzelnen gelangen.

1 Fassen Sie D 1 und D 2 in einem Kurzreferat zusammen.

2 Überlegenen Sie, welche Beispiele aus heutiger Zeit auf die in D 1 genannten Teilprozesse von „Modernisierung" zutreffen könnten, fassen Sie diese an der Tafel zusammen und diskutieren Sie die damit verbundenen Vor- und Nachteile.

3 Schreiben Sie einen Zeitungsartikel zu der These in D 2: „Jeder Wandel hat etwas Dämonisches. Er schafft Neues, vernichtet aber auch Bestehendes."

4 Analysieren Sie die Aussage des Plakats Q 2 und setzen Sie sich damit auseinander.

5 Fertigen Sie eine Wandzeitung an zu den Themen „Modernisierung" und „Identitätskrise" (Q 3).

D 1

Was ist Modernisierung?

Der Historiker Hans-Ulrich Wehler schreibt 1975 über „Modernisierungstheorien":

Modernisierung sei ein revolutionärer, unausweichlicher, irreversibler, globaler, komplexer, systemischer, langwieriger, aber in Phasen unterteilbarer, tendenziell homogenisierender und – last not least – progressiver Prozeß.

In diesem Modernisierungsprozeß setzten sich angeblich vor allem sechs Subprozesse durch:

1. Wirtschaftliches Wachstum als eine kumulative Dauerbewegung industrieller Expansion; sie soll hier nicht weiter verfolgt werden.

2. „Strukturelle Differenzierung" […]. Aus dem alteuropäischen „ganzen Haus" gliedert sich eine zunehmend arbeitsteilige Wirtschaft, aus Herrschaft als individueller Verfügungsgewalt über einen Personenverband die überindividuelle Staatsorganisation eines Territoriums, aus dem öffentlichen Leben die bürgerliche Privat- und Intimsphäre aus. Auf einer Integrationsebene müssen dann […] die Differenzierungen wieder vermittelt werden, etwa im Konsens über allgemein akzeptierte Werte.

3. Wertewandel […] als Übergang von partikularistischen, diffusen, unspezifischen zu universalistischen, funktional spezifizierten Wertemustern, die in Sozialisationsprozessen verinnerlicht und handlungsleitend werden.

4. Mobilisierung. Sie wird verstanden als Erzeugung von räumlicher und sozialer Mobilität, aber auch als Erhöhung der Erwartungen […] und als Verfügbarmachung von Ressourcen und Mitteln.

5. Partizipation. Je komplizierter die Differenzierung, um so mehr – so der Gedankengang – seien Vermittlungsmechanismen erforderlich, die Teilnahme unabweisbar machen. Und je erfolgreicher die Mobilisierung von Ressourcen sei, um so wichtiger würden Entscheidungsgremien, in denen zur Legitimierung von Präferenzentscheidungen Mitwirkung notwendig werde.

6. Institutionalisierung von Konflikten. Um die Tradition ungeregelter Konflikte überwinden zu können, die noch im 19. Jahrhundert (z. B. im Konflikt zwischen Kapital und Arbeit) tendenziell an die Grenze des Bürgerkriegs führen konnten, sei eine Vermeidungsstrategie erforderlich, die Konflikte dadurch einhegt, daß sie organisations- und verfahrensabhängig gemacht werden. Der gezähmte Konflikt kann fortab zum konfliktimitierenden Ritual werden, bei dem Drohgebärde und Imponiergehabe die potentiell systemsprengende Wirkung ersetzt (Tarifkonflikt). Den Hauptgewinn des Modernisierungsprozesses sehen viele Theoretiker […] in der wachsenden Herrschaft des Menschen über seine natürliche und soziale Umwelt, anders gesagt: in der anhaltenden Ausweitung der Steuerungs- und Leistungskapazitäten.

Hans-Ulrich Wehler, Modernisierungstheorie und Geschichte, Göttingen 1975, S. 16 f.

D 2

Zwei Gesichter der Modernisierung

Der amerikanische Historiker David S. Landes äußert sich 1983 über Industrialisierung und Modernisierung:

Die Industrialisierung bildet ihrerseits das Kernstück eines größeren und komplexeren Prozesses, den man häufig als Modernisierung bezeichnet. Es handelt sich hier um jene Kombination von Veränderungen – der Produktions- und der Regierungsweise, der sozialen und institutionellen Ordnung, des Wissens, des Verhaltens und der Werte –, die im 20. Jahrhundert einer Gesellschaft ihre Eigenständigkeit bewahren. Modernisierung bedeutet, daß die Staaten bei der Erzeugung materiellen und kulturellen Reichtums auf gleicher Ebene miteinander konkurrieren können, daß es ihnen ferner gelingt, ihre Unabhängigkeit zu behalten und weitere Umwandlungen herbeizuführen und sich ihnen anzupassen. Sie umfaßt solche Entwicklungen wie die Urbanisierung (die Konzentration der Bevölkerung in Städten, die als Knotenpunkte der industriellen

Produktion, der Verwaltung sowie der geistigen und künstlerischen Tätigkeit dienen); einen starken Rückgang sowohl der Sterbefälle als auch der Geburten (der sog. demographische Übergang); die Einrichtung einer wirksam arbeitenden, zentralisierten und bürokratischen Regierung; ein Erziehungssystem, das in der Lage ist, die Kinder der betreffenden Gesellschaft durch Ausbildung und Weckung sozialgestalterischer Fähigkeiten auf ein Niveau zu erheben, das ihren Möglichkeiten und dem höchsten Wissensstand entspricht; und schließlich den Erwerb der Fertigkeit und Mittel, um eine moderne Technologie zur Anwendung zu bringen.

Alle diese Elemente sind, wie sich aus den folgenden Darlegungen ergeben wird, zwar voneinander abhängig; sie bewahren aber bis zu einem gewissen Grad ihre Selbständigkeit. Es ist also durchaus möglich, daß die Entwicklung in einigen dieser Bereiche hinter der in anderen herhinkt, wie dies in Entwicklungsländern der Fall ist. Der einzige geradezu unentbehrliche Bestandteil der Modernisierung ist die technologische Reife und die mit ihr verbundene Industrialisierung. Andernfalls hätte man eine Dekoration ohne Substanz, einen äußeren Schein ohne innere Wirklichkeit.

Europa gereichte es zum Segen, daß der technologische Wandel und die Industrialisierung den übrigen Elementen der Modernisierung vorausgingen oder sie begleiteten. So blieben ihm die materiellen und psychischen Nachteile eines unausgewogenen Reifungsprozesses erspart. Dort, wo dies nicht geschah – man denke etwa an die Anstrengungen Peters des Großen, die Verwestlichung einer Leibeigenen-Gesellschaft mit Gewalt durchzusetzen, die Bevölkerungsexplosion in der primitiven und armen Agrarlandschaft Irlands oder an die Urbanisierung der europäischen Mittelmeerländer mit einer vorindustriellen Gesellschaft –, war die Ernte Tod, bitteres Elend und dauernder Groll.

Aber auch das industrielle Europa litt an Wachstumsschmerzen, die nur im Vergleich mit den Extremfällen einer beschleunigten Modernisierung oder mit der tiefen Armut und den schweren Leiden der rückständigen, nichtindustrialisierten Gesellschaften in Asien, Afrika und Lateinamerika erträglich erschienen. Denn die Mechanisierung eröffnete zwar für alle Menschen neue Aussichten auf Komfort und Wohlstand; sie zerstörte aber auch die Existenz eines Teils und bewirkte, daß andere im Strom des Fortschritts ganz hinten schwammen. Jeder Wandel hat etwas Dämonisches. Er schafft Neues, vernichtet aber auch Bestehendes. So ging die Zahl der Opfer der industriellen Revolution in die Hunderttausende und selbst in die Millionen. (Andererseits wäre es vielen dieser Opfer ohne die Industrialisierung noch schlechter ergangen.) Sie vertiefte insbesondere in ihrem Frühstadium die Kluft zwischen Reichen und Armen, Arbeitgebern und Arbeitnehmern und stieß dadurch das Tor zu Klassenkonflikten von einer nie erlebten Bitterkeit auf.

David S. Landes, Der entfesselte Prometheus. Technologischer Wandel und industrielle Entwicklung in Westeuropa von 1750 bis zur Gegenwart, München 1983, S. 20 f. Übers.: Franz Becker; Originalrechte bei © KiWi 1973.

Q 2

Plakat von Klaus Staeck, 1983

Q 3

Jugendliche Muslime in den Niederlanden

Wendepunkte in der Geschichte – ein Überblick

In den vorangegangenen Abschnitten dieses Kapitels haben Sie herausarbeiten können, dass sehr unterschiedlich geartete Krisen, Revolutionen und Modernisierungsprozesse zu Wendepunkten in der Geschichte führen können. Bevor Sie in den anschließenden beiden Kapiteln jeweils ein Beispiel ausführlich untersuchen, deuten und beurteilen werden, wird Ihnen hier zur besseren Einordnung in die Geschichte ein Überblick über wichtige Entwicklungsschübe von der Antike bis zur Gegenwart gegeben.

ANTIKE
ab 2. Jahrhundert v. Chr.

Krisenerscheinungen:
- wachsende Not römischer Kleinbauern

Reaktionen auf die Krise:
- politische und soziale Unruhen

Ergebnisse:
→ Die Brüder Tiberius (133 v. Chr.) und Gaius (123 v. Chr.) Gracchus versuchen, durch moderate Ackergesetze Land an verarmte Bauern zu verteilen. Dabei stützen sie sich auf die Volksversammlung.

→ Beide Reformer werden von ihren Gegnern ermordet. Die Gegner dieser Politik – sie nennen sich die „Optimaten" (= die Besten) – sind nicht bereit, ihre Macht mit den „Popularen" (= Vertreter des Volkes) zu teilen. Letztere stützen sich auf die Volksversammlung, Erstere sind Angehörige des Senats.

→ Im Verlauf der folgenden Jahrzehnte kommt es immer wieder zu Bürgerkriegen bzw. der Errichtung von Diktaturen (Sulla/Caesar).

Wendepunkt:

Zerfall der römischen Republik
Errichtung des Prinzipats
Rom beherrscht die damals bekannte Welt

MITTELALTER
14./15. Jahrhundert

Krisenerscheinungen:
- Große Bevölkerungsverluste durch Seuchen (zwischen ein Drittel und der Hälfte der Bevölkerung Europas fallen dieser seit 1347 zum Opfer)
- Seit 1316 Missernten und europaweite Hungersnöte durch Klimawandel und Wirtschaftskrisen

Reaktionen auf die Krise:
- Politische und soziale Unruhen
- Geißlerbewegung
- Judenverfolgungen

Ergebnisse:
→ Wandel der Sozialstruktur: Niedergang der Ritter zugunsten des städtischen Bürgertums

→ Reformbewegungen in der Kirche

→ staatliche Integration durch Zentralisierung von Entscheidungen und Zunahme politischer, wirtschaftlicher und gesellschaftlicher Verflechtungen

→ Ausbildung gemeinsamer Strukturen, Institutionen und Werte

→ Wandel des mittelalterlichen Weltbildes

Wendepunkt:

Entstehung der frühneuzeitlichen Staatenordnung
Reformation
Expansion nach Übersee

NEUZEIT
18. Jahrhundert

Krisenerscheinungen:
wachsende Spannungen zwischen Großbritannien und seinen Kolonien in Amerika aufgrund von
- Handelsverboten für Kolonisten
- Siedlungsverboten
- Steuererhöhungen zur Deckung englischer Kriegskosten
- Ablehnung der Forderung nach Aufhebung der Handelsbeschränkungen und Mitsprache der Kolonisten durch englisches Parlament

Ergebnisse:
→ Unabhängigkeitskrieg gegen England
→ Ausbreitung demokratischer Ideen

Wendepunkt:

Gründung der Vereinigten Staaten von Amerika in der American Revolution

erste demokratische Verfassung auf Grundlage der Ideen der Aufklärung

NEUZEIT
18./19. Jahrhundert

Krisenerscheinungen:
- Wirtschaftskrisen
- soziale Unruhen
- wachsende Kritik in der Öffentlichkeit durch Vertreter der Aufklärung
- königliches Regime verliert Glaubwürdigkeit

Reaktionen auf die Krise:
- Reformversuche
- Einberufung der Generalstände
- Erklärung des 3. Standes zur Nationalversammlung
- Zusammenziehen von Truppen um Paris

Ergebnisse:
→ Sturm auf die Bastille
→ Errichtung einer konstitutionellen Monarchie
→ gewaltsamer Sturz der Monarchie und Gründung einer Republik
→ Entstehung des napoleonischen Kaiserreichs

Wendepunkt:

Ende des Zeitalters des Absolutismus – Entstehung der modernen bürgerlichen Gesellschaft

NEUZEIT
19./20. Jahrhundert

Krisenerscheinungen:

- Autokratisches zaristisches System behindert die politische, soziale und wirtschaftliche Entwicklung Russlands.

Reaktionen auf die Krise:

- wachsende Spannungen
- Hungerrevolten
- Streiks
- Massendesertionen in der Armee

Ergebnisse:

→ Absetzung des Zaren und Übernahme der Macht durch bürgerliche Reformer erfüllt Hoffnungen auf grundlegenden Wandel und baldigen Frieden nicht.

→ weitere Radikalisierung der Gesellschaft

→ Bolschewiki übernehmen in der Oktoberrevolution 1917 die Macht und bauen sie in den Folgejahren systematisch aus.

→ Das stalinistische System wird installiert, jegliche Opposition wird erstickt.

Wendepunkt:

Kommunismus beginnt sich weltweit auszubreiten.

NEUZEIT
20. Jahrhundert

Krisenerscheinungen:

- Weltwirtschaftskrise
- Zusammenbruch der New Yorker Börse erfasst bald die ganze Welt.
- weltweite Depression
- Massenarbeitslosigkeit

Reaktionen auf die Krise:

- Deflationspolitik (Deutschland)
- Konjunkturprogramme (USA)

Ergebnisse:

in Deutschland:

→ Radikalisierung der Gesellschaft

→ Autoritäre Systeme entstehen.

→ In Deutschland gelangen die Nationalsozialisten an die Macht.

in USA:

→ Politische Stabilisierung im Zeichen des New Deal

Wendepunkt:

Der deutsche Nationalsozialismus stürzt die Welt in den Krieg.

Millionen Juden fallen in einem beispiellosen Genozid den Nationalsozialisten zum Opfer.

USA werden endgültig zur Weltmacht.

NEUZEIT
Ende des 20. Jahrhunderts

Krisenerscheinungen:
- wirtschaftlicher Niedergang
- fehlende Freiheiten (z. B. Presse-, Meinungs-, Reisefreiheit) in den Ostblockstaaten

Reaktionen auf die Krise:
- Sowjetunion unter Partei- und Staatschef Gorbatschow strebt umfassende wirtschaftliche und politische Reformen an.
- Oppositionsbewegungen

Ergebnisse:
→ Friedliche Revolutionen:
Polen
Ungarn
Baltikum

Wendepunkt:

Zusammenbruch des Kommunismus

NEUZEIT
Ende des 20. Jahrhunderts

Krisenerscheinungen:
- wirtschaftlicher Niedergang der DDR
- fehlende Freiheiten (z. B. Presse-, Meinungs-, Reisefreiheit)
- Unfähigkeit der Staats-und Parteiführung, die anstehenden Probleme zu lösen

Reaktionen auf die Krise:
- Bildung oppositioneller Gruppen und Organisationen (z. B. Neues Forum)

Ergebnisse:
→ Friedliche Revolution in der DDR 1989/90
→ Sturz der Vorherrschaft der SED
→ Fall der Mauer
→ freie demokratische Wahlen
→ Wiedervereinigung der beiden deutschen Staaten

Wendepunkt:

Zusammenbruch des Kommunismus

Krise(n) der römischen Republik seit dem 2. Jahrhundert v. Chr.

Im Jahre 133 v. Chr. ermordeten mehrere Senatoren einen jungen Politiker und dessen Anhänger in Rom auf offener Straße. Die beispiellose Tat spaltete die Bürgerschaft tief und bildete den Auftakt zu einer Serie von Gewaltausbrüchen, die die Grundfesten der Republik erschütterten und die über Jahrhunderte bewährten Regeln des politischen Miteinanders außer Kraft setzten. Römische Generäle marschierten auf die Hauptstadt und entfesselten Bürgerkriege, die 100 000 Römer das Leben kosteten. Gleichzeitig verlor der zerstrittene Senat an Ansehen und damit die Kontrolle über den Staat. Am Ende musste sich die Republik, die fast den gesamten Mittelmeerraum erobert und keinen äußeren Feind zu fürchten hatte, einem skrupellosen Bürgerkriegsgeneral beugen. Er errichtete unter dem Namen Augustus auf den Trümmern der Republik eine Monarchie, die nicht nur die europäische Geschichte bis heute tief geprägt hat.

Wie kam es dazu, dass die nach außen so erfolgreiche Republik in eine schwere Krise geriet?
Welche Bereiche des gesellschaftlichen, politischen und wirtschaftlichen Lebens waren von der Krise am stärksten betroffen?
Mit welchen Gegenmaßnahmen versuchten römische Politiker, die Krisenerscheinungen einzudämmen?
Warum erwiesen sich diese Maßnahmen letztlich als erfolglos und verschärften die Krise nur?
Wie kam es dazu, dass am Ende ein Alleinherrscher den Untergang der Republik besiegelte und das römische Kaisertum begründete?

Mit den folgenden Schritten können Sie das Kapitel durcharbeiten, um Antworten auf die Leitfragen zu finden. Dabei werden Sie gleichzeitig den kompetenten Umgang mit Geschichte üben.

Die Probleme der Heeresordnung

Die Schwächen der Verfassung und der provinzialen Herrschaftsorganisation

Analysieren, Deuten und Bewerten struktureller Krisenphänomene der späten Republik in den 130er-Jahren

- → mit Perspektiven umgehen
- → Sach- und Werturteile formulieren
- → Darstellungen von Vergangenheit analysieren
- → eigene Deutungen von Vergangenheit vornehmen

Die Agrarkrise der 130er-Jahre

Die Spaltung in Popularen und Optimaten und die Politisierung der Ritter

Der Bundesgenossenkrieg und seine Folgen

Die Bürgerkrieg zwischen Sulla und den Marianern

Die außerordentlichen Heereskommandos und die Privatisierung der Armeen

Untersuchen und Deuten der Faktoren, die seit den 90er-Jahren die Krise beschleunigen

- → mit Perspektiven umgehen
- → Sach- und Werturteile formulieren
- → Darstellungen von Vergangenheit analysieren
- → eigene Deutungen von Vergangenheit vornehmen

Die Herrschaft des ersten Triumvirats und der Bürgerkrieg zwischen Caesar und Pompeius

Die Verschuldungskrise

Die Auflösung des staatlichen Gewaltmonopols und die Proskriptionen

Die Reformen des Pompeius und seine Neuordnung des Ostens

Analysieren und Bewerten der Reformversuche und ihres Scheiterns

- → mit Perspektiven umgehen
- → Sach- und Werturteile formulieren
- → Darstellungen von Vergangenheit analysieren
- → Gegenwartsbezüge herstellen

Die Maßnahmen des Diktators Caesar

Die Reformen des Diktators Sulla

Die Reformversuche der Gracchen

Die Legalisierung der Alleinherrschaft durch republikanische Rechtsformen

Die Verschleierung der militärischen Gewalt und die Selbstdarstellung des Prinzeps

Analysieren und Deuten des Untergangs der Republik und der Entstehung des Prinzipats

- → mit Perspektiven umgehen
- → mit Kategorien und Begriffen arbeiten
- → Darstellungen von Vergangenheit analysieren
- → Gegenwartsbezüge herstellen

Die Monarchie des Augustus als Vorbild?

Die historische Bedeutung des Wechsels von der Republik zur Monarchie

Die Maßnahmen des Augustus zur Stabilisierung des Staates

Abbildung: Die Römer lesen die Proskriptionslisten Sullas; Stich von Augustyn Myers (1700–1790)

Die Punischen Kriege
Karthago vs. Rom
↓
Handelsmacht Phönizier
1. Krieg: Sizilien
2. Krieg: Hannibal
3. Krieg: kompl. Zerstörung 146 v. Chr. des Karthagos

Supermacht mit Rissen? – Die römische Republik in der Mitte des 2. Jahrhunderts v. Chr.

146 v. Chr. zerstörte Rom Karthago und beherrschte konkurrenzlos den Mittelmeerraum. Einhundert Jahre später versank die Republik in blutigen Bürgerkriegen. Waren die Römer nicht darauf vorbereitet, ihre neu gewonnene Macht zu nutzen? Wo lagen die Stärken und Schwächen ihres Regierungssystems?

Die Beherrschung großer Territorien war in der Antike bis zum Auftreten Roms nur Monarchien gelungen. Rom war dagegen eine Republik, die über Jahrhunderte von Familien der Oberschicht regiert worden war. Viele Forscher nehmen an, dass sie mit der Verwaltung der eroberten Gebiete überfordert waren. Die Zeitgenossen führen dagegen vor allem moralische Gründe für die inneren Spannungen an, die die römische Republik seit der Mitte des 2. Jahrhunderts v. Chr. erfassten. Anhand des Darstellungstextes können Sie die politischen und gesellschaftlichen Institutionen der römischen Republik in der Mitte des 2. Jahrhunderts analysieren und ein eigenes Urteil über die Fähigkeit Roms formulieren, sich den neuen Herausforderungen anzupassen.

1. Arbeiten Sie die Unterschiede zwischen rechtlichen und sozialen Faktoren als Grundlagen der römischen Verfassung heraus.
2. Charakterisieren Sie die Stellung der Nobilität innerhalb der republikanischen Gesellschaft und Staatsordnung.
3. Erklären Sie das Verhältnis von Magistraten, Volksversammlungen und Senat zueinander.
4. Erläutern Sie die Vorteile und Schwächen der republikanischen Verfassung auch mithilfe von D 1.
5. Erörtern Sie mögliche Gefahren, die der Republik in der Mitte des Jahrhunderts drohten.

Republikanische Verfassung – aber keine Demokratie

Rom verfügte seit dem 5. Jahrhundert v. Chr. über die klassischen Institutionen eines antiken Stadtstaates: eine Versammlung der wehrfähigen Männer (Volksversammlung), gewählte Beamte (Magistrate), die öffentliche Hoheitsfunktionen übernahmen, sowie einen Ältestenrat (Senat). Allerdings war Rom keine Demokratie: Das Volk hatte wenig Einfluss auf die Politik, es wurde nur auf Initiative der zuständigen Beamten zu den Versammlungen zusammengerufen. Hier konnte es lediglich über die Vorschläge der leitenden Beamten mit „Ja" oder „Nein" abstimmen oder die vorgestellten Kandidaten wählen. Selbst zu reden oder gar eigenständig politische Initiativen zu entwickeln, war dem Volk nicht möglich. Freie Diskussionen fanden nicht statt.

Die Magistrate

Große Bedeutung hatten dagegen die Beamten (Magistrate). Es handelte sich bei ihnen allerdings nicht um fest bezahlte und mit Pensionen versehene Staatsbeamte, sondern um Wahlbeamte, die für ein Jahr ein Ehrenamt bekleideten. Normalerweise übernahm man die Ämter in einer bestimmten Reihenfolge *(cursus honorum)*: Zunächst bewarb man sich um das Amt des Quästors, der die öffentlichen Finanzen verwaltete; dann folgte die Wahl zum Ädil. Die begehrtesten Magistrate waren die Prätur und vor allem das Konsulat. Ihre Amtsgewalt *(potestas)* umfasste das Kommando *(imperium)* über das Bürgerheer sowie die Leitung von Senat und Volksversammlung. Außerdem kamen aus ihren Reihen die Statthalter der seit Ende des 3. Jahrhunderts v. Chr. eingerichteten Provinzen.

Allerdings schafften nur wenige den Sprung bis zum Konsulat, weil jährlich nur zwei Stellen zu vergeben waren. Die Konsuln waren die eigentlichen Repräsentanten der Republik. Nichtrömer verglichen sie mit Königen, weil sie die militärische Führung (als Feldherrn) und die zivile Leitung des Staates (als Vorsitzender von Volksversammlung und Senat) auf sich vereinigten. Aus historischen Gründen und um die wachsenden Aufgaben der *res publica* wahrzunehmen, war nicht nur das Konsulat, sondern jedes Amt mindestens doppelt besetzt (Kollegialität). Ferner konnte jeder Beamte gegen die Amtshandlung seines Kollegen Einspruch erheben (Veto = Ich verbiete). Außerdem war es nicht erlaubt, mehrere Ämter gleichzeitig zu besetzen.

Sonderbeamte

Eine Sonderstellung nahmen die Volkstribune ein. Ihr Amt war ein Ergebnis des Kampfes der Plebejer um politische Gleichberechtigung, der Ständekämpfe im 4. Jahrhundert v. Chr., und bewahrte auch danach teilweise seinen revolutionären Charakter: So konnten die Volkstribune die Handlung jedes Beamten (einschließlich der Konsuln) unterbinden *(ius intercessionis)*, unterlagen dagegen selbst nur dem Einspruch eines Kollegen. Außerdem beriefen sie eine eigene Form der Volksversammlung *(concilium plebis)* ein. Während die Volkstribune ebenfalls jedes Jahr gewählt wurden, konnten die Konsuln in militärischen Notsituationen in Absprache mit dem Senat für sechs Monate einen Diktator ernennen. Gegen seine Anweisungen durfte niemand Einspruch erheben, während seine Befehle umgekehrt für alle bindend waren. Das mit Abstand größte Ansehen unter den Magistraten genossen allerdings die Zensoren. Sie wurden nur alle fünf Jahre für eine Amtsdauer von 18 Monaten gewählt und waren in diesen Monaten insbesondere für die Vermögenseinschätzung der Bürger und damit für deren politisches Gewicht bei Wahlen sowie die Auswahl der Senatsmitglieder zuständig.

Senat und die Nobilität

Der Senat setzte sich in der Regel aus den ehemaligen Beamten zusammen und umfasste 300 Mitglieder. Rein rechtlich war seine Stellung schwach, denn er konnte den Beamten keine bindenden Befehle, sondern nur Ratschläge *(senatus consulta)* geben. Tatsächlich war es jedoch für keinen Beamten ratsam, die Entscheidungen des Senats

D 1

Verfassungsschema der römischen Republik im 2. Jahrhundert v. Chr.

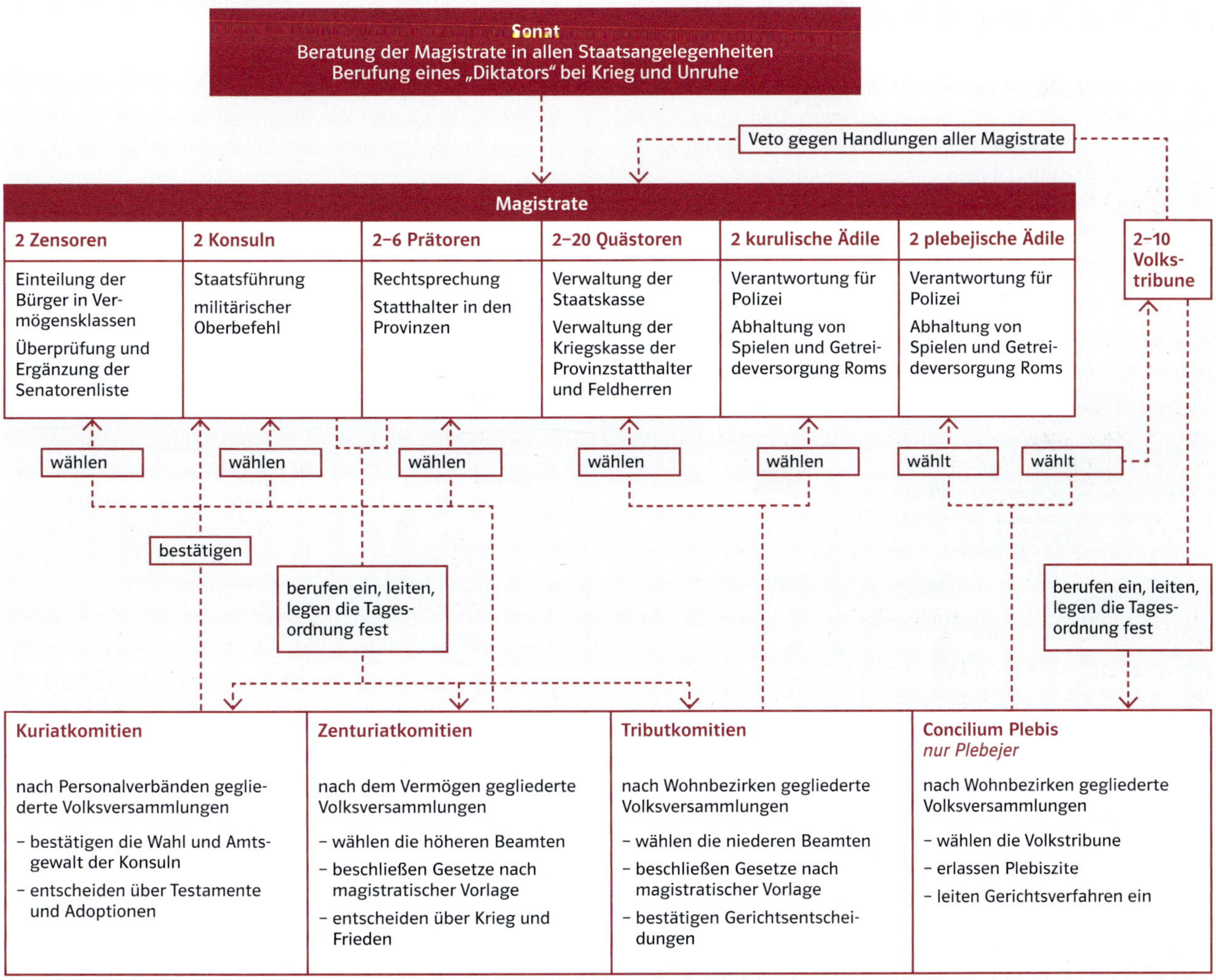

zu missachten. Denn dies hätte schlimme Folgen für die eigene Karriere gehabt: Im Senat war die gesamte Autorität der ehemaligen Magistrate und der mächtigen Familien versammelt, welche die hohen Beamten mit militärischer Befehlsgewalt stellten. Rom wurde faktisch von dieser kleinen Schicht vornehmer Familien im Senat regiert. Sie nannten sich *nobiles* (= die Angesehenen). Wir bezeichnen sie in ihrer Gesamtheit als Nobilität. Zur Nobilität zählten all diejenigen, die in ihren Reihen oder unter ihren Vorfahren einen Konsul aufzuweisen hatten. Nur selten gelang es Mitgliedern anderer Familien, das Konsulat zu erringen. Sie nannte man *homines novi* (Singular: *homo novus*).

Schwachstellen und Gefahren

Die Autorität des Senats beruhte auf dem Ansehen der *nobiles* und ihren Leistungen für den Staat. Gerade hierin lag aber auch eine Gefahr. Sollten sich die *nobiles* und der Senat als Ganzes ihrer Stellung nicht mehr als würdig erweisen und durch unvorhergesehene Ereignisse an Einfluss verlieren, dann gab es keine rechtlichen Mechanismen, um die Beamten zum Gehorsam zu zwingen. Diese Gefahr musste in dem Maße wachsen, in dem das Herrschaftsgebiet größer wurde und die Kriegsschauplätze immer weiter vom Zentrum entfernt waren. Der Senat hatte zwar offiziell die Aufsicht über die Außen- und Kriegspolitik, doch wenn ein Obermagistrat mit seinen Truppen im Feld stand und eigene Interessen verfolgte, konnte der Senat nur auf seine Autorität und die sozialen Bindekräfte der Nobilitätsfamilien hoffen. Die *nobiles* waren sich dieser Schwäche bewusst. Sie standen deshalb der Erweiterung der Herrschaftsgebiete häufig skeptisch gegenüber. Allerdings konnte sich kein *nobilis* der Verlockungen, welche Krieg und Eroberungen boten, entziehen. Hierin lag ein Kernproblem für den inneren Frieden: Auf der einen Seite forderten die *nobiles* Freiräume zum Ausleben ihres persönlichen Ehrgeizes, anderseits musste die Nobilität – wie jede Adelsgesellschaft – sorgsam darauf achten, dass sich jedes Mitglied wieder in die Gleichheit der Standesgenossen einordnete. Lange Zeit half eine auf den Staat orientierte Leistungsethik, die Balance zwischen individuellem Ehrgeiz und solidarischem Standesdenken zu wahren. Doch die großen militärischen Siege gegen Karthago im Westen und die hellenistischen Könige im Osten schufen neue Herrschaftsräume und damit auch größere Möglichkeiten individueller Erfolge. Sie stellten den Konsensgedanken der Nobilität auf eine schwere Probe.

Q 1

Münzdarstellung einer Wahlszene. Ein kniender Wähler empfängt vom Amtsdiener das Abstimmungstäfelchen; ein Wähler wirft eines in die cista (Kasten). Denar des Publius Lucius Nerva, 113/112 v. Chr.

Klientel als gesellschaftliches Bindemittel

Unproblematischer war lange Zeit das Verhältnis der Nobilität zum Volk. Das Volk erkannte an, dass die führenden Familien in allen Kriegen hohe Blutopfer geleistet hatten – im zweiten Krieg gegen Karthago hatte fast die Hälfte der Senatoren ihr Leben verloren – und ihre herausgehobene Stellung vor allem über die Leistung für den Senat definierten. Außerdem profitierten die Bürger selbst finanziell von den militärischen Erfolgen; seit dem endgültigen Sieg über Makedonien (167 v. Chr.) mussten sie keine Steuern mehr zahlen, weil Kriegsgewinne und die Abgaben der Untertanengebiete den öffentlichen Finanzbedarf hinreichend deckten. Das stärkste Bindeglied zwischen Nobilität und Volk bildete jedoch die Klientel. Es handelte sich um ein Naheverhältnis zwischen einem mächtigen Patron und einer größeren Zahl von sozial und politisch schwächeren Klienten. Meist kamen die Patrone aus der Schicht der politisch aktiven und wohlhabenden Römer, während die Klientel von der Masse der Bauern und Handwerker gebildet wurde. Der Patron unterstützte seinen Klienten bei Rechtsstreitigkeiten, schützte sein Landgut und half ihm in finanziellen Notlagen. Im Gegenzug gaben die Klienten ihrem Patron bei Wahlen ihre Stimme oder votierten für dessen Gesetzesanträge. Insofern waren die Klienten für die Patrone eine wichtige Quelle politischer Macht und sozialen Ansehens. Die beiderseitigen Verpflichtungen waren allerdings rechtlich nicht einklagbar, sondern basierten auf gegenseitigem Vertrauen. Wer gegen das Vertrauensverhältnis verstieß, war sozial geächtet.

„Vermassung" der Klientel

Solange die Zahl der Klienten überschaubar blieb und sich gleichmäßig auf die Patrone verteilte, war die Klientel ein Garant innerer Stabilität. Not und Unzufriedenheit innerhalb des Volkes konnten im Rahmen der Klientelbeziehungen kanalisiert und ausgeglichen werden. Gefährlich wurde es, wenn es einem einzelnen Politiker gelang, sehr viele Klienten auf sich zu vereinigen. Dann drohte das Machtgleichgewicht innerhalb der Nobilität zu kippen. Die Gefahr wuchs im 1. Jahrhundert v. Chr. mit den militärischen Erfolgen, der Ausweitung des römischen Bürgergebietes über Italien und der Einrichtung überseeischer Herrschaftsgebiete: Denn nun gerieten nicht mehr nur weit von Rom entfernt lebende Bürger, sondern häufig ganze Gemeinden in die Klientel einzelner Politiker und Feldherrn. Die Klientel wurde zu einer Massenerscheinung und drohte so die alten stadtstaatlichen Strukturen Roms zu sprengen. Umso sensibler reagierte die Nobilität auf alle Politiker, die weitere Neuerungen durchsetzen wollten und im Erfolgsfalle die Zahl ihrer Klienten noch einmal erhöhten.

Die Organisation der römischen Herrschaft

Die Erweiterung des Herrschaftsgebietes barg so aus Sicht der *nobiles* erhebliche Risiken für den Zusammenhalt der Bürgerschaft. Dies lag auch daran, dass die Nobilität nicht in der Lage war, eine ordentliche Verwaltung für die eroberten Gebiete aufzubauen. Im Jahre 146 v. Chr. besaßen die Römer sieben Provinzen: *Hispania Citerior* und *Ullterior, Sardinia et Corsica, Sicilia, Africa* (die Küsten des modernen Tunesien) und *Macedonia*. Jede Provinz wurde von einem für ein Jahr entsandten Statthalter aus den Reihen der Prätoren und Konsuln regiert. Im Prinzip wurde dabei lediglich das ursprünglich militärische Kommando in ein Besatzungsregime umgewandelt. Deshalb hatte der Statthalter keinen Kollegen und konnte mit einem kleinen Stab von Helfern und wenigen niederrangigen Magistraten (unter anderem einem Quästor) weitgehend unkontrolliert schalten und walten. Er kümmerte sich in der kurzen Regierungszeit wenig um die Belange der Provinzbewohner, sondern suchte finanzielle Gewinne und militärische Lorbeeren zu erringen. Dies ging überall dort gut, wo der Beamte auf eine städtische Gesellschaft traf, die bereit war, mit ihm zusammenzuarbeiten. In vielen Gebieten Makedoniens, Nordafrikas und Spaniens waren die Römer jedoch mit nur halb befriedeten Stämmen konfrontiert, die sich weigerten, römischen Befehlen zu folgen.

Der Schein des Erfolges trügt

Die Erfolge gegen die hellenistischen Könige des Ostens und Karthago schufen so neue Herausforderungen, auf die die Republik wenig vorbereitet war. Die Zeitgenossen spürten die Verunsicherung. Sie konnten sich die Probleme schwer erklären und suchten die Gründe meist in einem allgemeinen moralischen Verfall der Adelselite. Grundsätzlich argumentierte man gerne auf der Ebene der handelnden Personen und verwies selten auf tiefer gehende strukturelle Ursachen. Dies lag vor allem daran, dass die römische Gesellschaft sehr konservativ eingestellt war und in der Wahrung des Althergebrachten die Lösung vieler Probleme erhoffte. Eine Wendung zum Schlechten ließ sich so leicht als eine Abkehr der Menschen von den Sitten und Normen der Alten *(mos maiorum)* erklären.

Die Eigenart der Quellen: griechische Historiker …

Für die ersten 50 Jahre der republikanischen Krisenzeit stehen uns praktisch keine zeitgenössischen Aufzeichnungen zur Verfügung. Alle Informationen stammen von griechischen Autoren, die mehr als 100 Jahre später lebten: so der Historiker Appian aus Alexandria, der ein Geschichtswerk über die römische Republik schrieb, oder der Gelehrte Plutarch aus Chaironeia, der Biographien über bedeutende Römer im Vergleich mit prominenten Griechen verfasste. Diese Schriftsteller haben zwar Material eingearbeitet, das bis in die Zeit der Republik zurückreichte. Doch auch sie waren stark an Traditionen und literarischen Gattungsgesetzen orientiert. Besonders Plutarch schrieb seine Biographien nicht aus originärem Interesse an der Geschichte, sondern weil er anhand der Personen den Einfluss moralischen Handelns aufzeigen wollte.

… und römische Zeitgenossen

Ähnliche Ziele verfolgte der römische Historiker Sallust: Er steht mit seinen Geschichtswerken den von ihm behandelten Ereignissen sehr viel näher; doch auch ihm geht es nicht um eine ausgewogene, auf eigenständiger Forschung beruhende Berichterstattung. Seine Darstellung dient vielmehr der Propagierung eines bestimmten Geschichtsbildes, das einseitig von der Dekadenz der römischen Elite geprägt ist: Er möchte beispielhaft den moralischen Verfall der Nobilität dokumentieren und ignoriert Faktoren, die in dieses Argumentationsmuster nicht passen.

Einen anderen Charakter haben die zahlreichen Schriften des großen Redners und Politikers Marcus Tullius Cicero: Er hatte als *homo novus* im Jahre 63 v. Chr. das Konsulat erreicht. Seine Briefe und Reden bieten einen authentischen Einblick in das politische Getriebe der Hauptstadt und in das Leben eines römischen Politikers; in seinen staatsphilosophischen Schriften stellte er die *res publica* unter verschieden Gesichtspunkten nach griechischem Vorbild dar. Er schlug dabei behutsame Verbesserungen vor, die allerdings ebenfalls an der „guten" Zeit der mittleren Republik und ihrer großen Politiker ausgerichtet sind. Auch die Schriften Ciceros können deshalb nicht eins zu eins als Berichte der Krisenzeit gelesen werden; man muss vielmehr bei ihrer Interpretation genau bedenken, zu welchem Anlass, in welchem politischen Rahmen und innerhalb welcher literarischen Traditionen sie verfasst sind.

Die Materialien geben Ihnen einen Einblick in das Selbstverständnis der römischen Adelselite sowie in die Veränderungen, die nach Ansicht römischer Autoren die Nobilität seit der Mitte des 2. Jahrhunderts v. Chr. erfassten.

1. Charakterisieren Sie die Bereiche des staatlichen Lebens, die der Redner für das Ansehen seines Vaters als wichtig erachtet (Q 2).
2. Setzen Sie die Eigenschaften des Marcellus (Q 2) mit der Bronzestatue (Q 5) in Beziehung.
3. Fassen Sie die wesentlichen Aussagen von Q 2 und Q 3 zusammen.
4. Vergleichen Sie die Tugenden Catos mit denen des Marcellus (Q 3).
5. Arbeiten Sie die die Faktoren heraus, die nach Ansicht Sallusts (Q 4) den Verfall der Republik bewirkten.
6. Beurteilen Sie unter Berücksichtigung der besonderen Intention Sallusts (einführende Darstellung) den von ihm dargestellten Niedergangsprozess (Q 4).

Q 2

Ideale des Adels

Der kaiserzeitliche Gelehrte Plinius der Ältere gibt in seiner „Naturgeschichte" eine Zusammenfassung der Leichenrede, die der Nobilis Quintus Caecilius Metellus (Konsul 251 und 247 v. Chr.) im Jahre 221 auf seinen Vater Lucius gehalten hat:

Quintus Marcellus hat in der Rede, die er bei der letzten Ehrung seines Vaters L. Metellus hielt, der Pontifex, zweimal Konsul, Diktator, Befehlshaber der Reiterei und einer der zur Verteilung von Land erwählten Fünfzehnmänner war und der nach dem 1. Punischen Krieg als Erster Elefanten im Triumph mitführte, schriftlich überliefert, dieser habe die zehn höchsten und besten Dinge, deren Erlangung die Weisen ihr Leben widmeten, in sich vereinigt: Er wollte nämlich der erste Krieger, der beste Redner, der tapferste Feldherr sein, weiterhin wollte er, daß unter seinem Oberbefehl die wichtigsten Taten vollbracht würden, dass er die höchsten Ehrenstellen erreiche, die größte Weisheit besitze, als bedeutendster Senator gelte, ein großes Vermögen auf rechte Weise erwerbe, viele Kinder hinterlasse und der Angesehenste in der Bürgerschaft sei. Dies alles sei ihm geglückt und sonst keinem anderen seit der Gründung Roms.

Plinius d. Ä., Naturgeschichte 7,139 f., zit. nach Hans-Joachim Gehrke/Helmuth Schneider (Hrsg.) Geschichte der Antike. Quellenband, Stuttgart/Weimar 2007, S. 209.

Q 3

Tugenden eines homo novus

Der römische Historiker Titus Livius (59 v. Chr.–17 n. Chr.) schildert Etappen aus dem Leben des älteren Cato, der als homo novus das Konsulat erreichte:

Dieser Mann besaß eine solche Willenskraft und Naturbegabung, daß er sich – ganz gleich aus welchem Stande er auch stammen möchte – aus eigener Kraft seine Stellung im Leben geschaffen hätte. Keine Fähigkeit fehlte ihm, weder zur Gestaltung des privaten Lebens noch für die Aufgaben im Staate; auf die Geschäfte in der Hauptstadt wie auf dem Lande verstand er sich gleich gut. Zu den höchsten Staatsämtern gelangten manche aufgrund ihrer Rechtskenntnis, andere durch ihre Beredsamkeit, wieder andere durch ihren Kriegsruhm; er aber verfügte über eine so vielseitige Naturbegabung gleichmäßig für alle Aufgaben, daß man behaupten könnte, er sei für das besonders geeignet, was er gerade betrieb. Im Kriege zeichnete er sich durch höchste persönliche Tapferkeit aus und war durch viele glänzende Schlachten berühmt; nachdem er zu den hohen Staatsämtern gelangt war, bewährte er sich als der ausgezeichnetste Feldherr; ebenso war er im Frieden, wenn man ihn in Rechtsfragen zu Rate zog, der Sachkundigste, wenn in einem Prozeß eine Rede zu halten war, der beste Redner, und zwar nicht nur einer, dessen Worte zu Lebzeiten kraftvoll klangen, ohne daß eine Erinnerung an seine Sprachgewalt noch vorhanden wäre – nein, im Gegenteil; seine Beredsamkeit lebt und wirkt immer noch, verewigt in Schriften aller Art. […] Allzu viele Feindschaften hielten ihn in Atem, und er selbst strapazierte andere: Es ist nicht leicht zu entscheiden, ob die Nobilität mehr ihm zugesetzt hat oder er der Nobilität. Ohne Zweifel war er ein Rauhbein, in seinen Worten scharf und maßlos freimütig, aber niedrigen Begierden unterlag er nicht, war von rigoroser Redlichkeit, ein Verächter von Beliebtheit und Reichtum. Was Sparsamkeit anbelangt und Ausdauer bei der Arbeit und in Gefahren, so war er beinahe eisern an Leib und Seele; nicht einmal das hohe Alter, das doch sonst alles zum Erschlaffen bringt, konnte seine Kraft brechen: Noch im 86. Lebensjahr führte er in einem Prozeß seine Sache selbst, verteidigte sich vor Gericht und zeichnete die Rede auf, als Neunzigjähriger zog er den Servius [Sulpicius] Galba vor das Volksgericht.

Livius, Römische Geschichte 39,40, zit. nach Livius, Römische Geschichte Buch 39–41. Lat. und dt., hrsg. v. Hans Jürgen Hillen. München/Zürich 2. Aufl. 1993, S. 95–97.

Q 4

Römische Dekadenz

Der römische Historiker Sallust (86–34 v. Chr.) beschreibt in seinem Werk „De coniuratione Catilinae“ den inneren Verfall der römischen Republik:

Aber sobald das Gemeinwesen aufgrund von Anstrengung und Gerechtigkeit gewachsen, mächtige Könige durch Krieg bezwungen, wilde Stämme und riesige Völkerschaften gewaltsam niedergeworfen waren, Karthago, das mit Rom um die Herrschaft gewetteifert hatte, von Grund auf vernichtet war und alle Länder und Meere den Römern offenstanden, da begann das launische Glück zu wüten und alles in Verwirrung zu stürzen. Denen, die Mühen und Gefahren, unsichere und widrige Umstände leicht ertragen hatten, wurden Frieden und Reichtum, sonst wünschenswerte Dinge, zur Belastung und zum Unglück. Von daher wuchs zuerst die Geldgier, dann die Machtgier. Die Habgier untergrub Treu und Glauben, Rechtschaffenheit und alle guten Eigenschaften; an deren Stelle lehrte sie Übermut, Grausamkeit, die Götter zu mißachten und alles für käuflich zu halten. Und die Machtgier brachte viele dazu, unehrlich zu werden, ihre Meinung im Herzen verschlossen zu halten und etwas anderes auf der Zunge zu tragen, Freundschaften und Feindschaften nicht nach ihrem wahren Wert, sondern nach dem Vorteil einzuschätzen sowie eher eine glatte Miene aufzusetzen als eine gute Gesinnung zu haben. Sobald dann die Krankheit wie eine Seuche ausgebrochen war, trat ein moralischer Niedergang der Bürgerschaft ein, und aus der besten und gerechtesten entstand eine grausame und unerträgliche Herrschaft.

Aber zu Beginn trieb eher die Herrschsucht als die Habsucht die Gemüter um, ein Laster, das gleichwohl einem moralischen Wert näher steht [als die Geldgier]. Denn Ruhm, Ehre und Herrschaft wünschte sich in gleicher Weise der Tüchtige und der Schlechte; aber der eine erstrebt sie auf dem richtigen Wege, der andere kämpft, weil ihm die guten Eigenschaften fehlen, mit List und Tücke. Der Habsucht aber liegt die Gier nach dem Geld zugrunde, einem Gut, das kein Weiser begehrt: Wie mit einem bösen Gift durchtränkt, verweichlicht sie einen männlichen Körper und Geist, sie ist maßlos und unersättlich, weder Überfluß noch Mangel kann sie mindern. […]

Nachdem Reichtum als Ehre zu gelten begonnen hatte und ihm die höchste Amtsgewalt und die Macht folgten, begann die alte Integrität und Tüchtigkeit *(virtus)* abzustumpfen, Armut als Schande zu gelten und Integrität als Böswilligkeit. Aufgrund des Reichtums erfaßten also Luxus und Habgier die Jugend: sie rafften und konsumierten, gingen mit dem Eigenen nicht sorgsam um und begehrten fremdes Gut, Scham und Rücksichtnahme, Göttliches und Menschliches waren ihnen einerlei, und Maß und Verantwortung waren ihnen fremd.

Sallust, Die Verschwörung Catilinas, 10–12, zit. nach Sallust, Historische Schriften. Catilina – Iugurtha – Auswahl aus den Historien. Übers. von André Lambert, München 1983, S. 35–37.

Q 5

Bronzestatue des Aulus Metellus, etruskisch, 1. Jh. v. Chr., Florenz, Museo archeologico nazionale di Firenze

Die Krise der Heeresverfassung

Nach der Zerstörung Karthagos führten die Römer verlustreiche Kriege in Spanien und Norditalien. Hier starben zeitweise mehr Soldaten als in allen Kriegen zuvor. Was waren die Gründe dafür und wie reagierten die Bevölkerung und die regierenden Eliten auf diese Entwicklung?

Die Kämpfe gegen einheimische Stämme in Spanien und Norditalien unterschieden sich in mehrfacher Hinsicht von den Kriegen, die Rom gegen Karthago und die östlichen Könige geführt hatte. Mithilfe der Darstellung können Sie analysieren und beurteilen, welche Gründe für die Schwierigkeiten der römischen Armee verantwortlich waren und welche Folgen dies für Soldaten, Feldherren und den Staat insgesamt hatte.

1 Fassen Sie zusammen, worin sich die Kämpfe in Spanien und Norditalien von den früheren Kriegen unterschieden. Beachten Sie dazu auch D 1.

2 Erläutern Sie die Gefahren, die von diesen Veränderungen für die Soldaten, für die Armee und für die Republik insgesamt ausgingen.

3 Erörtern Sie davon ausgehend die Möglichkeiten struktureller Veränderungen der römischen Heeresverfassung.

Das Milizsystem und seine Vorteile

Rom hatte die Kriege gegen Karthago und die Könige des griechischen Ostens mit Bürgersoldaten gewonnen, die alljährlich zu den Waffen gerufen und nach Kriegsende entlassen wurden. Die Legionäre waren keine Berufssoldaten, sondern leisteten ihren Wehrdienst als Bürger für den Staat. Man bezeichnet diese Art der Heeresorganisation als Milizsystem (von lat. *militia* = Truppe). Dieses hatte gegenüber den Heeren der Karthager und hellenistischen Könige viele Vorteile: Es verursachte geringe Kosten und die Soldaten waren sehr motiviert, weil sie für ihre Heimat und unter römischen Feldherren kämpften. Selbst große Verluste konnten immer wieder ausgeglichen werden, weil es die Nobilität verstand, die Bauernsoldaten an ihre Bürgerpflicht im Krieg zu erinnern und durch die Hoffnung auf Beute und Landgewinne anzuspornen. Ferner kämpfte man in vertrauten Regionen und gegen berechenbare Gegner. Benötigte man gegen den Karthager Hannibal noch lange Zeit, bis man sich auf dessen Kampfesweise eingestellt hatte, so waren die Armeen der östlichen Könige der Kampfkraft und Disziplin der Legionäre durchweg unterlegen.

Verluste durch neue Gegner

Nach den Kriegen gegen Karthago waren die Römer in den Besitz großer Gebiete in Spanien und Norditalien (Poebene) gekommen. Hier trafen sie auf eine einheimische oder zugewanderte Bevölkerung, die nicht bereit war, sich den neuen Herren zu beugen. Vor allem die hispanischen Stämme bevorzugten eine Kampfweise, die sich in vieler Hinsicht von der der Karthager und der östlichen Könige unterschied. Anstatt die Legionen zu einer offenen Feldschlacht mit gut geordneten Heeren herauszufordern, griffen sie unvermutet mit mobilen Verbänden aus dem Hinterhalt an, verwickelten die römischen Armeen in zermürbende Gefechte und zogen sich immer wieder in unzugängliche Bergregionen zurück. Die römischen Feldherren fanden gegen diese Gegner lange kein Mittel und mussten zum Teil schmachvollen Verträgen zustimmen, um sich und ihre Mannschaften zu retten. Der Unmut unter den Legionären wuchs mit jedem Kriegsjahr auch deshalb, weil sie über mehrere Jahre fernab ihrer Heimat im Feld standen und für ihren Einsatz nicht mit reichen Beutegeldern oder Landzuweisungen entschädigt wurden. Denn nach der Befriedung Italiens gab es kein Land mehr, das man besiegten Feinden hätte abnehmen und den Legionären zuweisen können. Zudem war vielen Römern nicht klar, wofür sie eigentlich kämpften und ihr Leben riskierten. Denn die spanischen Stämme bedrohten nicht ihre Heimat in Italien, sondern kämpften nur für ihre eigene Freiheit und die Verbesserung ihrer Lebensbedingungen. Auch die Kelten und Ligurer in Norditalien waren nicht in der Lage, Rom selbst anzugreifen, sondern verteidigten ihre Siedlungsplätze in der fruchtbaren Poebene, die sie schon vor Jahrhunderten in Besitz genommen hatten.

Kriegsdienstverweigerung und Ratlosigkeit

Besonders die Verluste in Spanien überstiegen bald alle Befürchtungen. Allein im ersten Kriegsjahr 154 v. Chr. fielen mehr als ein Drittel der 30 000 dort eingesetzten Legionäre. Um die Verluste auszugleichen, musste der Senat in immer größerem Umfang unerfahrene Rekruten nach Spanien schicken. Durch die hektische Neurekrutierung junger Soldaten und die regelmäßig einsetzenden Verluste entstand ein Teufelskreis, der den Unmut der Römer nur noch steigerte: Erstmals in der langen Geschichte Roms musste die Auswahl der neuen Rekruten durch Losung vorgenommen werden, weil niemand freiwillig nach Spanien gehen wollte. Viele versuchten mithilfe der Volkstribune, eine Einberufung zu verhindern oder auszusetzen. In Spanien selbst häuften sich Desertationen und Befehlsverweigerungen. Selten war eine römische Armee hinsichtlich Motivation und Ausbildung in einem solch schlechten Zustand.

Auch wenn Rom den Krieg in Spanien nach mehr als zwanzig Jahren blutiger Kämpfe durch die Einnahme des letzten großen Widerstandsnestes Numantia für sich entscheiden konnte, so hatte der Sieg doch gravierende Folgen für die innere Entwicklung der Republik. Ihm vorausgegangen waren eklatante Vertragsbrüche, Bestechungen und heimtückische Kommandoaktionen, die so gar nicht in das Bild des tapferen und ehrlichen Kämpfers passten, das die Römer von sich verbreiteten; so war Viriathus, der Anführer der Lusitaner, auf Anstiftung und Bezahlung Roms durch seine Landsleute ermordet worden. Alte Werte und Überzeugungen, die bislang nach Auffassung der Römer den Erfolg im Krieg garantiert hatten, waren infrage gestellt. Das Vertrauensverhältnis zwischen Senat und Milizarmee war erschüttert, das Milizsystem der jährlichen Aushebungen überfordert. Die Kriege in Spanien und Norditalien demonstrierten auf drastische Weise, dass die Republik ihre Militärorganisation ändern und ihre staatlichen Einrichtungen den neuen Herausforderungen anpassen musste. Die entscheidende Frage lautete, ob die Nobilität dazu bereit war, wenn die Veränderungen im Bereich des Heerwesens für sie selbst Nachteile mit sich brachten.

D 1

Krieger verschiedener hispanischer Stämme in ihrer Bewaffnung bei einem Hinterhalt. Rekonstruktionszeichnung von Angus McBride

Die folgenden Materialien geben Ihnen die Möglichkeit, die Gefahren und Belastungen nachzuvollziehen, mit denen die römischen Soldaten in Spanien konfrontiert waren. Außerdem können Sie analysieren, wie die Reaktionen der Legionäre von den Zeitgenossen beurteilt wurden.

1 Erläutern Sie die Reaktionen der Soldaten, des Senats und der Konsuln auf den Krieg in Spanien (Q 1, Q 3, Q 4). Überprüfen Sie, inwieweit diese Reaktionen der Darstellung von Q 2 entsprechen.

2 Beschreiben Sie die Entwicklung der römischen Legionärszahlen und ihr Verhältnis zur Zahl der Wehrfähigen und der bürgerlichen Gesamtbevölkerung und erklären Sie die Schwankungen (D 2).

3 Vergleichen Sie das Verhältnis zwischen den Zahlen der Soldaten im Feld und der männlichen Bürgerschaft mit den entsprechenden Zahlen zu den drei europäischen Ländern in D 2. Beachten Sie dabei, dass bei den Zahlen zu Europa die Frauen bei den Berechnungen zur Gesamtbevölkerung mit berücksichtigt sind; rechnen Sie die Verhältnisangabe entsprechend um.

Q 1

Der „schmutzige“ Krieg

Der griechische Historiker Appian (um 90–160 n. Chr.) schildert in dem spanischen Teil seiner Römischen Geschichte die Lage der jungen römischen Soldaten im Jahre 140 v. Chr. auf dem spanischen Kriegsschauplatz:

Auf diese (schlechten Nachrichten) hin kamen eine Senatskommission zu Pompeius (dem Oberkommandierenden in Spanien 141–140) und anstelle der (zu entlassenden) Soldaten (denn die Sechsjahresperiode war abgelaufen) neu ausgehobene Rekruten, die noch ungeübt und kriegsunerfahren waren. Mit ihnen blieb Pompeius, der sich für seine Misserfolge schämte und darauf aus war, die Schmach zu tilgen, im Winterlager. Die jungen Soldaten, die ohne Behausungen der Kälte ausgesetzt waren und sich gerade erst an das Wasser und Klima des Landes gewöhnen mussten, litten an Magen- und Darmkrankheiten, und manch einer kam zu Tode. Als ein Teil zum Fouragieren [Nahrungsmittelbeschaffung] ausgeschickt wurde, legten ihnen die Numantiner in der Nähe des römischen Lagers einen Hinterhalt und provozierten die Römer mit Wurfgeschossen so lange, bis sie es nicht mehr ertrugen und angriffen. In diesem Augenblick erhoben (ihre Gegner) sich aus dem Hinterhalt. Und von den Römern kamen viele von den Mannschaften, viele auch von den Offizieren zu Tode. Die Numantiner aber fingen auch diejenigen ab, die Getreide brachten, und töteten auch von diesen viele.

Appian, Iberiké 334–337, zit. nach Klaus Bringmann, Krise und Ende der römischen Republik (133–42 v. Chr.), Berlin 2003, S. 133.

Q 2

Soldaten bei der Musterung. Ausschnitt aus einem Relief des Sarkophags des Domitius Ahenobarbus, um 100 v. Chr., Paris, Louvre

Q 3

Feige römische Soldaten?

Der griechische Historiker Polybios (um 200–120 v. Chr.) schildert, wie sich im Jahre 151 Rekruten dem Kriegseinsatz in Spanien zu entziehen suchten:

Je eifriger der Senat auf die Fortsetzung des Krieges in Spanien aus war, desto unerwarteter für ihn entwickelte sich die Sache. Denn als Quintus, der im vergangenen Jahr das Kommando in Spanien innegehabt hatte, und die, die mit ihm im Felde gestanden hatten, in Rom von den ununterbrochenen Kämpfen, der Höhe der Verluste und dem Kampfesmut der Keltiberer berichteten, Marcellus aber offensichtlich vor dem Krieg zurückschreckte, wurden die jungen Leute von solcher Panik ergriffen, wie sie nach Aussage der Älteren noch nie vorgekommen war. Dieser Ausbruch von Feigheit ging so weit, dass weder geeignete Männer sich für den Militärtribunat meldeten und die Posten unbesetzt blieben, während früher viel mehr Leute sich gemeldet hatten, als gebraucht wurden, noch die von den Konsuln benannten Legaten, die den Feldherren folgen sollten, zum Dienst bereit waren; der Gipfel aber war, dass die jungen Männer sich der Aushebung verweigerten und Ausflüchte gebrauchten, die auszusprechen eine Schande, zu überprüfen unziemlich, zu widerlegen unmöglich war. Als schließlich der Senat und die Magistrate ratlos waren, welches Ende dieses schamlose Verhalten der Jungen (Wehrpflichtigen) – denn mit diesem Wort musste man es aufgrund der Umstände bezeichnen – nehmen würde, stand P. Cornelius auf, der selber ein junger Mann war, aber als Befürworter des Krieges galt […], und erklärte, als er den Senat hilflos sah, man könne ihn als Tribun oder als Legaten mit dem Konsul nach Spanien schicken, er sei zu beidem bereit.

Polybios, Historien 35,4,1–9, zit. nach Klaus Bringmann, Krise und Ende der römischen Republik (133–42 v. Chr.), Berlin 2003, S. 131 f.

Q 4

Verwirrung in Rom

Der Historiker Titus Livius (59 v. Chr.–17 n. Chr.) schildert politische Konflikte um die Aushebungspraxis:

Als die Konsuln L. Licinius Lucullus und A. Postumius Albinus mit Strenge die Aushebungen vornahmen und niemandem aus Gefälligkeit Befreiung gewährten, wurden sie von den Volkstribunen, die für ihre Freunde keine Dienstbefreiung erhalten konnten, ins Gefängnis geworfen. Der Krieg in Spanien, in dem mehrfach unglücklich gekämpft worden war, verursachte eine solche Verwirrung in der Bürgerschaft, dass nicht einmal Männer gefunden wurden, die bereit waren, die Stellen der Militärtribune zu besetzen oder als Legaten (nach Spanien) zu gehen.

Livius, Römische Geschichte Periochae 28, zit. nach Klaus Bringmann, Krise und Ende der römischen Republik (133–42 v. Chr.), Berlin 2003, S. 134.

D 2

Wehrfähige Männer in Rom und in ausgewählten europäischen Staaten

a) Zahl der Wehrfähigen in den letzten beiden Jahrhunderten der Republik im Verhältnis zur erwachsenen Gesamtbürgerschaft

Jahr v. Chr.	Soldaten im Feld	Gesamtzahl der Wehrfähigen im Alter von 17–46 Jahren *(iuniores)*	Gesamtzahl der erwachsenen Wehrfähigen	Verhältnis von Soldaten zur gesamten Bürgerschaft[1]
215	60 000	126 000	190 000	1:10,6
194/3	44 000	112 000	143 702	1:11,7
169	45 600	249 000	312 805	1:25,3
83–81	272 000	–[2]	–[2]	1:6 (geschätzt)
43	264 000–330 000[3]	828 000–972 000[3]	1 150 000–1 350 000[3]	1:11,6–1:17

b) Verhältnis von Soldaten unter Waffen und Gesamtbevölkerung in Europa Mitte des 18. Jahrhunderts

Jahr	Land	Verhältnis
1760	Frankreich	1:85
1747	Großbritannien	1:100
1760	Preußen	1:14

[1] Unter der Voraussetzung, dass im Normalfall die männliche wehrfähige Bevölkerung 30 % der Bevölkerung ausmacht
[2] Wegen fehlender Quellen sind keine Angaben möglich.
[3] Genauere Schätzungen sind nicht möglich.

Elio Lo Cascio, Recruitment and the Size of the Roman Population from the Third to the First Century BCE, in: Walter Scheidel, Debating Roman Demography, Leiden u. a. 2001, S. 135–137.

Die Agrarkrise und das Ende des inneren Friedens

Die Kriege in Spanien belasteten vor allem die Bauern Italiens. Viele starben oder kamen erst nach Jahren ohne Beute zurück. In der Zwischenzeit hatten sich die landwirtschaftlichen Verhältnisse zu ihren Ungunsten verändert, was die Spannungen innerhalb der Bürgerschaft verschärfte. War Rom aber zu Reformen bereit?

Die sich verschlechternde Lage des italischen Bauerntums ist für die meisten Forscher der entscheidende Auslöser für die Krise der Republik. Allerdings beurteilt man heute die agrarischen Nöte viel differenzierter, als es die Quellen tun. Dementsprechend schwankt auch das Urteil über die Motive der Gegenmaßnahmen und ihr Scheitern. Anhand der Darstellung dieser Doppelseite können Sie analysieren, welchen Belastungen die Bauern tatsächlich ausgesetzt waren und weshalb Reformversuche gewaltsam unterdrückt wurden.

1. Erläutern Sie den Zusammenhang von landwirtschaftlichen Veränderungen, Agrarproblemen und Kriegsbelastungen seit der Mitte des 2. Jahrhunderts v. Chr.
2. Charakterisieren Sie Inhalt und Auswirkungen des gracchischen Reformprogramms. Berücksichtigen Sie dazu auch die Karte D 1.
3. Arbeiten Sie die Etappen der Konflikte heraus, die zum Tod des Tiberius Gracchus führten.

Veränderungen der Landwirtschaft

Viele Adlige begannen im 2. Jahrhundert v. Chr., die Produktion ihrer landwirtschaftlichen Güter umzustellen. Anstelle von Getreide konzentrierte man sich auf Produkte wie Wein, Oliven und Gemüse, die größere Profite abwarfen. Hinzu kam in der Folgezeit die Viehzucht. Die neuen Produktionsmethoden veränderten die traditionelle Landwirtschaft in vielerlei Hinsicht: Sie benötigten größere Anbau- bzw. Weideflächen und viele Landarbeiter. Beides war im 2. Jahrhundert v. Chr. für die reichen *nobiles* leicht zu bekommen: Die siegreichen Kriege im Osten führten zu einem Überangebot billiger Sklaven. Diese konnten nun von den Grundbesitzern zur Bodenbebauung und zum Viehbetrieb eingesetzt werden. Nach den Kriegen gegen Hannibal gab es ferner vor allem in Süditalien große Flächen unbebauten Landes. Offiziell handelte es sich um römisches Staatsland (*ager publicus*), das Rom von den einst mit den Karthagern kooperierenden Städten eingezogen hatte. Der Senat verpachtete das Land nach Kriegsende oder gab es zu günstigen Konditionen zur privaten Nutzung ab. Doch nur die Reichen profitierten davon: Nur sie hatten das Geld, um die Ländereien landwirtschaftlich im Sinne der profitableren Produktionsweise zu erschließen.

Probleme der Bauern

An den kleinbäuerlichen Familienbetrieben ging die Entwicklung vorbei, sie konnten sich weder zusätzliche Sklaven noch neues Land kaufen. Außerdem versperrten ihnen die Viehherden der Großgrundbesitzer den Zugang zu den öffentlichen Weiden. Und schließlich gab es angesichts der großen Zahl billiger Sklaven und Wanderarbeiter für die Bauern nur noch geringe Möglichkeiten, durch Nebenerwerb ihr schmales Einkommen aufzubessern. Da manche Höfe wegen der langen Abwesenheit der Männer im Krieg daniederlagen, konnten die Bauern ihre Gehöfte nicht mehr halten. Sie versuchten, als Pachtbauern zu überleben oder zogen auf der Suche nach Arbeit mit ihren Familien in die Hauptstadt. Selbst der Dienst in der Armee blieb ihnen verschlossen, da weiterhin nur Rekruten mit Bodenbesitz aufgenommen wurden. Die Forschung bezeichnet diesen Vorgang als Proletarisierung der Kleinbauernschicht.

Tiberius Gracchus greift die Probleme auf

Die agrarische Krise in Süd- und Mittelitalien führte aber nicht nur zur Verarmung vieler Kleinbauern, sondern verschärfte auch die militärischen Probleme der Republik, denn es standen immer weniger Rekruten für den Krieg in Spanien bereit. 133 v. Chr. versuchte der Volkstribun Tiberius Gracchus die verfahrene Situation durch eine längst überfällige Reform zu retten. Er stammte aus einer hochadligen Familie und konnte auf frühere Versuche verweisen, den ungehemmten Bodenerwerb der Großgrundbesitzer einzuschränken und die freiwerdenden Flächen des *ager publicus* den verarmten Bauern zur Verfügung zu stellen. Insofern war sein Plan alles andere als revolutionär: Kein Grundbesitzer sollte mehr als 500 Morgen (= 125 ha = 1,25 km^2) und zwei Söhne von ihm nicht mehr als 250 Morgen Staatsland besitzen dürfen. Alles Land darüber hinaus sollte eine staatliche Kommission an bäuerliche Siedler verteilen.

Obwohl einflussreiche *nobiles* den Vorschlag unterstützten, lehnte die Mehrheit des Senats seine Umsetzung ab. Daraufhin brachte Tiberius gegen die Tradition kraft seines Amtes als Volkstribun sein Gesetzesvorhaben vor die Volksversammlung. Hier fand er große Zustimmung. Kurz vor der Abstimmung legte jedoch der vom Senat instruierte Volkstribun Octavius sein Veto ein. Was folgte, widersprach allen Regeln: Tiberius ließ nach einer kurzen Rede seinen Kollegen absetzen. Danach wurde das Ackergesetz angenommen. Neben Tiberius wurden sein Bruder und Schwiegervater Mitglieder der mit der Verteilung von Landstücken beauftragten Kommission. Außerdem beschloss die Volksversammlung auf Antrag des Tiberius, die Erbschaft, die der König von Pergamon gerade den Römern vermacht hatte, zur Finanzierung und Durchführung zu verwenden. Damit griff Tiberius in einen Bereich der Außenpolitik ein, der eigentlich dem Senat unterstand.

Die Lage eskaliert

Um sich gegen die Gefahr zu wappnen, von seinen Gegnern nach Ende des Volkstribunats vor Gericht gezogen zu werden, gab Tiberius bekannt, sich für eine zweite Amtszeit zu bewerben. Dies widersprach erneut den ungeschriebenen Regeln der Verfassung. Viele Senatoren fürchteten eine Alleinherrschaft des Volkstribuns. Die angespannte Stimmung eskalierte. Mehrere hochrangige Senatoren unter Führung des Publius Cornelius Scipio Nasica stürmten mit 300 Klienten den Volksversammlungsplatz und erschlugen Gracchus sowie einen Großteil seiner Anhänger. Das bereits von der Volksversammlung beschlossene Ackergesetz war zwar nicht mehr rückgängig zu machen, doch ließen sich die Konsuln in die Ackerkommission wählen und blockierten dort die Verteilung des Landes.

Auch die Reform des Gaius Gracchus scheitert

Zehn Jahre nach dem Tod des Tiberius nahm sein Bruder Gaius die Pläne zur Reform der Bodenbesitzungen erneut auf, verknüpfte sie diesmal aber mit weitreichenden Veränderungen politischer Institutionen. Anstatt Staatsland in Italien zu verteilen, schlug er vor, Kolonien in der Provinz Africa auf dem Gebiet des zerstörten Karthago zu gründen. Um Helfer gegen den zu erwartenden Widerstand des Senats zu gewinnen, versprach er der städtischen Bevölkerung subventioniertes Getreide und zog den politisch bislang wenig engagierten Stand der ***Ritter*** durch bedeutende Zugeständnisse im Bereich der Provinzialverwaltung und des Gerichtswesens auf seine Seite. Erneut schreckten jedoch die um ihre Macht fürchtenden Senatoren vor Gewalt nicht zurück. Als sich Gaius 122 v. Chr. erneut zum Volkstribun wählen lassen wollte, riefen sie den Staatsnotstand aus und brachten ihren Gegner mit etwa 3 000 seiner Anhänger auf offener Straße um.

Ritter

Als Ritter *(equites)* bezeichnete man die Schicht der reichen Römer, die ursprünglich ein Staatspferd besaßen und ein Vermögen von 400 000 Sesterzen aufweisen konnten. Im Gegensatz zu den Senatoren übernahmen sie keine öffentlichen Ämter, engagierten sich dagegen stark in Handels- und Finanzgeschäften. Wenn sie durch die Wahl zum Quästor Senator werden wollten, mussten sie (ab 129 v. Chr.) vorher offiziell ihr Ritterpferd abgeben.

D 1

Die Ausdehnung der *ager publicus* vor den Gracchen mit der Verteilung der Grenzsteine der Ackerkommission des Tiberius Gracchus

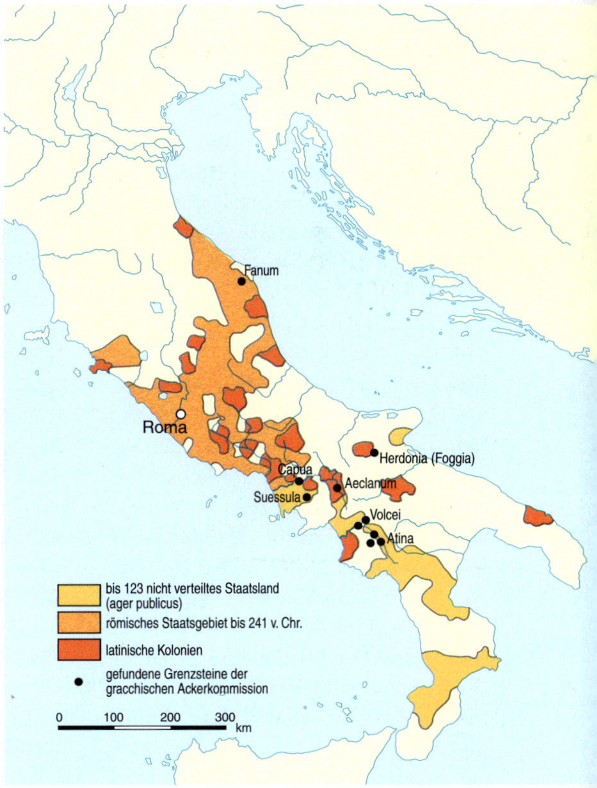

Anhand der folgenden Materialien können Sie die Motive und Interessen der am Streit um die Agrarreform beteiligten Personengruppen analysieren. Danach lässt sich ein differenziertes Urteil über die Gründe der Agrarkrise und das Scheitern der Reformbemühungen sowie über die mittelfristigen Folgen formulieren.

1 Analysieren Sie die Aussagen Appians zur Verelendung der Bauern auf ihre Stimmigkeit (Q 1).
2 Erörtern Sie die Argumente Heftners (D 2) und setzen Sie sie mit Q 1 in Beziehung.
3 Untersuchen Sie das Bild D 4 unter dem Gesichtspunkt der Botschaft, die der Künstler mit seinem Werk vermitteln wollte, und vergleichen Sie diese Botschaft mit Q 1.
4 Nehmen Sie zu der noch heute weit verbreiteten Auffassung Stellung, die in den Gracchen „Märtyrer einer gerechten Sache" sieht (D 2, D 4).
5 Erörtern Sie die mittel- und langfristigen Folgen der gracchischen Reformbemühungen (D 3).

Q 1

Not der Kleinbauern?

Der griechische Historiker Appian (um 90–160 n. Chr.) beschreibt aus der Rückschau die Hintergründe der Agrarkrise:

Die Reichen nahmen den Großteil dieses nicht aufgeteilten Landes [gemeint ist der *ager publicus*] in Besitz und vertraten im Laufe der Zeit die kühne Meinung, dass niemand mehr ihnen dieses abnehmen könne. Außerdem zogen sie die angrenzenden Landstriche und was sonst an bescheidenem Grundbesitz armer Leute vorhanden war, an sich, teils durch Kauf unter gütlichem Zureden, teils durch gewaltsame Wegnahme. So konnten sie statt kleiner Güter ausgedehnte Latifundien bebauen, wofür sie dann Sklaven als Arbeiter und Hirten einsetzten; das sollte verhindern, daß freie Arbeitskräfte vom Ackerbau zum Heeresdienst abgezogen werden konnten. Gleichzeitig brachte auch dieser Besitz von Sklaven den Reichen großen Gewinn, da jene zahlreiche Kinder hatten und sich wegen der Befreiung vom Kriegsdienst ungefährdet vermehrten. So wurden die einflussreichen Persönlichkeiten steinreich und das Sklavenvolk nahm über das Land hin massenhaft zu, während die Italiker an Zahl und Stärke dahinschwanden und sich in Armut, Steuerabgaben und Feldzügen erschöpften. Konnten sie dann etwas Ruhe von diesen Lasten finden, mussten sie ihre Zeit untätig hinbringen, da sich ja das Land in den Händen der Reichen befand und diese als Landarbeiter statt freier Männer Sklaven einsetzten.

Appian, Bürgerkriege 1,7,29–31, zit. nach Appian von Alexandria, Römische Geschichte. Zweiter Teil: Die Bürgerkriege. Übersetzt von Otto Veh. Durchgesehen, eingeleitet und erläutert von Wolfgang Will, Stuttgart 1989, S. 17 f.

D 2

Korrektur der antiken Sicht

Der Historiker Herbert Heftner beleuchtet 2006 die Agrarkrise aus der Sicht der modernen Forschung:

Derartige hinsichtlich der ökonomischen Zusammenhänge unpräzise, aber eindrucksvolle Genrebilder von der Not der kleinen und der Besitzgier der großen Grundbesitzer haben die Vorstellungen der Nachwelt von den Agrarverhältnissen des 2. Jahrhunderts geprägt. Erst die moderne Forschung hat an diesem Bild einige Korrekturen angebracht. Von grundlegender Bedeutung sind die Erkenntnisse der Archäologie, die zeigen, dass vielerorts in Italien bäuerliche Kleinbetriebe über das 2. Jahrhundert hinaus Bestand gehabt haben, dass also der Niedergang nicht so allgemein gewesen sein kann, wie er in der Geschichtsschreibung erscheint. In die gleiche Richtung weisen Überlegungen wirtschaftstheoretischer Natur: Die früher verbreitete, von neuzeitlichen Verhältnissen inspirierte Vorstellung, dass Roms Kleinbauern der erdrückenden Konkurrenz rationeller produzierender Großbetriebe zum Opfer gefallen seien, erweist sich als unhaltbar, wenn man bedenkt, dass diese kleinen Familiengüter gar nicht für den Markt, sondern nur für die Eigenversorgung produzierten. Ebenso hat die neuere Forschung auch die älteren Vorstellungen von den Arbeitsabläufen und der Organisation auf römischen Landgütern (etwa die verbreitete Ansicht von der Unvereinbarkeit von Sklavenarbeit und Getreidebau) in vielen Punkten korrigiert und dabei aufzeigen können, dass Klein- und Großbetriebe zumindest in der Theorie durchaus nebeneinander existieren, ja das sie einander sogar sinnvoll ergänzen konnten: Der Großbetrieb benötigte ja zur Abdeckung seiner „Arbeitsspitzen" zu bestimmten Zeiten zusätzliche Arbeitskräfte, die er am leichtesten aus der benachbarten Kleinbauernschaft rekrutieren konnte.

All diese Erkenntnisse und Überlegungen legen uns nahe, die gewohnten Vorstellungen von der Bauernnot der späten römischen Republik wenn schon nicht ganz zu verwerfen, so doch durch ein differenzierteres Bild zu ersetzen.

Herbert Heftner, Von den Gracchen bis Sulla. Die römische Republik am Scheideweg 133–78 v. Chr., Regensburg 2006, S. 38.

D 3

Das Scheitern des Tiberius Gracchus als Symptom für die Krise

Der Historiker Uwe Walter fasst 2008 zusammen, weshalb die Geschehnisse um die gescheiterte Agrarreform für die späte Republik Zeichen einer schweren Krise waren:

Die Vorgänge sind in mehreren Punkten symptomatisch für die gesamte späte Republik: 1) Mit Tiberius Gracchus wird der Volkstribun zum aktiven Träger von Veränderungen und emanzipiert sich vom Senat. 2) Eine Minderheit der Herrschaftsschicht kann mithilfe des Tribunats und der Volksversammlung gegen die Senatsmehrheit eigenständige Politik machen; man nennt diese Art politischen Handelns populare Politik *(popularis ratio)*; sie ruht auf der ständigen Aktualisierbarkeit sozialer Missstände und auf einer abrufbaren Tradition antiadliger Agitation. 3) Die Mehrheit des Senats verliert das Gesamtwohl aus dem Blick und vertritt primär eigene Interessen; dies und die Bereitschaft, im Binnenraum der *res publica* nackte Gewalt anzuwenden, führt längerfristig zu einem Legitimitätsverlust der politischen Klasse, der im Klientelsystem nicht mehr aufgefangen werden kann. 4) Die neu mobilisierten Schichten werden nicht dauerhaft politisiert; ihre Aktivierung ist von situativer, eskalationsträchtiger Agitation abhängig und schwer kalkulierbar. 5) Erfolgreiche Politik von Einzelnen oder Minderheiten bedroht das zentrale Prinzip aristokratischer Herrschaft, die aristokratische Gleichheit und Kontrolle des Kollektivs über die Politik; die gewaltsame Reaktion zeugt von der Hilflosigkeit des Senats, der gegen einen entschlossenen und kontinuierlich amtierenden Volkstribunen keine legale Verteidigung hat. Auch in der Folgezeit werden institutionelle Initiativen oder Bremsmanöver immer wieder von Gewalt überspielt. 6) Durchsetzungsstarken und erfolgreichen Individuen droht nach Ende ihrer Amtszeit die juristische, politische oder gar physische Vernichtung, gegen die sie sich mit ordnungswidrigen und zugleich neuen Optionen schaffenden Mitteln wehren (Perpetuierung der Amtsfunktion; Auslöschung politischer Gegner; Aufbau dauerhafter militärischer Macht).

Uwe Walter, Römische Geschichte – Rom in der Späten Republik (133–30 v. Chr.), in: Der große Ploetz. Die Enzyklopädie der Weltgeschichte, Freiburg im Breisgau 35. Aufl. 2008, S. 242 f.

D 4

Der Tod des Gaius Gracchus, Gemälde von François Jean-Baptiste Topino-Lebrun, 1792, Marseille, Musée des Beaux-Arts

Der Autoritätsverlust der Regierungselite und die Politisierung der Ritter

Die Nobilität schien nach der Niederschlagung der gracchischen Reformversuche und der Beendigung der Kriege in Spanien gefestigt wie nie zuvor. Doch der Schein trog: Die Anwendung von Gewalt gegen innenpolitische Gegner sowie der Unwille, notwendige Veränderungen voranzutreiben, schwächten das Ansehen der Elite im Volk. Welche Folgen hatte dies für die innere Stabilität der Republik? Gab es gesellschaftliche Gruppen, die sich den Autoritätsverlust der *nobiles* zunutze machten?

Moderne Forscher erklären die jahrhundertelange Stabilität der römischen Republik damit, dass Bürger und Politiker von einem Konsensprinzip geleitet waren: Kontroversen wurden nicht bis zum Letzten ausgefochten, sondern durch Kompromisse im Sinne des Staatsinteresses entschärft. Am Ende stand die Einigung, nicht der Konflikt. Seit den Gracchen schwand diese Fähigkeit zur friedlichen Konsensbildung. Die Darstellung liefert Ihnen die Grundlage dafür, die Ursachen und Folgen dieser Entwicklung zu analysieren und sie in die bisher erarbeiten Krisenphänomene der Republik einzuordnen.

1 Erläutern Sie die Faktoren, die zum Ansehensverlust der *nobiles* beitrugen.
2 Charakterisieren Sie den Stand der römischen Ritter und erklären Sie, worauf deren Selbstbewusstsein gegenüber den *nobiles* beruhte. Ziehen Sie dazu auch Q 1 heran, indem Sie zunächst eine Bildbeschreibung anfertigen.
3 Entwickeln Sie eine Strategie zur Lösung der Spannungen zwischen *nobiles* und Rittern.

Die *nobiles* drehen die Zeit zurück

Nach der Ermordung des Gaius Gracchus machten die *nobiles* auch dessen Ackergesetze rückgängig. Zunächst wurden die von der Ackerkommission verteilten Bauerngüter in veräußerbares Eigentum umgewandelt. Fortan konnten die neu geschaffenen Güter wieder verkauft werden, und die Großgrundbesitzer taten alles, um auf diese Weise wieder in den Besitz der verteilten Grundstücke zu gelangen. Der aktuelle Besitz von *ager publicus* wurde demgegenüber wenige Zeit später bestätigt. Einer Neuverteilung war damit ein Riegel vorgeschoben. Folgerichtig wurde die Ackerkommission aufgelöst. Im Prinzip hatte man damit die alten Verhältnisse vor den Gracchen wieder hergestellt.

Spaltung der Nobilität: Optimaten und Popularen

Dennoch konnten die *nobiles* nicht verhindern, dass die Ideen und Methoden der Gracchen weiterlebten. Dazu waren die Probleme der Kleinbauern und die Verweigerungshaltung der konservativen Senatoren einfach zu offensichtlich. Außerdem hatte ihnen die offene Anwendung von Gewalt gegen einen Volkstribun weitaus mehr Schaden als Respekt eingebracht. So fanden sich in der Folgezeit unter den *nobiles* immer wieder Politiker, die mithilfe des Volkstribunats und der Volksversammlung die Vorherrschaft des Senats brechen und auf diese Weise auch Veränderungen zugunsten breiterer Volksschichten erwirken wollten. Man nannte diese Richtung „Popularen" im Gegensatz zu den „Optimaten", die weiterhin dem Senat die alleinige Führungsrolle im Staat zuerkannten und jegliche Veränderungen im Sinne der Gracchen ablehnten. Die Spaltung des Senats in diese beiden Richtungen hat die Möglichkeit einer konstruktiven, den Problemen der Zeit angemessenen Politik zusätzlich erschwert. Kompromisse wurden immer seltener gesucht, stattdessen beherrschte ein rücksichtsloser Konkurrenzkampf um Ämter und Einfluss die innenpolitische Szene.

Das Ansehen der *nobiles* auf dem Tiefpunkt

Das Volk muss von dieser Entwicklung enttäuscht gewesen sein. Das Vertrauen, dass man den „Herren der Welt" über Jahrhunderte entgegengebracht hatte, war aufgebraucht. Denn die *nobiles* wehrten sich nicht nur gegen Veränderungen zugunsten der Bauern und Soldaten. Schlimmer war, dass sie ihre eigenen Ziele immer häufiger mit Gewalt durchsetzten. Die Verachtung der selbstherrlichen Methoden der *nobiles* seitens des Volkes wuchs in dem Maße, in dem die adligen Feldherren seit den 120er-Jahren v. Chr. unrühmliche Niederlagen in Nordafrika gegen den numidischen König Iugurtha erlitten. Vielfach vermutete man hinter den Misserfolgen Bestechungen durch den König. Da die *nobiles* sich auch in den Provinzen immer weniger um eine ordentliche Verwaltung kümmerten und stattdessen die Untertanen rücksichtslos ausbeuteten, schien der Verdacht gerechtfertigt.

Der politische Aufstieg der Ritter

Kritik an der Nobilität kam zunehmend aus den Reihen der Ritter. Es handelte sich um eine gesellschaftliche Gruppe reicher Grundbesitzer aus Rom und den italischen Landstädten. Sie waren während der Kriege des 3. und 2. Jahrhunderts v. Chr. mit Handel und Geldgeschäften vermögend geworden, besaßen aber in der Regel keinen politischen Ehrgeiz. Erst Gaius Gracchus hatte ihnen die Möglichkeit gegeben, als Richter in neu eingerichteten Strafverfahren zu fungieren, die sich mit den Erpressungen senatorischer Statthalter befassten. Diese Aufgabe verschaffte den Rittern über Nacht große Macht. Sie konnte vor allem den *nobiles* gefährlich werden. Denn bisher hatten die Adligen ihre Prozesse untereinander geführt. Nun mussten sie sich gegenüber einer materiell mindestens genauso starken Gruppe rechtfertigen. Die Ritter nutzten ihre Macht – auch aus finanziellen Interessen. Denn sie verdienten in den Provinzen als Geldverleiher und Steuereintreiber nicht weniger als die Statthalter. Sicherlich kooperierten viele Ritter mit den Statthaltern und Senatoren in der Provinzialpolitik. Daneben gab es jedoch Fälle, in denen die Ritter hohe Beamte zu Fall brachten, wenn sie ihre eigenen wirtschaftlichen und finanziellen Interessen gefährdet sahen. Nicht von ungefähr verschafften die handeltreibenden Ritter in Nordafrika dem Unmut des Volkes gegenüber den erfolglosen Feldherren zusätzliches politisches Gewicht. In der Folgezeit arbeiteten sie häufig mit Volkstribunen zusammen, um ihre Ziele durchzusetzen. Mit der Politisierung der Ritter war ein neuer Machtfaktor entstanden, der die Dominanz der *nobiles* erschütterte und zusätzliches Konfliktpotenzial in die Innenpolitik brachte.

Q 1

Parade der Ritter auf dem Weg zu einem öffentlichen Opferplatz. Relief aus Volterra, 2. oder 1. Jh. v. Chr., London, British Museum

Der Autoritätsverlust der Nobilität war ein schleichender Prozess, der von den Zeitgenossen unterschiedlich wahrgenommen und eingeschätzt wurde. Anhand der Quellen können Sie überprüfen, inwieweit den römischen Politikern eigentlich die Ursachen und die Tragweite dieser Entwicklung bewusst waren und welche Rolle dabei dem Volk und den Rittern zukam.

1 Erläutern Sie die unterschiedlichen Haltungen von Optimaten und Volk gegenüber den in Q 2 genannten Gesetzesvorschlägen des Gracchus.

2 Erörtern Sie, inwieweit man den Optimaten auch nach Ansicht Ciceros und Sallusts eine verfehlte Politik vorwerfen könnte (Q 2, Q 3).

3 Vergleichen Sie die Aussagen des Appian und des Poseidonios über die „Politisierung" der Ritter (Q 4, Q 5).

4 Nehmen Sie unter Berücksichtigung Ihres im Darstellungsteil erarbeiteten Wissens zur Aussage Appians Stellung, wonach Gracchus die Ritter zu „Herren über den Senat" gemacht habe (Q 4).

Q 2

Kritik an Volk und Optimaten

Der römische Redner und Anwalt Marcus Tullius Cicero (106–43 v. Chr.) war ein Anhänger der Optimaten (hier „boni" – die „Guten" genannt). In einer Verteidigungsrede aus dem Jahre 56 v. Chr. für einen Politiker namens Sestius äußert er sich zur Rolle des Volkes und der Optimaten:

Der Staat wird nämlich mit einem größeren Aufwand an Truppen und Machtmitteln bestürmt als verteidigt, und zwar deshalb, weil man skrupellosen und verworfenen Menschen nur einen Wink zu geben braucht, um sie in Aufruhr zu versetzen, und weil sich diese sogar aus eigenem Antrieb gegen den Staat erheben; die Rechtschaffenen *(boni)* dagegen neigen aus irgendeinem Grunde zu allzu großer Bequemlichkeit und werden, nachdem sie die Anfänge nicht beachtet haben, schließlich im letzten Augenblick aufgerüttelt, wobei sie freilich nicht selten wegen ihres trägen Zauderns, während sie auch unter Preisgabe ihrer Würde am Frieden festhalten wollen, das eine wie das andere verspielen [...].

Diese Art und Weise, Politik zu treiben, war übrigens einst gefährlicher, weil sich der Wunsch der Menge und der Vorteil des Volkes in vielen Fragen nicht mit dem Gemeinwohl vereinbaren ließen. Von L. Cassius wurde ein Stimmtafel-Gesetz eingebracht: das Volk glaubte, es gehe um seine Freiheit; die maßgebenden Männer waren dagegen, weil sie sich im Hinblick auf das Wohl der Besten [die Optimaten] vor der unbesonnenen Menge und den zu Willkür einladenden Stimmtafeln fürchteten. Ti. Gracchus brachte ein Siedlergesetz ein: dem Volke war es erwünscht, weil es schien, als würden dadurch die Vermögensverhältnisse der Ärmeren in Ordnung gebracht; die Besten lehnten sich dagegen auf, weil sie eine Quelle von Zwietracht darin erblickten und glaubten, daß der Staat seine Beschützer verliere, wenn man die Vermögenden von ihrem langjährigen Besitz vertreibe. C. Gracchus brachte ein Getreidegesetz ein: die Sache war der Plebs angenehm, da sie ja einen reichlichen Lebensunterhalt empfing, ohne sich anstrengen zu müssen; die Rechtschaffenen widersetzten sich, weil sie glaubten, daß die Plebs der Arbeit entwöhnt und zur Faulheit verleitet würde, und weil sie einen Bankrott der Staatskasse kommen sahen.

Cicero, Pro Sestio 100, 103, zit. nach Marcus Tullius Cicero, Sämtliche Reden. Eingeleitet, übersetzt und erläutert von Manfred Fuhrmann, Bd. 5, Zürich/München 1978, S. 349–351.

Q 3

Kritik an der Nobilität

Der Historiker Sallust (86–35 v. Chr.) beschreibt in seinem Geschichtswerk über den Jugurthinischen Krieg die Lage nach der Niederschlagung der gracchischen Reformen:

So drang mit der Macht Habgier ohne Maß und Beschränkung ein, die alles besudelte und verwüstete, die keine Wertmaßstäbe kannte, der nichts heilig war, bis sie sich selbst zu Fall brachte. Denn sobald sich innerhalb der Nobilität Leute fanden, die wahren Ruhm ungerechter Macht voranstellten, begann die Bürgerschaft in Bewegung zu geraten, und eine innere Entzweiung wie ein Erdbeben entstand. Denn nachdem Tib. und C. Gracchus, deren Vorfahren im Punischen und in anderen Kriegen vieles zum Wohl des Staates beigetragen hatten, das Volk in die Freiheit zu führen und die Verbrechen der wenigen offenzulegen begannen, trat die Nobilität, schuldig und daher aufgeschreckt, bald durch die Bundesgenossen und das Volk der Latiner, dann durch die römischen Ritter, die die Hoffnung auf ein Bündnis [mit der Nobilität] vom Volk entfernte, den Aktionen der Gracchen entgegen, und zuerst tötete man durch das Schwert Tiberius, dann wenige Jahre später Gaius, als er den gleichen Weg beschritt, zusammen mit M. Fulvius Flaccus, Tribun der eine, der andere Triumvir zur Errichtung von Kolonien.

Gewiß hatten die Gracchen durch ihre Begierde zu siegen keine ausreichend moderate Einstellung. Für einen moralisch rechtschaffen handelnden Mann ist es jedoch befriedigender, besiegt zu werden als mit schlechtem Verhalten die Ungerechtigkeit zu besiegen. So vernichtete die Nobilität, indem sie ihren Sieg nach ihrem Gutdünken nützte, viele Existenzen mit dem Schwert oder durch die Verbannung und erwarb sich bei den übrigen mehr Angst als Macht. Dies hat oft große Staaten zugrunde gerichtet, wenn die einen die anderen gleich auf welche Art besiegen und die Besiegten sich mit übermäßiger Härte rächen wollen.

Sallust, Der Jugurthinische Krieg 41,9–42,5, zit. nach Klaus Bringmann, Krise und Ende der römischen Republik (133–42 v. Chr.), Berlin 2003, S. 102.

Q 4

„Die Ritter besitzen die Gewalt"

Der Historiker Appian (um 90–160 n. Chr.) erklärt, wie Gracchus die Ritter auf seine Seite zog:

So wurde Gaius Gracchus zum zweiten Mal Tribun. Nachdem er die Plebejer in seinem Sold hatte, begann er mithilfe einer ähnlichen politischen Maßnahme auch den sog. Ritterstand zu umwerben, der seinem Ansehen nach eine Mittelstellung zwischen Senatoren und Plebejern einnahm. Er übertrug die Gerichtshöfe, welche durch Bestechungsfälle in ihrem Ansehen gelitten hatten, von den Senatoren auf die Ritter. Dabei hielt er den ersteren besonders die Beispiele aus jüngster Vergangenheit vor, den Aurelius Cotta, den Salinator und als Dritten im Bunde den Manius Aquilius, den Bezwinger von Asien: sie alle hatten sich offensichtlich bestechen lassen, waren aber von den Richtern freigesprochen worden. […] Der Senat schämte sich zutiefst dieser Vorkommnisse und stimmte dem Gesetz zu, worauf es vom Volk bestätigt wurde. Auf solche Weise wurden dann die Gerichtshöfe vom Senat auf die Ritter übertragen. Bald nach dem Erlaß des Gesetzes soll Gracchus, wie man sagt, die Äußerung getan haben, er habe nun ein für allemal die Macht des Senates gebrochen; mit dem weiteren Fortgang der Ereignisse aber gewann sein Ausspruch eine noch größere praktische Bedeutung. Indem nämlich die Ritter über sämtliche Römer und Italiker und sogar über die Senatoren zu Gericht sitzen durften, und zwar in allen Dingen, was Besitz, bürgerliche Rechtstellung und Verbannung betraf, erhob Gracchus sie zu Herren über den Senat und stellte seine Mitglieder auf die gleiche Stufe wie die Untertanen. Ja, da die Ritter mit den Tribunen zusammengingen und als Gegengabe dafür alle Wünsche erfüllt bekamen, wurden sie für die Senatoren mehr und mehr ein Gegenstand des Schreckens, und rasch kam es so weit, daß die Macht im Staate sich verlagerte, indem der Senat lediglich noch die Würde, die Ritter aber die Gewalt besaßen.

Appian, Die Bürgerkriege 1,22, zit. nach Appian von Alexandria, Römische Geschichte. Erster Teil: Die römische Reichsbildung. Übers. von Otto Veh, Stuttgart 1987. S. 27 f.

Q 5

Befürchtungen der Senatoren

Der griechische Philosoph und Historiker Poseidonios (um 135–51 v. Chr.) schreibt über die Befürchtungen der Senatoren (nach Diodor):

Dadurch, daß (Gaius) Gracchus vor dem Volk davon redete, die Aristokratie aufzulösen und eine Demokratie einzurichten, und die Willfährigkeit aller Teile erreicht hatte, hatte er an diesen Leuten nicht mehr Bundesgenossen, sondern gewissermaßen Leute, die selbständig für die eigenen verwegenen Pläne arbeiteten. […] Denn bestochen von seinen eigenen Hoffnungen war jeder bereit, für die eingebrachten Gesetze jede Gefahr auf sich zu nehmen, wie wenn es um den eigenen Vorteil ginge. Dadurch nun, daß er den Senatoren die Gerichte nahm und die Ritter zu Richtern machte, machte er den schlechteren Teil der Bürgerschaft zum Herrn über den besseren; und indem er das frühere Einvernehmen zwischen Senat und Rittern zerstörte, machte er die Menge für beide beschwerlich und gefährlich. Dadurch aber, daß er sich durch die Entzweiung aller Stände gegeneinander selbst eine Machtstellung schuf und die Staatsgelder zu schändlichen, unzweckmäßigen Ausgaben, um sich selbst damit beliebt zu machen, verschwendete, zwang er alle, auf ihn zu sehen. Und wenn er die Provinzen der Unverschämtheit und Habgier der Steuerpächter auslieferte, so erregte er dadurch mit Recht Haß der Untertanen.

[Anm.: Steuerpächter waren Privatleute aus dem Ritterstand, welche das Recht des Steuereinzugs in den Provinzen vom Zensor ersteigerten.]

Diodor, Historische Bibliothek 34,5,25, zit. nach Geschichte in Quellen Bd. 1: Altertum. Bearbeitet von Walter Arend, München 4. Aufl. 1989, S. 479.

Unfähig zur Integration – das Problem der Italiker und der Bundesgenossenkrieg

In den Kriegen der vorausgegangenen 200 Jahre hatten die Soldaten der italischen Bundesgenossen Seite an Seite mit den Legionären gekämpft. Doch im Jahre 91 v. Chr. erklärten sie selbst den Römern den Krieg. Wie konnte es dazu kommen? Und welche Folgen hatte die blutige Auseinandersetzung zwischen den einstigen Waffenbrüdern für den Bestand der Republik?

Antike Stadtstaaten scheuten davor zurück, fremde Menschen oder gar ganze Gemeinwesen in ihren Bürgerverband aufzunehmen. Die römische Republik war flexibler. Sie band die Gemeinden Italiens durch verschiedene Rechtsformen an sich und sicherte sich damit deren Wehrpotenzial. Die italischen Gemeinden (Italiker) mussten auf Befehl der Römer Truppen stellen und auf eine eigenständige Außenpolitik verzichten. Im Gegenzug garantierte Rom ihre Sicherheit gegenüber fremden Angriffen. Allerdings blieben die Italiker in vielerlei Hinsicht benachteiligt. Auf der Grundlage der einleitenden Darstellung können Sie analysieren, worin diese Nachteile bestanden, und danach ein begründetes Sachurteil über die Gründe für den Ausbruch des Bundesgenossenkriegs formulieren.

1 Fassen Sie in Form eines Flugblattes die Benachteiligungen der Bundesgenossen und ihre möglichen Forderungen zusammen.
2 Erläutern Sie, warum sich die römischen Politiker so lange gegen eine Integration der Italiker wehrten.
3 Begründen Sie anhand von D 1, weshalb die Bundesgenossenkriege für Rom so bedrohlich waren.
4 Diskutieren Sie unter Berücksichtigung der vorangegangenen Kapitel die Vor- und Nachteile, die sich aus der Verleihung des Bürgerrechts an die Italiker nach dem Krieg für die Republik ergaben.

Benachteiligung der Bundesgenossen

Die Römer ließen keinen Zweifel daran, dass sie die Herren Italiens waren und die Bundesgenossen eine untergeordnete Stellung einnahmen. So konnte der römische Feldherr die Soldaten der italischen Gemeinden aus Disziplingründen auspeitschen lassen. Die Legionäre waren als römische Bürger vor dieser entehrenden Strafe geschützt. Außerdem erhielten die italischen Hilfstruppen bei der Verteilung der Kriegsbeute geringere Anteile, obwohl sie ebenso große Opfer auf dem Schlachtfeld brachten. Auch politisch fühlten sich die Bundesgenossen benachteiligt. Anders als die Römer hatten sie nicht das Recht, sich bei Zwangsmaßnahmen eines Beamten an die Volksversammlung zu wenden (Provokationsrecht). Und sie besaßen weder das aktive noch das passive Wahlrecht. Trotzdem mussten sie immer wieder mit harten Eingriffen römischer Beamte in ihre lokalen Angelegenheiten rechnen.

Bundesgenossenfrage und Agrarkrise

Lange haben die Bundesgenossen diese Benachteiligungen hingenommen und loyal für Rom gekämpft. Ihr Verhältnis zu Rom wurde erst in dem Augenblick ernsthaft erschüttert, als der innerrömische Streit um die Agrarfrage ihre Stellung noch einmal massiv verschlechterte: So zwang die von Tiberius Gracchus eingesetzte Ackerkommission viele Bauern der Bundesgenossen, das von ihnen rechtmäßig beackerte Land herauszugeben. Die neu gebildeten Kleingüter wurden jedoch nur an Römer verteilt. Diese offenkundige Benachteiligung war auch ein Grund dafür, dass die Ackerkommission ihre Arbeit einstellen musste. Doch nach wie vor blieben die Italiker von Landzuteilungen ausgeschlossen.

Innenpolitische Konflikte

In der Folgezeit haben römische Politiker versucht, zumindest die politische Benachteiligung der Italiker aufzuheben. Ein Gesetz des Gaius Gracchus sollte Teilen der Italiker, nämlich den Latinern, das römische Bürgerrecht, den anderen Bundesgenossen wenigsten das Stimmrecht in Rom verschaffen. Drei Jahre vorher hatte der Konsul Fulvius Flaccus vorgeschlagen, den Bundesgenossen wahlweise das römische Bürgerrecht oder das Provokationsrecht zu verleihen. Doch all diese Anträge fanden keine Mehrheit im Senat. Zu viele Politiker fürchteten um ihre Machtbasis. Denn mit der Aufnahme der Italiker in den Bürgerverband hätte auf der einen Seite die alte römische Klientel der Senatoren (siehe S. 40) an Bedeutung verloren. Auf der anderen Seite hätte ein erfolgreicher Gesetzesantrag dem Antragsteller eine große Zahl neuer Anhänger verschafft. Sie hätten das Machtgleichgewicht zwischen den *nobiles* bedroht. Aber auch die Masse der römischen Bevölkerung in der Hauptstadt sah ihren Status als Klienten der *nobiles* gefährdet. Sie hätte ihre Privilegien nun mit den Neubürgern teilen müssen. Geschickt heizten einzelne Politiker die Sorgen der Bevölkerung an und schufen damit ein zusätzliches Gegengewicht gegen alle Pläne zur Integration der Italiker.

Die Lage eskaliert

Wie gereizt die Stimmung war, zeigt sich daran, dass im Jahre 95 v. Chr. alle Nichtrömer *(peregrini)* per Gesetz aus Rom ausgewiesen wurden – ein populäres Zugeständnis an den Egoismus der römischen Bevölkerung. Vier Jahre später wurde ein Politiker, der umfassende Reformen zugunsten der Bundesgenossen mit Begünstigungen der hauptstädtischen Plebs verbinden wollte, ermordet. Die Italiker sahen sich um die letzte Chance einer Verbesserung ihrer Stellung betrogen. Aus Verbitterung wurde Wut und aus Wut die Bereitschaft zur Gewalt. Erstmals standen die Zeichen auf offenen Aufruhr. Doch anstatt Konzessionen zu machen, reagierte Rom mit Härte: Agenten und Prätoren wurden in die Italikerstädte entsandt, um (angebliche) Verschwörungen im Keime zu ersticken. Bei einer offiziellen Untersuchung wurden die römischen Beamten von der aufgebrachten Menge getötet. Das war der Beginn des gewaltsamen Aufruhrs. Er erfasste in Windeseile weite Teile Mittel- und Süditaliens. Zu Beginn des Jahres 91 v. Chr. stand fast ganz Italien im Krieg.

Der brutale Krieg und seine Folgen

Der Bundesgenossenkrieg wurde auf beiden Seiten mit äußerster Brutalität geführt; keine Seite war zu Verhandlungen bereit. Für die Römer bedeutete der Krieg eine neue Herausforderung, denn erstmals kämpften sie gegen Soldaten, die eine vergleichbare Ausbildung durchlaufen hatten und die römische Kampftaktik aus den langen gemeinsamen Kriegen kannten. Die Römer schickten ihre besten Feldherren in den Kampf, um nicht überrollt zu werden. Bereits ein Jahr nach Kriegsbeginn versuchten sie die gegnerische Front aufzuweichen, indem sie den loyalen Italikern sofort das römische Bürgerrecht anboten. Ein Jahr später wurde dieses Angebot an diejenigen Aufständischen ausgeweitet, die bereit waren, die Waffen niederzulegen und sich innerhalb von 60 Tagen in Rom zu melden. Gleichzeitig führte man den Krieg mit unerbittlicher Härte weiter.

Die Verbindung von politischen Konzessionen an kooperationsbereite Italiker und einem regelrechten Vernichtungskrieg gegen alle Widerständler führte schließlich zum militärischen Sieg der Römer. Anstatt die Besiegten erneut vor den Kopf zu stoßen, gewährten sie nun allen ehemaligen Bundesgenossen das römische Bürgerrecht. Damit wurden große Teile Italiens zu einem einheitlichen Staatsgebiet zusammengefasst. Die ehemaligen Bundesgenossen dienten fortan als Legionäre und besaßen die gleichen Rechte und Pflichten wie die Altbürger. Allerdings hatte der Krieg tiefe Wunden gerissen, die nicht leicht verheilten. Die Erinnerung an die Brutalität der Feldherren und das gegenseitige Abschlachten ganzer Armeen vergiftete noch lange das Verhältnis zwischen Alt- und Neubürgern. Außerdem war noch völlig unklar, wie der enorme Zuwachs an Bürgern politisch bewältigt und mit den Institutionen eines Stadtstaates in Deckung gebracht werden sollte.

D 1

Italien zur Zeit des Bundesgenossenkriegs (91–88 v. Chr.)

In welchem Maße das Bundesgenossenproblem die Krise der Republik beschleunigt hat, ist nicht einfach zu bestimmen, weil die eigentlichen Ziele der Italiker umstritten sind. Anhand der folgenden Materialien können Sie Erklärungen moderner Historiker (D 2, D 3) für die Motive der Bundesgenossen sowie für die auch nach Kriegsende ungelösten Probleme analysieren und mit antiken Zeugnissen vergleichen. Am Ende haben Sie die Möglichkeit, ein eigenes Sachurteil zu formulieren.

1. Geben Sie die Erklärungen der Forschung zu den Zielen der Bundesgenossen und der Römer mit eigenen Worten wieder (D 2, D 3).
2. Erläutern Sie die Argumente, mit denen der Althistoriker Henrik Mouritsen die ältere Forschung kritisiert (D 2).
3. Setzen Sie die Forschungsmeinung mit den Münzdarstellungen Q 1 und Q 2 in Beziehung.
4. Erörtern Sie die Probleme, vor denen die Nobilität bei der Integration der Bundesgenossen in den römischen Bürgerverband stand (D 3).

D 2

Die Ziele der Aufständischen

Der Historiker Bernhard Linke schreibt 2005 über unterschiedliche Deutungen der Ziele der Bundesgenossen:

In der traditionellen Sicht stellte sich der Konflikt zwischen Rom und seinen Verbündeten als geradezu zwangsläufige Folge des kulturellen Zusammenwachsens Italiens dar. Nachdem die Italiker sich in den langwierigen Akkulturationsprozessen immer stärker an die Römer angeglichen hatten, verlangten sie nun auch die offizielle Aufnahme in den römischen Staatsverband. Ihre eigene gemeinschaftliche Identität habe sich zunehmend abgeschwächt und daher sei die gleichberechtigte Teilhabe als römische Bürger in der *res publica romana* ihnen nur als folgerichtige Fortführung der politischen und kulturellen Konvergenz erschienen. Dazu kam, dass die Italiker mehr als die Hälfte der Soldaten in den Eroberungskriegen stellten und auch dafür eine Entschädigung erwarteten: In dieser Interpretation ging es in dem Konflikt also nicht um die Loslösung von Rom oder gar die Vernichtung des politischen Zentrums Italiens: Ganz im Gegenteil, es war ein Kampf um das römische Bürgerrecht und damit um politische Integration.

Diese Sichtweise sieht sich in jüngster Zeit mit einer pointierten Gegenposition konfrontiert, die insbesondere der dänische Althistoriker Henrik Mouritsen vertritt. Für Mouritsen resultiert die Annahme, dass die Italiker unbedingt das römische Bürgerrecht wollten, eher aus den modernen Erfahrungen der Entstehung der Nationalstaaten als aus der kritischen Lektüre der antiken Quellen. Insbesondere der Erfolg der deutschen und der italienischen Einigungsbewegung im 19. Jahrhundert habe dazu beigetragen, dass die ältere Forschung die vielfältige Aufsplitterung der politischen Landschaft im republikanischen Italien als einen unnatürlichen Zustand betrachtet habe, der überwunden werden musste. Die „Einigung" Italiens wird auf diese Weise als Ziel vorausgesetzt, ohne dass die Motive und Interessen der Beteiligten angemessen reflektiert werden. In der Auffassung von Mouritsen hatten die Italiker gar kein Motiv, Römer werden zu wollen. Ihre jeweilige lokale Identität als kulturelle und politische Einheit war noch stark ausgeprägt. Die Menschen waren immer noch stolz, Samnite oder Marser zu sein. Sie besaßen ihre traditionellen Regierungsformen und Verwaltungsstrukturen, ihre Magistrate und Versammlungen. Als römische Bürger wäre ihnen nur noch eine gewisse kommunale Selbständigkeit geblieben. Für alle wichtigen Fragen wären die politischen Institutionen und Beamten in Rom zuständig gewesen. Diese Eigenständigkeit zugunsten einer von außen übernommenen römischen Staatsbürgerschaft aufzugeben kam für sie nicht in Frage, zumal ihre Chancen auf politische Durchsetzungsfähigkeit als Neubürger im republikanischen System eher zweifelhaft waren.

So wollten die Bundesgenossen für Mouritsen nicht die Integration in das bestehende Gemeinwesen der Republik, sondern grundlegende Veränderungen in ihrer Beziehung zu Rom erreichen. Das bisher einseitige Bündnisverhältnis zum römischen Staat, das den Bundesgenossen zwar innere Autonomie garantierte, sie aber außen- und machtpolitisch zu Gehilfen der Römer degradierte, sollte auf eine neue Basis gestellt werden. Ziel sei es gewesen, das hierarchische Verhältnis zu Rom durch die Gründung eines wirklichen Bundesstaates zu ersetzen, in dem alle Gemeinwesen durch eine repräsentative Vertretung Einfluss auf die gemeinsame Politik nehmen konnten. […] Nicht das Aufgehen in einem römischen Gesamtstaat strebten die Italiker an, sondern die gleichberechtigte Teilhabe an den Entscheidungen bei gleichzeitiger Wahrung ihrer kollektiven Identität.

Bernhard Linke, Die römische Republik von den Gracchen bis Sulla, Darmstadt 2005, S. 101 f.

D 3

Ungelöste Probleme

Der Historiker Jochen Bleicken erklärt 1995, weshalb die Integration der Italiker auch nach dem Bundesgenossenkrieg ein ungelöstes Problem blieb:

Die Übertragung des Bürgerrechts an alle Italiker wurde von Theodor Mommsen als ein Höhepunkt der Entwicklung Roms gefeiert. Für Mommsen war durch die im Bundesgenossenkrieg geschaffene Einheit Italiens als eines einheitlichen Gebietes römischer Bürger die italische „Nation“ entstanden. [...] Nicht die politische Einheit Italiens, die mit der Hineinnahme der letzten Städte und Stämme der Halbinsel in das römische Bundesgenossensystem bereits in der Mitte des 3. Jahrhunderts v. Chr. erreicht worden war, hätten wir danach als ein oder sogar das politische Ziel der römischen Führungsschicht anzusehen [...]; erst die rechtliche Einheit Italiens habe als ein von uns heute bedenkenswertes Ziel der historischen Entwicklung Roms zu gelten, ja womöglich hätte die römische Führungsschicht selbst, die Nobilität, sie als Ziel sehen sollen und wäre also sie, die sich so lange den Wünschen der Bundesgenossen widersetzt hatte, gegenüber diesem hohen Ziel als eine bornierte, kurzsichtige, die Zeichen der Zeit mißachtende Clique anzusehen. Tatsächlich aber war die rechtliche Einheit Italiens nur um den Preis der Aufgabe der alten Ordnung und mit ihr der alten Gesellschaft zu erreichen und war also der Kampf gegen sie ein Kampf um die Existenz der gegebenen Ordnung. Die ebenso umfangreiche wie plötzliche Expansion der Bürgerschaft sprengte die auf den römischen Stadtstaat zugeschnittenen organisatorischen Möglichkeiten und vor allem auch das bis dahin noch weitgehend intakte Netz der sozialen Beziehungen, hier insbesondere die Bindungen zwischen den Familien der Führungsschicht (Nobilität) und der Masse der Bürger. Jede moderne Darstellung dieser Epoche, die das durch die militärische Lage von 91/90 erzwungene Nachgeben der römischen Seite in der Bürgerrechtsfrage kommentiert, hat es daher eher als eine Selbstaufgabe der Nobilität denn als Kehrtwendung gegenüber einer bisher kursichtigen Politik zu interpretieren; die so oft als Borniertheit oder Engstirnigkeit bezeichnete Haltung der Nobiles in dieser Frage war ohne Zweifel durch ihr Wissen von den Konsequenzen der rechtlichen Einheit Italiens bestimmt, die jedem klar vor Augen standen. [...]

Die politische Integration des erweiterten Bürgerverbandes, also das Problem „Italien“, wurde denn auch nicht erreicht, ja nicht einmal ansatzweise in Gang gesetzt. Man glaubte, ihr offensichtlich durch eine schlichte Nichtbeachtung der neuen Situation entrinnen zu können: Die erste Stufe zu einer auch den politischen Bereich erfassenden Eingliederung der Neubürger, nämlich die censorische Schatzung der Bürger zwecks Einordnung in die timokratische [sich nach dem Vermögen richtende] Ordnung der Volksversammlung und in die Richterdekurien, kam nach dem Bundesgenossenkrieg überhaupt nur zweimal, nämlich 86 und 70 v. Chr., und dazu unvollständig zustande, und es liegt der Verdacht nahe, daß die Versäumnisse und Streitereien der amtierenden Censoren, die diese Fehlleistungen hervorbrachten, gewiß vor allem mit Rücksicht darauf erfolgten, welche Folgen denn die pünktliche und gründliche Erledigung der politischen Eingliederung der Neubürger in die Institutionen des Gesamtstaates haben würde. So war Italien, waren insbesondere die Neubürger etwa überall dort unterrepräsentiert, wo für eine politische Funktion ein Vermögen vorausgesetzt wurde.

Jochen Bleicken, Gedanken zum Untergang der römischen Republik, in: ders., Gesammelte Schriften, Bd. II, Stuttgart 1998, S. 697–699.

Q 1

Denar der Italiker aus dem Bundesgenossenkrieg; der Stier steht für die Italiker, die Wölfin für Rom.

Q 2

Denar der Italiker aus dem Bundesgenossenkrieg; die Frau mit Lorbeerkranz symbolisiert die Hauptstadt Italia (vgl. D 1).

1 Vergleichen Sie die äußere Machtentwicklung des Römischen Reichs vor dem Ausbruch der Krise gegenüber der Zeit um 200 v. Chr. (D 1).

2 Beschreiben Sie die weitere Entwicklung des Römischen Reichs während der Krise der Republik (D 2).

D 1

Der Mittelmeerraum um 133 v. Chr.

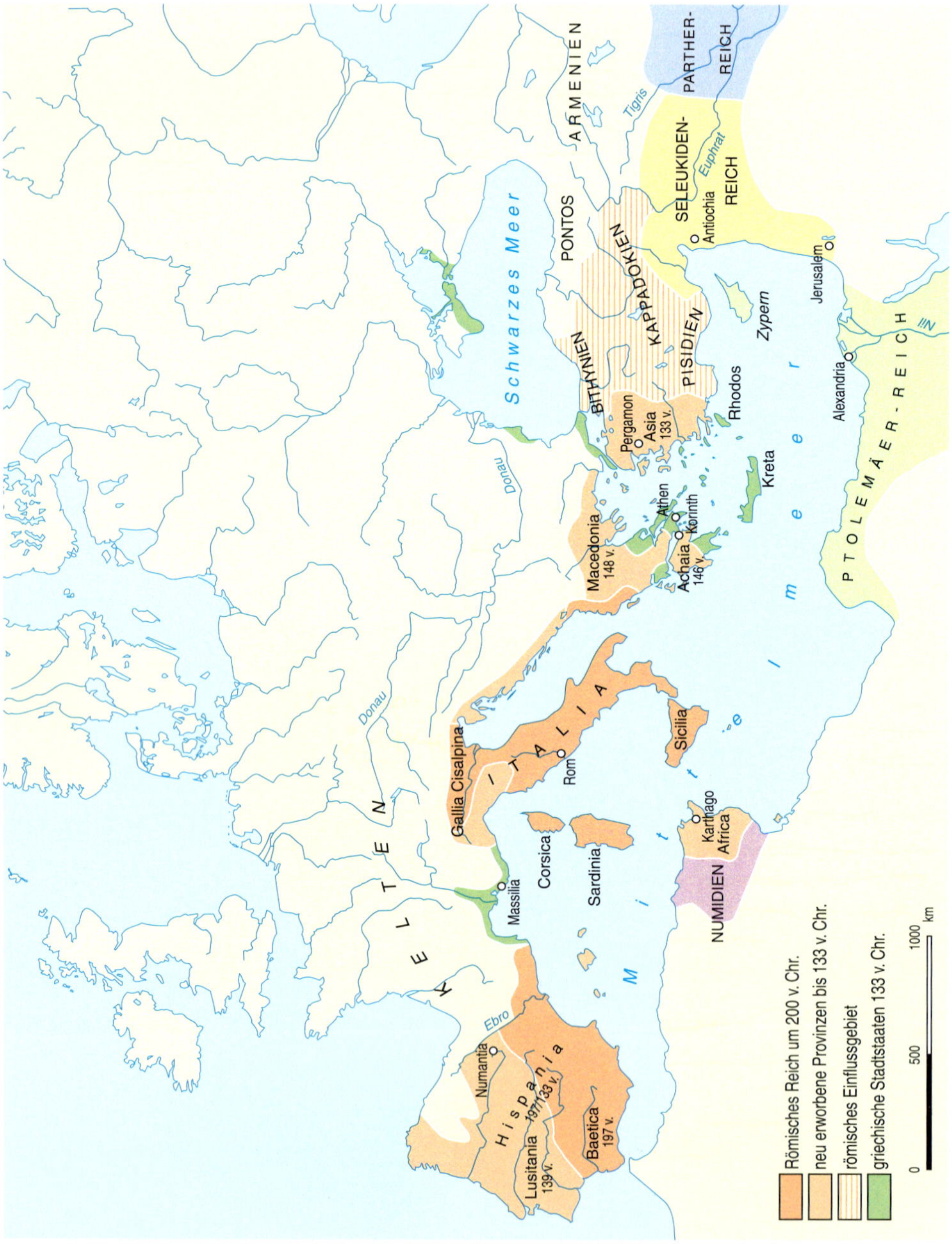

D 2

Das Römische Reich bis 14 n. Chr.

Die Auflösung des staatlichen Gewaltmonopols: Marius – Sulla – Pompeius

Das politische System der römischen Republik blieb über Jahrhunderte stabil, weil die Adligen ihren Ehrgeiz in den Dienst des Staates stellten und verhinderten, dass Einzelne zu große Macht gewannen. Die Rekrutierungsprobleme der Armeen und die Herausforderungen des sich erweiternden Herrschaftsgebietes veränderten jedoch das Verhältnis zwischen Feldherr, Armee und Senat grundlegend. Wie wirkte sich dies auf die inneren Verhältnisse der Republik aus?

Das Verhältnis zwischen Armeeführung und Staat gilt als wichtiger Gradmesser für die Stabilität eines politischen Systems. Verlieren der Staat und seine Regierung die Kontrolle über den militärischen Sektor, drohen Putschversuche und Bürgerkriege. Diese Entwicklung erlebte auch die römische Republik seit den 80er-Jahren des 1. Jahrhunderts v. Chr. Sie wird allgemein als eine der wichtigsten Ursachen für den Untergang des politischen Systems angesehen. Die Darstellung zeigt, wie es dazu kam und welche Folgen die Auflösung des staatlichen Kriegsmonopols hatte.

1. Erläutern Sie auch unter Berücksichtigung von D 1 die Faktoren, die seit Marius das Verhältnis zwischen Feldherr und Soldaten veränderten.
2. Charakterisieren Sie die „Militärklientel" im Vergleich zur Bindung zwischen Patron und Klient im „zivilen" Bereich.
3. Verfassen Sie aus der Sicht eines Marianers eine Liste der Verfassungsbrüche Sullas.
4. Erklären Sie den zunehmenden Kontrollverlust des Senats über das Militär. Berücksichtigen Sie dazu auch Q 1, Q 2 und D 2.
5. Setzen Sie die Entstehung der außerordentlichen Kommandos mit den innenpolitischen Krisenphänomenen in Beziehung und erläutern Sie die Rolle der Volkstribune.

Feldherr und Senat

Nach den Regeln der römischen Verfassung durften nur die Konsuln und Prätoren Armeen kommandieren. Während die Prätoren vor allem als Statthalter in den Provinzen eingesetzt wurden, kommandierten die Konsuln Armeen in akuten Kriegszeiten. Allerdings wurden sie in der Regel nach ein oder zwei Jahren von ihren Amtsnachfolgern abgelöst (Annuität). Die kurze Zeit des Kommandos sollte den Feldherrn einerseits animieren, innerhalb einer Feldzugsaison Erfolge zu erzielen. Andererseits wollte man verhindern, dass er ein zu enges Verhältnis zur Truppe entwickelte und sich auf fernen Kriegsschauplätzen der Gemeinschaft der *nobiles* entfremdete.

Lange Zeit funktionierte dieses System auch deshalb, weil die Soldaten nach jedem Feldzug entlassen wurden. Dagegen konnte man die zeitlichen Einschränkungen der Annuität flexibel dadurch umgehen, dass man den Feldherren nach Ende der Amtszeit die notwendige Kommandogewalt *(imperium)* anstelle eines gewählten Beamten (Pro-Magistrat) weiter beließ. Die Autorität des Senats war dennoch groß genug, um ehrgeizige Feldherren nach ihrem Einsatz wieder in den Kreis der Standesgenossen zu integrieren. Schließlich profitierten alle von den Kriegsgewinnen. Es bestand also kein Anlass, sich den Anordnungen des Senats zu widersetzen.

Der Aufstieg des Marius

Die Lage änderte sich mit den langjährigen Kämpfen in Spanien und den Niederlagen in Nordafrika. Die Autorität von Feldherrn und Senat geriet ins Wanken, die Armee litt an Rekrutenmangel. In dieser Situation wählte das Volk mit Gaius Marius nach langer Zeit wieder einen *homo novus* zum Konsul. Marius rechtfertigte das Vertrauen und beendete den Krieg in Nordafrika erfolgreich. Wenige Jahre danach sah sich Rom mit einem viel gefährlicheren Gegner aus dem Norden konfrontiert: Die germanischen Stämme der Kimbern und Teutonen drängten durch Gallien an die norditalischen Grenzen und vernichteten auf ihrem Weg zwei große römische Armeen. Erneut rief das Volk nach Marius und wählte ihn in der Folgezeit viermal zum Konsul (104–101 v. Chr.).

Abkehr vom bäuerlichen Milizheer

Gegen die Widerstände der Nobilität passte Marius das römische Militärwesen den neuen Herausforderungen an, wobei er allerdings aktuelle Entwicklungen aufnahm. Um die Sollstärke der Legionen zu erreichen, hatte er schon für den Feldzug in Nordafrika Besitzlose rekrutiert. Sie wurden jetzt erneut in großer Zahl zu den Waffen gerufen und einem scharfen Drill unterworfen. Damit entfernte sich Marius schrittweise vom alten Prinzip des bäuerlichen Milizheeres. Daneben änderte er die Bewaffnung der Legionäre und bildete größere taktische Einheiten, um auf den Ansturm der Germanen in der Schlacht besser reagieren zu können. Schließlich erhöhte er die Mobilität und Schlagkraft der Truppe: Fortan mussten die Legionäre einen Großteil ihrer Ausrüstung und Verpflegung mit sich tragen. Sie wurden damit unabhängig von einem schwerfälligen Tross. Mit dieser neuformierten Armee konnte er die Teutonen 102 v. Chr. bei Aquae Sextiae (Aix in Südfrankreich) und ein Jahr später die Kimbern bei Vercellae (Vercelli in Obertitalien) besiegen.

Der Feldherr als Patron

Marius wurde aufgrund seiner Erfolge mehrmals hintereinander meist mit den Stimmen der Ritter zum Konsul gewählt – ein in der Geschichte der Republik einmaliger Vorgang. Verständlicherweise schürte die beispiellose Karriere eines nichtadligen Politikers das Misstrauen der Nobilität. Ihre Sorge wuchs, weil das Verhältnis zwischen Marius und den Soldaten während der Feldzüge sehr eng geworden war. Viele Legionäre waren mittellos und hatten ohne die Sicherheit eines heimischen Grundbesitzes über Jahre unter Marius gekämpft. Sie erwarteten von ihrem Feldherrn, dass er nach Kriegsende für sie sorgte, so wie es ein Patron für seine Klienten im zivilen Leben tat. Marius nahm diese Rolle an und tat alles, um die Erwartungen seiner Soldaten zu erfüllen. Denn im Gegenzug konnte er damit rechnen, dass die Soldaten ihn politisch unterstützten. Es entstand somit ein enges Vertrauensverhältnis, das die Forschung als Militärklientel bezeichnet.

Innenpolitische Konsequenzen

Die ehemaligen Soldaten des Marius bildeten eine Veteranenschicht mit erheblichem politischen Gewicht. Marius konnte sich ihrer Stimmen bei Wahlen sicher sein. Allein durch ihre Anwesenheit in Rom waren sie ein zusätzlicher Machtfaktor, der von einem einzelnen Politiker als ein ideales Druckmittel zur Durchsetzung seiner Ziele eingesetzt werden konnte; darüber hinaus verschärften sie die Gegnerschaft zwischen Optimaten und Popularen (vgl. S. 52).

D 1

Der Triumph des Marius, Gemälde von Saverio Altamura, 2. Hälfte 19. Jh., Neapel, Museo di Capodimonte

Q 1

Münzdarstellung der Reiterstatue des Dikators Sulla, Aureus, 80 v. Chr.

Q 2

König Bocchus I. (kniend mit einem Olivenzweig in der Hand) übergibt den gefesselten Iugurtha (rechts); zwischen beiden sitzt Sulla, Münzdarstellung auf einem Denar, 56 v. Chr.

Marius arbeitete zum Beispiel mit einem den Popularen gewogenen Volkstribun zusammen, um seinen Veteranen das versprochene Ackerland zu verschaffen. Um Italien zu entlasten, schlug dieser vor, per Gesetz Siedlungskolonien in den Provinzen *Africa*, Sizilien und Griechenland und Makedonien zu errichten.

Der Senat schlägt zurück

Das war zu viel für den von den Optimaten dominierten Senat. Er sah sich durch die Neuansiedlungen bedroht und fürchtete, dass sich Marius und seine Freunde eine Klientel schufen, gegen die man machtlos sein werde. Erneut rief der Senat den Staatsnotstand aus. Geschickt beauftragte er Marius als amtierenden Konsul, selbst gegen seine Mitstreiter vorzugehen. Marius beugte sich der Autorität des Senats und ließ seine politischen Freunde in Rom töten. Noch einmal hatte der Senat das Spiel um die Macht gewonnen, aber erneut um den Preis der Gewalt. Das eigentliche Problem blieb ungelöst: Die Armee und ihre Veteranen bildeten fortan einen Machtfaktor, der massiv in die Innenpolitik hineinwirkte.

Sulla bricht das letzte Tabu

Der erste, der diesen Machtfaktor konsequent nutzte, war Lucius Cornelius Sulla, ein verarmter Adliger, der als Offizier unter Marius gedient und sich als Feldherr im Bundesgenossenkrieg ausgezeichnet hatte. Im Jahre 88 v. Chr. sollte ein Krieg in Griechenland und Kleinasien gegen König Mithridates von Pontos seine Karriere krönen. Der Feldzug versprach leichte Siege und reiche Beute. Als Sulla sich mit seinen Truppen in Nola zur Überfahrt nach Griechenland bereit machte, erreichte ihn jedoch die Nachricht, dass das Volk den Oberbefehl auf Marius übertragen hatte. Sulla und seine Soldaten sahen sich um die Früchte ihrer bisherigen Kämpfe betrogen. Zum Äußersten entschlossen marschierten Heer und Feldherr auf Rom. Erstmals in der Geschichte der Republik überschritt eine römische Armee die geheiligten Grenzen der Hauptstadt. Nach kurzem Kampf war Sulla Herr der Lage. Er ließ seine Gegner hinrichten oder zu Staatsfeinden erklären. Auch Marius musste flüchten. Danach zog Sulla in den Krieg gegen Mithridates.

Bürgerkrieg und die Rache des Siegers

In Rom gewannen inzwischen die Gegner Sullas wieder die Oberhand und richteten ihrerseits ein Blutbad unter den Sullanern an. Erneut schien Gewalt das beste Mittel zur Durchsetzung politischer Ziele. Als Sulla siegreich aus dem Osten zurückkehrte, standen alle Zeichen auf Bürgerkrieg. Nach blutigen Kämpfen zog Sulla zum zweiten Mal mit seiner Armee in die Hauptstadt ein. Seine Rache war beispiellos: Auf öffentlichen „Proskriptionslisten" wurden alle aufgeschrieben *(proscribere)*, die seit dem Frühjahr 83 v. Chr. zu seinen Gegnern zählten. Sie wurden damit geächtet, ihr Vermögen wurde öffentlich versteigert und sie konnten von jedermann ohne Strafverfolgung getötet werden. Jeder römische Bürger war verpflichtet, Proskribierte anzuzeigen und zu verfolgen. Wer dem öffentlichen Terror nicht zum Opfer fiel, floh oder nahm sich das Leben. Sulla selbst legte 79 v. Chr. die Diktatur nieder, zog sich aus Rom zurück und starb 78 v. Chr. eines natürlichen Todes.

Private Armeen

Beamte und Senat schienen Marionetten der militärisch Mächtigen zu sein. Wie sehr der Senat die Kontrolle über die militärische Gewalt verloren hatte, zeigte sich bereits kurz nach der Rückkehr Sullas aus dem Osten. Nach seiner Landung in Italien bot sich ihm ein junger Mann namens

Pompeius als Helfer an, der ohne ein Amt zu bekleiden aus den Klienten seiner Heimat Picenum eine Privatarmee ausgehoben hatte. Sulla akzeptierte. Pompeius führte fortan erfolgreich Krieg gegen die Marianer in den Provinzen. Nach seiner Rückkehr forderte er sogar einen Triumph, obwohl er seine Siege gegen Mitbürger erfochten hatte. Geschickt gelang es Pompeius, seinen Ruf als einer der fähigsten Feldherren der Zeit zu festigen. So war es fast folgerichtig, dass das Volk und die Ritter nach ihm riefen, als es senatorischen Feldherren wie Lucullus trotz glänzender Siege nicht gelang, Mithridates endgültig zu besiegen.

Außerordentliche Kommandos

Im Jahre 66 v. Chr. erhielt Pompeius durch ein Gesetz des Volkstribunen Manilius den Oberbefehl auf dem östlichen Kriegsschauplatz, und tatsächlich konnte er die gegnerischen Truppen schlagen und Mithridates schließlich zum Freitod treiben. Ein Jahr später wurde Pompeius mit der Lösung eines viel gravierenderen Problems betraut. Im Schatten der innenpolitischen Auseinandersetzungen hatten die Piraten des Mittelmeers einen enormen Machtaufschwung erlebt. In den 70er-Jahren bedrohten sie sogar die Getreideversorgung Roms. Die römischen Gegenmaßnahmen waren zögerlich und erfolglos, denn der Senat scheute sich, einem einzelnen Kommandeur weitreichende Kompetenzen anzuvertrauen, die zwar militärisch notwendig, aber innenpolitisch bedenklich waren. Erst als Pompeius im Jahre 67 v. Chr. erneut durch Volksbeschluss ein außerordentliches Kommando erhielt, das die üblichen räumlichen und zeitlichen Begrenzungen sprengte, stellte sich der Erfolg gegen die Piraten schnell ein. Pompeius wurde im griechischen Osten überschwänglich gefeiert, und auch in Rom erkannte man seine militärische Leistung an.

Militärische Sondergewalten und Volkstribunat

Politisch bedeuteten seine Feldzüge eine weitere Belastung für den inneren Frieden. Denn mit den außerordentlichen Kommandos war eine Form der militärischen Macht etabliert, die zwar den Erfordernissen des Weltreiches entsprach, aber in der römischen Verfassung nicht vorgesehen war und sich deshalb auch von der regulären Ämterlaufbahn gelöst hatte. Sicherlich war es auch in früheren Krisensituationen mitunter vorgekommen, dass man Kommandos an militärisch qualifizierte Kandidaten gegen die formalen Regeln der Ämterlaufbahn vergab. Doch geschah dies mit Zustimmung des Senats. Die außerordentlichen Kommandos der späten Republik wurden aber sämtlich gegen die Senatsmehrheit durch Gesetzesanträge von Volkstribunen eingerichtet. Auch hier zeigt sich die Überforderung des republikanischen Systems: Das Volkstribunat, das in den Jahrhunderten zuvor eng mit dem Senat zusammengearbeitet hatte, wurde nun nicht nur zum Träger einer unabhängigen, die Optimaten provozierenden Reformpolitik, sondern auch zum entscheidenden Wegbereiter neuer militärischer Gewalten, die vom Senat nicht mehr zu kontrollieren waren.

D 2

Pompeius übergibt sein Ritterpferd; Stich von Augustyn Mirys (1700–1790). Der Künstler illustriert eine berühmte Szene aus der Pompeius-Vita Plutarchs (22,4,9): Als Pompeius nach seiner Wahl zum Konsul vorschriftgemäß sein Ritterpferd abgeben wollte, wurde er von den Zensoren gefragt, ob er die gesetzlich vorgeschriebenen Feldzugsjahre abgeleistet habe; Pompeius antwortete, er habe sie alle abgedient, und alle unter seinem eigenen Kommando. Damit gab Pompeius zu, dass er als Ritter, also ohne je ein Amt bekleidet zu haben, Heere kommandiert hatte.

Der Aufstieg der Berufssoldaten seit Marius veränderte das Verhältnis zwischen Feldherrn und Armee grundlegend. Der Wandel war die Voraussetzung dafür, dass ein Mann wie Sulla seine Truppen auch gegen den Staat führen konnte, um seine Ziele zu erreichen. Anhand der folgenden Quellen können Sie diese Entwicklung detaillierter herausarbeiten sowie die Motive der Beteiligten analysieren. Aufgaben 1 und 2 können auch arbeitsteilig umgesetzt werden. Auf der Grundlage Ihrer Analysen lässt sich dann mithilfe von Q 8 ein Sachurteil über den Anteil der militärischen Gewalt an der inneren Krise der Republik formulieren.

1. Beschreiben Sie die Aufgaben der römischen Soldaten nach der Heeresreform des Marius (Q 3, D 3); nehmen Sie dazu auch den Verfassertext zu Hilfe.
2. Vergleichen Sie die Maßnahmen, mit denen Sulla und Marius die Gunst der Soldaten zu gewinnen suchten. Berücksichtigen Sie dabei auch die „moralische Tendenz" Plutarchs (Q 3, Q 4).
3. Erläutern Sie die politischen Ziele, die die beiden Feldherren mithilfe der Soldaten verfolgten (Q 3–Q 5).
4. Arbeiten Sie die Motive heraus, welche die Soldaten dazu bewogen, Sullas Marsch auf Rom zu unterstützen (Q 5).
5. Erklären Sie die Haltung der Offiziere in Sullas Heer (Q 5).
6. Beurteilen Sie auf der Grundlage der von Appian geschilderten Ermordung des Konsuls durch die Anhänger Cinnas den Zustand der Republik in den 80er-Jahren v. Chr. (Q 6).

Q 3

Marius und die Soldaten

Der griechische Gelehrte Plutarch (46–119 n. Chr.) schreibt in seiner Marius-Vita über das Verhältnis des Marius zur Truppe:

Der Konsul Caecilius Metellus war zum Oberbefehlshaber im Krieg gegen Jugurtha ernannt worden und nahm Marius als Unterfeldherrn nach Afrika mit. Da fand er ein weites Feld für große, glanzvolle Kriegstaten vor, aber er dachte nicht daran, nur Metellus' Ruhm zu mehren und sich, wie die anderen, für ihn einzusetzen. [...] Marius scheute vor großen Strapazen so wenig zurück, wie er sich zu gut hielt für die Arbeit im Kleinen. Er bewies Klugheit und Voraussicht wie keiner seiner Mitoffiziere, und mit den Soldaten wetteiferte er in Anspruchslosigkeit und Ausdauer. So gewann er ihre ganze Zuneigung. Denn jeder, welcher sich hart mühen muß, ist getröstet, wenn ein anderer freiwillig seine Mühe teilt: plötzlich spürt er den Zwang nicht mehr. So sieht ein römischer Soldat nichts lieber als einen Feldherrn, welcher das gleiche Brot ißt wie er selbst, auf gewöhnlicher Streue liegt oder Hand anlegt beim Ausheben des Grabens oder beim Einrammen der Schanzpfähle. Ein Befehlshaber, welcher mit Auszeichnungen und Geldgeschenken nicht kargt, wird wohl geschätzt, aber mit großer Achtung blicken die Soldaten zu einem Führer empor, der Not und Gefahr mit ihnen teilt. Und wer Übermut und Disziplinlosigkeit durchgehen läßt, findet weniger Liebe als ein Kommandant, welcher die Strapazen der Mannschaft mitträgt. Ein solcher Mann war Marius, Führer und Kamerad zugleich, und gerade deshalb gewann er sich die Herzen der Legionäre. Bald erfüllte der Ruhm seines Namens Afrika und Rom, denn die Leute schrieben aus dem Lager nach Hause, der Krieg werde kein Ende nehmen, wenn man nicht Marius zum Konsul wähle.

Plutarch, Marius 7, zit. nach Plutarch, Große Griechen und Römer, Bd. VI. Eingeleitet und übersetzt von Konrat Ziegler, Stuttgart/Zürich 1965, S. 61 f.

D 3

Legionäre mit ihrem Marschgepäck beim Aufbruch. Rekonstruktionszeichnung (Aquarell) von Peter Connolly, 1975

Q 4

Sulla und die Soldaten

Plutarch schreibt in seiner Sulla-Vita:

So geschah es in eben diesem Bundesgenossenkrieg, daß er, als seine Soldaten einen seiner Unterfeldherren, einen gewesenen Praetor, Albinus mit Namen, mit Knütteln und Steinen umgebracht hatten, ein solches Verbrechen übersah und nicht bestrafte, sondern sogar noch groß tat und wiederholt sagte, sie würden nun daraufhin noch größeren Mut zeigen, um ihre Schuld durch Tapferkeit wieder gutzumachen. Um die Leute, die ihm Vorwürfe machten, kümmerte er sich nicht, sondern da er bereits darauf aus war, Marius aus dem Felde zu schlagen und – da der Bundesgenossenkrieg seinem Ende entgegenging – zum Oberbefehlshaber gegen Mithridates ernannt zu werden, so buhlte er nur um die Gunst seines Heeres.

Plutarch, Sulla 7, zit. nach Plutarch, Große Griechen und Römer, Bd. III. Eingeleitet und übersetzt von Konrat Ziegler, Stuttgart/Zürich 1955, S. 54.

Q 5

Sullas Marsch auf Rom

Der Historiker Appian (um 90–160 n. Chr.) über den Entschluss Sullas, mit seinen Truppen nach Rom zu marschieren:

Nachdem nun der Geschäftsstillstand aufgehoben war und Sulla sich aus der Stadt entfernt hatte, brachte Sulpicius sein Gesetz durch und ließ Marius, um dessentwillen ja die ganz Aktion durchgeführt worden war, sofort an Sullas Stelle zum Befehlshaber im Krieg gegen Mithridates wählen. Als Sulla von den Vorgängen hörte, entschloß er sich, auf kriegerischem Wege eine Entscheidung herbeizuführen. Er berief deshalb sein Heer, das, seinerseits auf den Feldzug gegen Mithridates als ein gewinnbringendes Unternehmen begierig, die Befürchtung hegte, Marius könnte an ihrer Stelle andere Soldaten dafür auswählen, zu einer Versammlung zusammen und sprach von der ihm durch Sulpicius und Marius widerfahrenen Schmach. Im übrigen gab er sonst keinen deutlichen Hinweis – wagte er doch noch nicht über einen derartigen Krieg zu sprechen –, sondern forderte seine Leute nur auf, sich für seine Anordnungen bereit zu halten. Diese aber verstanden den Sinn seiner Worte, und aus Sorge für sich, sie möchten des Feldzugs verlustig gehen, enthüllten sie selbst Sullas Absicht und forderten ihn auf, nur guten Muts zu sein und sie nach Rom zu führen. Sulla freute sich darüber und setzte auf der Stelle sechs Legionen in Marsch, doch flohen bis auf einen einzigen Quästor seine sämtlichen Stabsoffiziere vor ihm nach Rom – sie wollten sich nicht dazu hergeben, ein Heer gegen die Vaterstadt zu führen. Als ihnen auf dem Wege Gesandte entgegenkamen und fragten, weshalb er denn in Waffen gegen die Vaterstadt ziehe, gab Sulla zur Antwort: „Ich will sie von ihren Tyrannen befreien." […] Mit dem Rest seiner Truppen zog Sulla in die Stadt ein, in seiner Erscheinung und in der Tat als Landesfeind.

Appian, Die Bürgerkriege 1,56–58, zit. nach Appian von Alexandria, Römische Geschichte. Zweiter Teil: Die Bürgerkriege. Übersetzt von Otto Veh. Durchgesehen, eingeleitet und erläuterrt von Wolfgang Will, Stuttgart 1989, S. 50 f.

Q 6

Ermordung eines Konsuls

Appian schildert die Lage in Rom nach dem Abzug Sullas in den Osten:

Während Cinna und Marius in Rom einzogen, empfing sie jedermann voll Angst, und sogleich begann denn ungehindert ein allgemeines Plündern bei jenen, die der Gegenpartei anzugehören schienen. Die beiden hatten Octavius [einer der beiden amtierenden Konsuln] das eidliche Versprechen zukommen lassen, und Opferpriester wie Seher prophezeiten, daß ihm nichts zuleide geschehen werde, doch seine Freunde rieten ihm zur Flucht. Niemals werde er als Konsul die Stadt verlassen, lautete seine Antwort, worauf er das Forum räumte und mit den vornehmsten Bürgern und was ihm noch an Truppen geblieben war, zum Ianiculum [ein Hügel außerhalb Roms] zog. Dort nahm er in seiner Amtskleidung auf der *sella curulis* Platz, als Konsul umgeben von Rutenbündeln und Beilen. Da ging Censorinus mit einer Anzahl Berittener zum Angriff auf ihn los, und erneut drängten ihn seine Freunde und das dabei stehende Militär zu fliehen, ja führten ihm sogar sein Reitpferd zu. Indessen weigerte sich Octavius, auch nur von seinem Stuhle aufzustehen, und wartete ruhig auf den Todesstreich. Censorinus aber schlug ihm das Haupt ab und überbrachte es Cinna, worauf es auf dem Forum vor den Rostra aufgehängt wurde, dies das erste Haupt eines Konsuls. Nach ihm hängte man dort auch die Häupter der anderen Ermordeten auf, und diese scheußliche Sitte, die mit Octavius ihren Anfang nahm, fand kein Ende mehr, sondern pflanzte sich auf die späteren Bluttaten durch Gegner fort. Nun schwärmten sogleich die Häscher aus, ihre Feinde aus dem Senat und dem sog. Ritterstand aufzuspüren. Wurden Ritter ermordet, so kümmerte man sich nachher nicht mehr weiter darum, hingegen wurden all die Häupter der Senatoren vor der Rednerbühne aufgestellt. Weder die Scheu vor den Göttern noch die Empörung der Menschen noch Angst vor üblem Ruf spielten bei den Geschehnissen mehr eine Rolle; nach bestialischen Taten wandte man sich vielmehr noch ruchloseren Schaustücken zu. Mitleidslos mordeten sie, schnitten bereits Toten die Hälse ab und stellten diese Greueltaten der Öffentlichkeit zur Schau, um die Menschen mit Furcht und Schrecken zu erfüllen […].

Appian, Die Bürgerkriege 1,71, zit. nach Appian von Alexandria, Römische Geschichte. Zweiter Teil: Die Bürgerkriege. Übersetzt von Otto Veh. Durchgesehen, eingeleitet und erläutert von Wolfgang Will, Stuttgart 1989, S. 60.

Reformen der inneren und äußeren Verhältnisse: Sulla und Pompeius

Die Spaltung der Nobilität in Optimaten und Popularen, der Bundesgenossenkrieg und vor allem die Gewalt der 80er-Jahre hatten die Schwächen des republikanischen Systems schonungslos offengelegt. Aber auch in den Provinzen wuchs der Unmut über die römischen Herrscher. Die Zeit für grundlegende Reformen war überfällig. Doch wo sollte man ansetzen und wer sollte sie durchführen in einem Staat, in dem jeder Versuch der Veränderung in den Wirren innenpolitischer Machtkämpfe stecken blieb?

Schon immer haben sich die Forscher gefragt, warum es den Römern so schwerfiel, die Schwächen ihres politischen Systems durch Reformen zu beheben. Ein Grund hierfür war die alle Lebenslagen durchwirkende Orientierung an der Vergangenheit. Sie erschwerte Veränderungen; Reformen hatten einen negativen Beigeschmack und wurden leicht des Verrats an den Sitten der Vorfahren verdächtigt. Außerdem konnten Reformen nie unabhängig von aktuellen Machtkonstellationen durchgeführt werden. Viele Ansätze scheiterten an der Sorge, die Reformer könnten zu große Macht gewinnen. Es bedurfte einer starken und unabhängigen Stellung, um diese Widerstände zu brechen. Sulla besaß nach den Proskriptionen eine solche Position, sein Gefolgsmann Pompeius etwa zehn Jahre später in der Außen- und Provinzialpolitik. Anhand der Darstellung lässt sich verfolgen, welche Maßnahmen sie ergriffen und welche Ziele sie verfolgten.

1. Arbeiten Sie die zentralen Maßnahmen heraus, mit denen Sulla den Staat zu reorganisieren versuchte.
2. Erklären Sie, inwieweit die Maßnahmen Sullas zur Reorganisation des Staates auch auf eigene Erfahrungen der Bürgerkriege zurückzuführen sind.
3. Versetzen Sie sich in die Rolle eines popularen Politikers und verfassen Sie einen Kommentar zu den Maßnahmen Sullas.
4. Diskutieren Sie Stärken und Schwächen der Neuordnung des Pompeius (D 1) auch im Hinblick auf die zuvor erarbeiten Gründe und Ursachen für die Krise der Republik.

Eine Diktatur zur Festigung der Republik

Welches Gewicht die Inhaber großer Militärkommandos in der Innenpolitik gewannen, zeigte sich daran, dass sie die Einzigen waren, die, gestützt auf ihre große Klientel, überhaupt noch durchgreifende Reformen der Verfassung durchsetzen konnten. Den Anfang machte Sulla. Nach dem Sieg über die innenpolitischen Gegner tat er einen ungewöhnlichen Schritt, um seine Machtstellung abzusichern. Die amtierenden Konsuln waren im Bürgerkrieg gefallen oder bei den Proskriptionen getötet worden. In solchen Fällen musste ein *interrex* genannter Sonderbeamter Neuwahlen durchführen. Diesmal bestellte die Volksversammlung Sulla zum Diktator „zur Gesetzgebung und Einrichtung des Staatswesens". Das Amt des Diktators war ursprünglich nur für außergewöhnlich gefährliche Kriegsituationen gedacht und auf sechs Monate – die übliche Dauer eines Feldzuges – beschränkt. Sulla konnte immerhin argumentieren, dass der Bürgerkrieg diese Ausnahmesituation war. Doch völlig neu war, dass seine Diktatur zur Regelung innerer Verhältnisse und nicht mehr zur Abwehr äußerer Feinde ausgeübt werden sollte und dass sie unbefristet war. Damit erlebte Rom zum ersten Mal seit der Königszeit im 6. Jahrhundert v. Chr. wieder die Alleinherrschaft eines Mannes, auch wenn dieser sich bemühte, seine Machtstellung in republikanische Formen zu kleiden.

Stärkung des Senats

Auch sachlich waren seine Maßnahmen zur Wiederherstellung der innenpolitischen Stabilität von einem konservativen Geist geprägt. Sulla zeigte sich dabei ganz als Optimat: Seine wichtigste Aufgabe sah er in der Stärkung des Senats. Viele Senatoren waren Opfer der Bürgerkriege und

Proskriptionen geworden. Um den Verlust auszugleichen und für die Zukunft vorzusorgen, beschloss er zunächst, die Zahl der Senatoren von 300 auf 600 zu erhöhen. Die neuen Mitglieder ernannte Sulla in einem einmaligen Akt selbst; die Volksversammlung hatte jeden Vorschlag zu bestätigen. Die meisten der neuen Senatoren kamen aus dem Ritterstand. Wahrscheinlich wollte Sulla auf diese Weise auch die Gegnerschaft zwischen Senatoren und Rittern entschärfen.

Engere Bindung der Beamten an den Senat

Ferner legte Sulla fest, dass alle Quästoren und Volkstribune nach Ablauf der Amtszeit in den Senat eintreten konnten. Gleichzeitig wurde die Zahl der Quästoren auf 20 erhöht. Damit konnte man mit jährlich mindestens 20 neuen Senatoren rechnen. Außerdem sollten fortan nicht sechs, sondern acht Prätoren gewählt werden, um die Aufgaben im Bereich des neu organisierten Gerichtswesens und der Provinzialverwaltung zu bewältigen. In diesem Zusammenhang legte Sulla wohl auch ein Mindestalter für die Bekleidung der Ämter fest. Überhaupt hat Sulla im Bereich der äußeren Politik nichts Grundlegendes geändert, sondern ältere Vorschriften nur verschärft. So verbot eine *lex Cornelia de maiestate* den Statthaltern mit ihren Truppen die Provinz zu verlassen und ohne Senatsauftrag Kriege zu führen – was in den Bürgerkriegen öfters vorgekommen war.

Entmachtung des Volkstribunats

Das Gegenstück zur Stärkung des Senats bildete die Schwächung des Volkstribunats. Denn es waren seit den Gracchen immer Volkstribune gewesen, welche die Autorität des Senats untergraben hatten. Sulla bestimmte deshalb, dass fortan jede Gesetzesinitiative eines Volkstribuns vorher vom Senat abgesegnet werden musste. Außerdem verlor der Volkstribun sein Vetorecht gegenüber den Amtshandlungen aller Magistrate. Schließlich wurde die Attraktivität des Volkstribunats noch dadurch geschwächt, dass die Volkstribune von einer weiteren Karriere innerhalb des *cursus honorum* (vgl. S. 38) ausgeschlossen wurden.

Versäumnisse der Reichsverwaltung

Wenig Interesse zeigte Sulla für die Belange der Reichsverwaltung. Zwar hatte es in der Vergangenheit immer wieder Versuche gegeben, die Lage der Untertanen gegenüber den ritterlichen Geschäftsleuten und Steuerpächtern zu verbessern. Doch all diese Versuche waren an politischen Intrigen in Rom gescheitert. Anstatt ein übergeordnetes Ressort der Reichsverwaltung zu entwickeln, blieb die Provinzialpolitik ein Objekt aristokratischer Einzelinteressen. Eine umfassende Ordnung des Reichsgebietes hielt man für nicht nötig. Gerade im Osten reihten sich einzelne Provinzen an halb abhängige Fürstentümer und Königreiche ohne zentrale Appellationsinstanzen für die Bewohner.

Pompeius schafft eine neue Ordnung

Um auch im Bereich der Provinzialpolitik Verbesserungen einzuführen, bedurfte es einer umfassenden, militärisch abgesicherten Machtposition sowie erst einmal des Gefühls der Verantwortung gegenüber den Untertanen. Pompeius besaß in den 60er-Jahren nach dem Sieg über die Piraten und Mithridates beides. Er nutzte seinen Aufenthalt im Osten zu einer grundlegenden Neuordnung. So schuf er aus der Vielzahl unterschiedlicher Territorien eine klare Unterteilung zwischen küstennahen Gebieten direkter Herrschaft (in Form der Provinzen) und Gebieten indirekter Herrschaft unter loyalen Regenten (Klientelstaaten), die sich an die Provinzen anschlossen und deren Schutz übernehmen sollten. Ferner gliederte er die Provinzen in überschaubare Verwaltungsregionen und stärkte durch Neugründungen das Städtewesen. Die wichtigste Maßnahme bestand allerdings darin, dass er sich den Menschen des griechischen Ostens als fürsorglicher Patron präsentierte, der sich ihrer Sorgen annahm und sich für sie auch gegen die Übergriffe der Steuerpächter einsetzte. Pompeius wollte für die Untertanen eine Appellationsinstanz sein, die weder die kurzfristig amtierenden Statthalter noch der ferne Senat in Rom übernehmen konnte. Die entscheidende Frage lautete wie im Falle der sullanischen Reformen: Konnte sich diese Neukonzeption gegenüber den Machtinteressen der *nobiles* in Rom durchsetzen?

D 1

Die Neuordnung des Pompeius im Osten

Die sullanische Neuordnung ist nur spärlich in den Quellen belegt, aber in ihren Grundzügen klar. Um ihre Bedeutung im Rahmen der republikanischen Krise zu verstehen, muss man sich fragen, welche langfristigen Ziele Sulla verfolgte und warum wichtige Elemente seiner Neuordnung wenige Jahre später zurückgenommen wurden.
Die folgenden Deutungen moderner Forscher ermöglichen es Ihnen, sich ein eigenes Urteil zu bilden und nach weiteren Erklärungen für die Krisenanfälligkeit des spätrepublikanischen Systems zu suchen.

1 Beschreiben Sie die Auswirkungen der Reformen Sullas auf die Karrieremöglichkeiten der Amtskandidaten (D 5).

2 Setzen Sie die von D 2 und D 3 genannten Gründe für die Schwäche des sullanischen Systems miteinander in Beziehung und erörtern Sie deren Plausibilität.

3 Nehmen Sie Stellung zu der Aussage von Ernst Baltrusch (D 2), wonach Sulla zum „Totengräber" der Republik wurde.

4 Erörtern Sie die von den Autoren beschriebene Unfähigkeit der Reformer und ihrer Gegner, auf die entscheidenden Schwächen des republikanischen Systems eine zukunftsweisende Antwort zu finden. Verfassen Sie eine kurze Rede, in der Sie diese Schwächen benennen und Gegenvorschläge entwickeln (D 2–D 4).

D 2

Die Ziele Sullas

Der Historiker Ernst Baltrusch schreibt 2004:

Über den Charakter des sullanischen Staates gibt es eine umfassende Forschungsliteratur; Einigkeit besteht in der restaurativen Ausrichtung des Konzeptes. Das Wesen des Staates war allerdings, obwohl es an der „Sitte der Vorfahren", am *mos maiorum*, ausgerichtet war, ein gänzlich anderes geworden. Dahinter stand die Idee, dass die Krise des Staates mit *leges*, mit Gesetzen, zu beheben sei. Sullas Denkfehler war indes, dass er die Krise auf die Ordnung in Rom beschränkte. Danach hat Sulla das Kernproblem der römisch-republikanischen Herrschaft nicht als solches erkannt oder zumindest verdrängt. Seine Reformen waren Krisenmanagement, gespeist aus seinen eigenen Erfahrungen: Außerordentliche Kommanden sollten verhindert, die Amtsübertragung genormt, die Amtsvollmachten beschränkt und die Aktionsradien der Amtsinhaber verkleinert werden. Die Herrschaft über das Reich wurde nun in einer Weise neu geordnet, dass von dort keine senatsfeindliche Bedrohung mehr ausgehen konnte. Mit dieser Regelung wurde überhaupt nicht auf die globalen Reichsaufgaben Rücksicht genommen – das Reich spielte keine eigenständige Rolle in Sullas Überlegungen. Statt die Distanz zwischen Peripherie und Zentrum zu verringern, das Reich mit Rom zu verbinden, bewirkte Sulla also das Gegenteil. Die republikanische Unfähigkeit, ein Reich zu verwalten, wurde mit einer Flut von Gesetzen auch noch festgeschrieben und somit zum unwandelbaren Grundgesetz der Republik erhoben. Mit Sulla geriet die Republik in ihre tiefste Krise, aus der kein Ausweg möglich schien. Es ist paradox, doch der systematische Restaurator der Republik ist historisch gesehen ihr Totengräber geworden. Ein Übriges tat die fehlende Unterstützung innerhalb der Nobilität selbst, gegen deren Standesethos die Selbstherrlichkeit des Diktators verstoßen hatte und die auch in keiner Weise an der Gesetzgebung zu ihrer eigenen Stärkung beteiligt worden war.

Ernst Baltrusch, Caesar und Pompeius. Geschichte Kompakt: Antike, Darmstadt 2004, S. 15 f.

D 3

Demontage des sullanischen Systems

Der Historiker Jochen Bleicken schreibt 1988:

Die umfangreiche Gesetzgebung, die in manchen besonders neuralgischen Bereichen, wie in der Strafrechtspflege und in der allgemeinen Administration, systematisch angelegt war, antwortete auf die Politik, die seit den Gracchen vor allem auch mit Hilfe von Gesetzen, zunächst vor allem von den Gegnern des Senats, dann in Reaktion auf die Angriffe auch in immer stärkerem Maße von der Senatspartei praktiziert worden war. Schon die Gesetzgebungstätigkeit unter den Gracchen und in den auf sie folgenden Jahrzehnten, vor allem aber das sullanische Gesetzeswerk brachte in die römische Staatsordnung die Vorstellung, daß der Staat auf Gesetzen ruhe. In der Tat war der Staat, in dem man früher mit wenigen Gesetzen ausgekommen war und alles nach gewohnheitsmäßig feststehenden Regeln *(mores)* gehandhabt hatte, nun jedenfalls in weiten und gerade in den umstrittenen Bereichen im Recht darstellbar. Es fragte sich allerdings, ob die von Sulla oktroyierte öffentliche Rechtsordnung Ersatz für die verlorengegangene Eintracht sein konnte: Wenn die Gesetze nicht mehr von der Gesellschaft, nicht einmal von der, für die Sulla sie bestimmt hatte, nämlich der optimatischen Richtung unter den Nobiles, getragen wurden, nützten sie nicht viel. Die Zukunft mußte zeigen, wie gut das Gebäude hielt und ob die Zwänge, welche auch die Nobilität nicht in der Hand hatte, es nicht wieder zum Einsturz brachten.

Jochen Bleicken, Geschichte der Römischen Republik. Oldenbourg: Grundriss der Geschichte Bd. 2, München 3. Aufl. 1988, S. 74 f.

D 4

Unfähig zur Krisenbewätigung

Eine zusätzliche Erklärung gibt 2004 der Historiker Ernst Baltrusch:

Mit diesen Maßnahmen – Stärkung des Volkstribunats, Wiedereinrichtung der Zensur und Neubesetzung der Gerichte – reagierten die Konsuln des Jahres 70 also auf weit verbreitete gesellschaftliche Forderungen, die sullanische Ordnung rückgängig zu machen und die „klassische“ Republik mit einflussreichen Volkstribunen und den Senat kontrollierenden Bestandteilen wiederherzustellen. Die im Jahre 70 bestimmten Zensoren zum Beispiel wiesen auf der Grundlage ihres alten *regimen morum*, der Sittenaufsicht, 64 Mitglieder aus dem Senat. In demselben Jahr ging Cicero mit einer groß angelegten und Aufsehen erregenden Anklage gegen den Statthalter Siziliens von 73 bis 71, Gaius Verres, vor. Wegen der von Cicero beigebrachten erdrückenden Beweislage, die uns durch Ciceros umfangreiche Publikation *(oratio in Verrem)* vollständig erhalten ist, entzog sich Verres trotz massiver Unterstützung aus den höchsten Kreisen der sicheren Verurteilung durch freiwillige Verbannung.

Damit werden allgemeine politische Tendenzen jener postsullanischen Zeit deutlich. Nicht der grundlegende Umbau der Republik, sondern lediglich Korrekturen an Missständen standen auf der Tagesordnung der Politik. Schon im Jahre 71 war ein Gesetz gegen den Tafelluxus *(lex sumptuaria)* erlassen worden, mit welchem der Aufwand bei Gastmählern eingeschränkt werden sollte, und ein Jahr später wurde ein Gesetz gegen Amtserschleichung *(ambitus)* eingebracht; bereits einige Jahre früher war auch die von Sulla abgeschaffte Getreideversorgung der *plebs Romana* wieder ermöglich worden (in zwei Volksgesetzen: *lex Terentia Cassia frumentaria* von 73, *lex Aemilia frumentaria* von 78). Es wurden also keine tiefgreifenden Reformen zur Bewältigung der Krise durchgeführt, sondern man ergriff sporadisch Maßnahmen zur Abwehr akuter Krisensymptome und reaktivierte nur das sattsam bekannte Instrumentarium traditioneller Politik, das sich ja schon längst als untauglich zur Krisenbewältigung erwiesen hatte. So blieben auch diese Maßnahmen ohne Wirkung: Das Luxusgesetz soll überhaupt nur der Antragsteller, Antius Restio, und sonst niemand befolgt haben. In der stadtrömischen Politik war Pompeius also nicht wirklich kreativ, er verharrte in seiner Vorstellung von traditioneller aristokratischer Politik. Weder Crassus noch er waren im Innern wirklich reformwillig. Das Jahr 70 wies zurück, nicht nach vorn.

Römer lernten nicht aus ihren Fehlern, da sie meinten ihre Staatsordnung nicht ändern zu müssen

Ernst Baltrusch, Caesar und Pompeius. Geschichte Kompakt: Antike, Darmstadt 2004, S. 26.

D 5

Senat und Beamten vor und nach Sullas Reformen

	vor Sullas Reformen	nach Sullas Reformen	Neuerungen durch Sulla
Konsuln	2 Konsuln	2 Konsuln Mindestalter: 42 Jahre	
Prätoren	6 Prätoren (2 Gerichtsprätoren, 4 Provinzialprätoren)	8 Prätoren Mindestalter: 39 Jahre	Sämtliche Prätoren übernehmen die Gerichtsbarkeit in Rom und nach ihrem Amtsjahr als Proprätoren eine Statthalterschaft. Die Prätur ist Voraussetzung für das Konsulat.
Quästoren	8 Quästoren	20 Quästoren Mindestalter: 30 Jahre	Die Quästoren übernehmen u. a. die regelmäßige Verwaltung der Provinzialkasse. Die Quästur ist Voraussetzung für die Prätur.
Senatoren	300 Senatoren	600 Senatoren	

Schulden als soziale und politische Krise

Verarmung und Verschuldung betrafen nicht nur die Bauern und unteren Schichten der römischen Gesellschaft. Spätestens seit dem Bundesgenossenkrieg stieg auch die Zahl hoch verschuldeter *nobiles* dramatisch. Wie kam es, dass die Herren der Welt und mit ihnen der römische Staat in gravierende Finanzprobleme gerieten, und welche Konsequenzen hatte diese Entwicklung für die Politik in Rom?

Die Finanzprobleme der *nobiles* sind erst in jüngerer Zeit von der Forschung thematisiert worden. Heute gelten sie als ein wesentlicher Faktor für den Zerfall der Regierungselite und die Gewaltbereitschaft vieler ihrer Mitglieder. Die Darstellungen auf dieser Doppelseite geben Ihnen die Möglichkeit, die Gründe für diese Entwicklung herauszuarbeiten sowie an einem berühmten Fallbeispiel deren Konsequenzen zu analysieren.

1 Fassen Sie die Vor- und Nachteile der Vermögensverhältnisse der *nobiles* zusammen.
2 Erläutern Sie, weshalb die Verschuldung der *nobiles* die politische Krise verschärfte.
3 Entwickeln Sie ein Lösungsmodell innerhalb der Möglichkeiten der römischen Verfassung.
4 Arbeiten Sie bei D 1 heraus, welchen Eindruck der Künstler von den beiden Protagonisten Cicero und Catilina vermitteln wollte und welche gestalterischen Mittel er dazu verwendete. Beachten Sie auch, dass der römische Palazzo Madama der Sitz des heutigen italienischen Senats ist.

Grundlagen und Grenzen des Reichtums

Reichtum wurde für die Elite der späten Republik eine immer wichtigere Voraussetzung politischer Aktivität. Alle Staatsämter waren unbezahlte Ehrenämter. Außerdem erforderte der Wahlkampf große Summen. Hinzu kamen Aufwendungen für die Klienten und für ein standesgemäßes Leben. Um all diese Ausgaben tätigen zu können, konnte der *nobilis* nur zum Teil auf regelmäßige Einkünfte zurückgreifen. Denn traditionell bestand der Reichtum einer römischen Adelsfamilie aus Grundbesitz und Immobilien, also aus Werten, die den Bestand des Vermögens sicherten, aber wenig zu dessen Steigerung beitrugen. Die sicherste Geldquelle bildete die Kriegsbeute, auf die man als Feldherr oder Offizier Anspruch hatte. Doch alle Gewinne wurden zu großen Teilen wiederum in Landbesitz gesteckt. Denn es gab kein den modernen Verhältnissen vergleichbares Geldanlagesystem, das eine Vermögensbildung jenseits der Immobilien ermöglichte.

Erste Risiken nach dem Bundesgenossenkrieg

Bodenbesitz konnte als Geldanlage nur schwer für größere Investitionen wie den Wahlkampf flüssig gemacht werden. Außerdem war auch der Grund und Boden nicht vor äußeren Bedrohungen geschützt: So hatte der Bundesgenossenkrieg die Ländereien vieler *nobiles* in den Aufstandsgebieten zerstört. Da auch die Staatskasse durch die immensen Kriegskosten geleert war, gab es keine Möglichkeiten öffentlicher Entlastung. Dennoch ging das politische Leben nach den üblichen Spielregeln weiter. Viele junge *nobiles* nahmen Schulden zu horrenden Zinsen auf in der Hoffnung, sie nach einer erfolgreichen Bewerbung als Statthalter oder Feldherr zurückzuzahlen zu können. Doch auch der Kampf um lukrative Feldzüge wurde härter, seitdem einzelne herausragende Feldherren wie Sulla, Lucullus oder Pompeius die größten Kommandos für sich reservierten.

Verschärfung der Situation durch Sulla

Die Proskriptionen und die Gesetzgebung der sullanischen Diktatur hatten die Situation noch einmal verschärft. Auf der einen Seite konnten sich manche Anhänger Sullas, wie Licinius Crassus, riesige Besitzungen (Latifundien) und ein beispielloses Vermögen zusammenraffen; es entstand eine Schicht der Superreichen, die ein bisher unbekanntes Luxusleben führten. Auf der anderen Seite stieg die Zahl verarmter *nobiles*, die den Verfolgungen entgangen waren, aber nun ohne Familienbesitz ihr Glück suchen mussten. Für alle hatten sich die Chancen auf ein lukratives Kommando durch die Neuregelungen Sullas verschlechtert: 20 Quästoren sollten jährlich gewählt werden, die Zahl der pro Jahr zu bestellenden acht Prätoren und zwei Konsuln blieb dagegen unverändert. Es gab demnach jedes Jahr noch mehr Kandidaten, die sich im Wahlkampf um die wenigen höheren Ämter ruinierten, aber nicht zum Zuge kamen. Damit entging ihnen auch die Chance, ihre prekären Vermögensverhältnisse durch die Übernahme einer Statthalterschaft oder eines militärischen Kommandos zu sanieren.

Radikalisierung der Verzweifelten

Die Mehrheit der Senatoren erkannte die Gefahren dieser Entwicklung. Doch erneut blieben effektive Gegenmaßnahmen aus. Gesetzliche Reduzierungen der angehäuften Schuldensummen erbrachten nur kurzfristige Erleichterungen; ebenso wenig halfen den Verschuldeten Gesetze gegen das ausufernde Luxusleben. Die Gläubiger blieben hart und zeigten keine Rücksicht gegenüber adligen Familiennamen. Die Solidarität unter den *nobiles* war ebenfalls begrenzt; der Konkurrenzkampf um Ansehen und die höchsten Posten der Republik wurde im Gegenteil mit jedem Jahr härter. Auch schreckte man spätestens seit der Bekämpfung der gracchischen Reformversuche und der sullanischen Bürgerkriege nicht mehr vor Gewalt zurück. So lag es nahe, dass auch die finanziell Verzweifelten, wenn sie keine andere Lösung sahen, den Weg der Gewalt beschritten, um ihren Forderungen nach Schuldentilgung und grundlegenden Veränderungen Luft zu verschaffen.

Die Catilinarische Verschwörung

Im Jahre 63 v. Chr. war es ein Anhänger Sullas namens Lucius Sergius Catilina, der eine große Zahl von gewaltbereiten Anhängern zu einem Putschversuch mobilisierte. Seine Beweggründe sind nicht ganz klar, weil die Überlieferung durch seinen berühmten Gegner, den Konsul Marcus Tullius Cicero, bestimmt wird und weil der Historiker Sallust Catilina einseitig als einen notorischen Verbrecher darstellt. Tatsächlich war Catilina ein typischer Politiker der nachsullanischen Zeit: Er hatte als Statthalter die Provinz *Africa* ausgebeutet, war daraufhin in Rom angeklagt, aber freigesprochen worden. 64 v. Chr. scheiterte er zum ersten Mal bei der Bewerbung um das höchste Staatsamt. Ein Jahr später setzte er, hoch verschuldet und im Geheimen unterstützt von popularen Politikern, noch einmal alles auf eine Karte, um zum Konsul gewählt zu werden.

Catilina als Symptom der Krise

Der erneute Misserfolg trieb ihn zum Äußersten. Die Ermordung des amtierenden Konsuls Cicero sollte der Auftakt für einen Staatsstreich sein, der ihn und seine Anhänger an die Macht gebracht hätte. Cicero vereitelte die „Catilinarische Verschwörung". Er ließ die Verschwörer nach einer turbulenten Senatssitzung ohne Rechtsverfahren, auf die Catilina als römischer Bürger Anrecht gehabt hätte, töten – ein Vorgang, der Ciceros politische Karriere schwer belastete. Ohnehin war der Fall Catilina Symptom einer tief greifenden sozialen und politischen Krise, die durch die Liquidierung eines Verschwörers nicht behoben werden konnte. Erneut hatte der von den Optimaten dominierte Senat, diesmal repräsentiert durch Cicero und den jüngeren Cato, Gewalt mit Gewalt beantwortet, ohne die Ursachen für die Gewaltbereitschaft und Unzufriedenheit jüngerer Adelskreise zu bekämpfen.

D 1

Cicero beschuldigt Catilina im Senat der Verschwörung. Fresko von Cesare Maccari, 1889. Rom, Palazzo Madama

Gewaltausbrüche verarmter und verschuldeter Eliten sind historisch kein ungewöhnliches Phänomen. Doch die Senatoren reagierten – und das ist typisch für die späte Republik – erneut plan- und hilflos auf diese Entwicklung. Dies liegt auch daran, dass die Schuldenproblematik eng mit den anderen Krisenphänomenen der späten Republik verflochten war und alle gesellschaftlichen Schichten direkt oder indirekt betraf. Die Quellen zeichnen freilich ein einseitig negatives Bild der Verschuldeten, weil sie entweder an ihnen den moralischen Verfall der Republik darstellen wollten (Sallust) oder weil der Autor (Cicero) die Aufrührer selbst als Politiker aktiv bekämpfte. Auf der Basis Ihres im Darstellungsteil erworbenen Sachwissens können Sie die hier gebotenen Quellen kritisch analysieren und die gesellschaftlichen Zusammenhänge der Verschuldungskrise genauer durchleuchten.

1 Erklären Sie, warum sich der Prätor als Vertreter der „Staatsgewalt" nicht durchsetzen konnte und am Ende ermordet wurde (Q 1).

2 Erläutern Sie die Argumente, mit denen Catilina seine Anhänger zum Kampf gegen die Staatsgewalt motivieren will (Q 2). Berücksichtigen Sie dabei die besondere „moralische" Intention, die Sallusts Schriften kennzeichnen (s. o. S. 41).

3 Charakterisieren Sie das Bild, das die antiken Quellen (Q 2, Q 3) von der Anhängerschaft Catilinas zeichnen, und vergleichen Sie es mit dem Gemälde (D 2).

Q 1

Mordtat der Gläubiger

Der griechische Historiker Appian (um 90–160 n. Chr.) schildert in seinen „Bürgerkriegen", wie ein Streit zwischen Gläubigern und Schuldnern eskalierte:

Um die gleiche Zeit kam es in der Stadt zu Auseinandersetzungen zwischen den Gläubigern und Schuldnern, wobei die ersteren ihre Kapitalien samt Zinsen einzutreiben suchten, obschon ein altes Gesetz die Ausleihe auf Zinsen verbot oder dem Verleiher eine Strafe auferlegt. [...] Doch da der Lauf der Zeit die Zinsnahme zu einer festen Einrichtung machte, so stellten die Gläubiger herkömmlicherweise ihre Forderungen, während die Schuldner ihre Zahlungen aufschoben und Krieg wie auch innere Unruhen als Vorwand angaben. Einige drohten sogar damit, jene, die auf Zinsen ausliehen, der gebührenden Strafe zuzuführen. Der Prätor (A. Sempronius Asellio), welcher sich mit diesen Angelegenheiten zu befassen hatte, fühlte sich außerstande, durch gütliches Zureden eine Einigung herbeizuführen, erlaubte daher den streitenden Parteien, gegeneinander einen Prozeß anzustrengen, indem er so die aus dem Widerspruch zwischen Gesetz und Herkommen sich ergebende Schwierigkeit den Richtern zuschob. Die Gläubiger waren nun erbost, daß Asellio das außer Anwendung gekommene Gesetz erneuerte, und ermordeten ihn auf folgende Weise: Während der Prätor den Dioskuren auf dem Forum ein Opfer darbrachte und das Volk, wie bei einem solchen feierlichen Akt herkömmlich, im Kreise herumstand, warf zunächst jemand einen Stein auf ihn; da ließ Asellio die Libationsschale [ein Gefäß, mit dem man den Göttern ein Trankopfer darbrachte] fallen und eilte zum Tempel der Vesta, die Gegner aber überholten ihn, schnitten ihm den Weg zum Heiligtum ab und machten ihn, nachdem er in einer Gastwirtschaft Zuflucht gefunden hatte, dort nieder. Viele seiner Verfolger meinten, er habe sich in den Schutz der Vestalinnen begeben, und stürmten zu ihnen hinein, wo sich doch keine Männer aufhalten dürfen. So wurde Asellio, während er seines Amtes als Prätor waltete [...], um die zweite Stunde mitten auf dem Forum bei der heiligen Handlung getötet. Wohl stellte der Senat einem jeden freien Mann einen Geldbetrag, jedem Sklave die Freilassung und jedem Komplizen Straffreiheit als Belohnung in Aussicht, wenn er Angaben zur Aufdeckung der Mordtat an Asellio machen könne, doch niemand verriet etwas, vielmehr deckten die Geldverleiher alles zu.

Appian, Die Bürgerkriege 1,54,232–239, zit. nach Appian von Alexandria, Römische Geschichte. Zweiter Teil: Die Bürgerkriege, übersetzt von Otto Veh. Durchgesehen, eingeleitet und erläutert von Wolfgang Will, Stuttgart 1989, S. 48 f.

Q 2

Aufruf zur Gewalt

Sallust (86–35 v. Chr.) gibt in seiner Monographie über die Catilinarische Verschwörung eine Rede wieder, die Catilina in ähnlichen Worten an seine Anhänger gerichtet haben könnte:

„Doch mein Herz ergrimmt Tag für Tag mehr, wenn ich bedenke, unter welcher Bedingung wir leben werden, falls wir uns nicht selbst befreien. Denn nachdem die Gewalt im Staat Recht und Besitz einiger weniger Mächtiger geworden ist, sind immer ihnen Könige und Fürsten steuerpflichtig, zahlen Völker und Nationen ihren Tribut; wir übrigen alle, mögen wir noch so tüchtig und anständig sein, Adlige wie Nichtadlige, wir waren das gemeine Volk, ohne Ansehen, ohne Einfluß, von denen abhängig, welchen wir, wäre der Staat gesund, Schrecken einflößen würden. Und so ist alles Ansehen, alle Macht, alle Ehre, aller

Reichtum bei jenen oder dort, wo jene wollen; uns überließen sie Gefahren, Mißerfolge, Prozesse, Armut. [...]

Nur der erste Schritt muß gemacht werden; das übrige wird sich von selbst geben. Denn welcher Mensch, der eine männliche Gesinnung hat, kann ertragen, daß jene in Reichtum schwimmen und ihn vergeuden, um aufs Meer hinaus zu bauen und Berge einzuebnen, daß uns aber das Vermögen auch zum Notwendigen fehlt? Daß jene zwei oder mehr Häuser aneinander reihen, wir nirgends ein Heim haben? Wenn sie Gemälde, Statuen, getriebene Gefäße kaufen, Neues niederreißen, anderes dafür bauen, kurz, auf jede Art ihr Geld verschleudern und mißbrauchen, so können sie doch bei aller Gier ihren Reichtum nicht in die Knie zwingen. Aber wir haben zu Hause Mangel, auswärts Schulden, eine trübe Gegenwart, eine noch viel schlimmere Zukunft. Was bleibt uns schließlich übrig außer einem armseligen Leben? Warum erwacht ihr also nicht? Hier ist sie, sie, die ihr oft gewünscht habt, die Freiheit, dazu Reichtum, Glanz, Ruhm, sie liegen vor euren Augen. Das Schicksal hat all dies den Siegern zum Preis bestimmt. Die gegenwärtige Lage, die Umstände, die Gefahren, die Armut, die großartige Kriegsbeute ermuntern euch mehr als meine Rede. Braucht mich entweder als Feldherrn oder als Soldaten; weder mein Verstand noch mein Körper wird sich euch verweigern. All dies will ich, wie ich hoffe, mit euch gemeinsam als Konsul vollbringen – wenn ich mich nicht etwa täusche und ihr eher bereit seid, Sklaven als Herren zu sein."

Nachdem diese Menschen, für die alles mehr als schlecht stand und die weder für die Gegenwart noch Zukunft etwas Gutes erhoffen konnten, das gehört hatten, verlangten doch die meisten, wenn ihnen auch nur schon Unruhe ein großer Gewinn schien, daß er darlege, unter welchen Bedingungen der Krieg geführt werden solle, welche Belohnungen sie sich mit den Waffen verschaffen würden, was sie überall an Hilfe oder Hoffnung hätten. Da versprach Catilina neue Steuerregister, Ächtung der Wohlhabenden, Ämter, Priesterstellen, Raubzüge, alles andere, was Krieg und Willkür der Sieger mit sich bringt.

Sallust, Die Catilinarische Verschwörung 20, zit. nach Sallust, Historische Schriften. Catilina/Iugurtha/Auswahl aus den Historien, übersetzt von André Lambert, München 1978, S. 43–45.

D 2

Die Verschwörung Catilinas, Kopie von Niccolò Cassana (1659–1714) eines Gemäldes von Salvator Rosa, Florenz, Galleria Palatina

Q 3

Abschaum der Stadt?

Cicero beschreibt in einer Rede des Jahres 63 v. Chr. vor dem Volk die Anhängerschaft Catilinas:

Welch ein Segen für unser Gemeinwesen, wenn es sich dieses Abschaums entledigt hat! [...] Welcher Giftmischer läßt sich in ganz Italien ausfindig machen, der nicht zugäbe, daß er mit Catilina auf vertrautem Fuß stand? [...] Denn nicht gewöhnlich sind die Ausschweifungen dieser Gesellen, unmenschlich und unerträglich ihre verwegenen Absichten; sie sinnen auf nichts als Mord, auf Brand, auf Raubzüge. Ihr Vermögen haben sie verschwendet, ihre Güter verpfändet; ihre Geldmittel begannen sich schon längst, ihr Kredit vor einiger Zeit zu erschöpfen; doch die Genußsucht dauert an wie beim einstigen Überfluß.

Cicero, Reden gegen Catilina 2,7–10, zit. nach Marcus Tullius Cicero, Sämtliche Reden Bd. II, eingeleitet, übersetzt und erläutert von Manfred Fuhrmann, München 1985, S. 248 f.

Ein „dreiköpfiges Ungeheuer" – das erste Triumvirat

Im Jahre 60 v. Chr. verbündeten sich Pompeius, Crassus und Caesar, um ihre Ziele gegen den von den Optimaten dominierten Senat durchzusetzen. Die Republik wurde fast zehn Jahre lang von ihnen beherrscht. Wie konnte es so weit kommen und weshalb war die Republik so machtlos?

Die Bildung des Dreimännerbündnisses (Triumvirat) der drei mächtigsten Politiker der Zeit gilt als entscheidende Zäsur in der krisenhaften Entwicklung der späten Republik. Denn ihnen gelang es, die wichtigsten Institutionen und Bereiche der öffentlichen Politik, nämlich Wahlen und Gesetzgebung sowie die Vergabe von militärischen Kommandos, zu kontrollieren. Die Republik schien paralysiert. Die Darstellung ermöglicht es Ihnen nachzuvollziehen, wie es dazu kam und weshalb der Zerfall des Bündnisses die Republik erneut in den Bürgerkrieg riss.

1 Arbeiten Sie anhand des Darstellungstextes die Faktoren heraus, die zur Bildung des Triumvirats führten.
2 Charakterisieren Sie die Darstellung des ersten Triumvirats in D 1 und arbeiten Sie die Unterschiede zur Textdarstellung heraus.
3 Erläutern Sie die Methoden Caesars während seines Konsulats anhand Ihres Wissens über populare Politik.
4 Beurteilen Sie die Handlungsspielräume der Optimaten.

Teile der sullanischen Ordnung werden aufgehoben

Schon Mitte der 60er-Jahre v. Chr. formierte sich der Widerstand sowohl gegen die Umgestaltung des Staates durch Sulla wie auch gegen die Neuordnung des Ostens durch Pompeius. Sulla war bereits 79 v. Chr. von seiner Diktatur zurückgetreten und hatte sich ins Privatleben zurückgezogen – ein Schritt, der schon bei den Zeitgenossen Verwunderung hervorrief. Vielleicht ahnte er, dass seine Maßnahmen neue Kämpfe provozieren würden, denen er sich nicht mehr aussetzen wollte. Bezeichnenderweise war es mit Pompeius sein politischer Zögling, der wesentliche Elemente der sullanischen Neuordnung beseitigte. Gemeinsam mit seinem Kollegen Crassus hob er als Konsul des Jahres 70 v. Chr. die politischen Beschränkungen des Volkstribunats wieder auf. Volkstribune verschafften dann ihm selbst gegen den Mehrheitswillen des Senats die großen Kommandos gegen die Piraten und gegen Mithridates (vgl. S. 65). Außerdem ermöglichte er den Rittern, wieder als Richter in den großen Geschworenengerichten zu fungieren. Fortan sollten die Richterbänke zu je einem Drittel aus Senatoren, Rittern und einer Gruppe plebejischer Beamter besetzt werden.

Widerstand gegen die Maßnahmen des Pompeius

Pompeius reagierte mit diesen Veränderungen auf eine breite Stimmung innerhalb der römischen Gesellschaft, die unzufrieden mit den Einschnitten der sullanischen Ordnung war. Selbst ein Optimat wie Cicero hielt die Wiederherstellung des Volkstribunats später für notwendig. Anders sah es aus mit der von Pompeius in den Folgejahren durchgeführten Neuordnung der Herrschaftsverhältnisse im Osten. Er hatte sie in eigener Machtvollkommenheit ohne Auftrag und Zustimmung des Senats durchgeführt. Nach seiner triumphalen Rückkehr aus dem Osten verweigerte ihm die Mehrheit der Senatoren unter Führung seines alten Gegners Lucullus die Anerkennung. Die Gründe ähnelten denen, die viele Optimaten zu Gegnern der außerordentlichen Kommandos gemacht hatten: Sorge um eine zu große Machtstellung eines Einzelnen, der im Osten schaltete und waltete wie ein Monarch; ferner Rachegelüste (Lucullus) sowie überhaupt Neid und Konkurrenzdenken gegenüber einem erfolgreichen Aufsteiger wie Pompeius, der keine ordentliche Ämterlaufbahn aufzuweisen hatte, sondern im Schatten der sullanischen Bürgerkriege an die Macht gekommen war.

Das erste Triumvirat

Pompeius war durch das Misstrauen des Senats in seiner Ehre gekränkt. Doch anders als Sulla reagierte er nicht mit Gewalt, sondern wählte den politischen Kampf. Verbündete fanden sich in Marcus Licinius Crassus, dem reichsten Mann der Zeit, und in Gaius Iulius Caesar, einem glänzenden Redner und ehrgeizigen Popularen. Beide versprachen sich von Pompeius vor allem Rückendeckung für ihre eigenen Pläne: Auch sie wollten ein großes Kommando, benötigten dazu aber die Wählerstimmen der pompeianischen Veteranen und das Prestige des großen Feldherrn. Pompeius selbst versprach sich von Crassus die Versorgung seiner Soldaten und von Caesar die Ratifizierung seiner Maßnahmen im Osten. Dies konnte jedoch Caesar nur als Konsul tun, und dafür taten sich die drei Männer zu einem privaten Wahlbündnis zusammen, das man später als erstes Triumvirat bezeichnete. Solche Bündnisse vor Wahlen hatte es immer gegeben. Ungewöhnlich waren das politische Gewicht und das eigentliche Ziel der Vereinbarung: „Es solle nichts im Staat geschehen, was einem von den dreien missfalle", wie der Historiker Sueton formulierte.

Caesars Konsulat

Am 1. Januar 59 v. Chr. trat Caesar das Konsulat an. Von Beginn an ließ er keinen Zweifel daran, dass er die mit den anderen Triumvirn vereinbarten Ziele auch gegen den Senat durchzusetzen werde: Mithilfe der Volksversammlung wurden die Verfügungen des Pompeius bestätigt. Ackergesetze dienten der Versorgung der Veteranen und verschafften darüber hinaus ärmeren und kinderreichen Bürgern Neuland. Besonders diese Maßnahmen erregten den Zorn der optimatisch gesinnten Senatoren um Lucullus und den jüngeren Cato. Alle Versuche, auf legalem Weg Caesars Gesetzesanträge zu verhindern, wurden jedoch mit Gewalt unterdrückt oder einfach missachtet. Spätestens jetzt hatte sich Caesar die Optimaten zu Todfeinden gemacht.

Der Krieg in Gallien

Das wichtigste Ziel Caesars war ein großes militärisches Kommando, wie es Pompeius besessen hatte. So ließ er sich zunächst durch Volksbeschluss die Provinzen *Gallia cisalpina* (das nördliche Italien) und Illyrien mit drei Legionen übertragen. Auf Drängen des Pompeius fügte der eingeschüchterte Senat die *Gallia Narbonensis* (heutige Provence) mit einer weiteren Legion hinzu. Damit verfügte Caesar über ein geeignetes Aufmarschgebiet mit entsprechenden Streitkräften, um erfolgreich Krieg zu führen. Doch im Gegensatz zu den großen Kommandos des Pompeius gab es keinen Gegner, der das Reich ernsthaft bedrohte. Erstmals suchte sich der Ehrgeiz eines römischen Politikers ohne außenpolitische Notwendigkeit sein Schlachtfeld selbst. Er fand es im Gebiet der gallischen Stämme nördlich der *provincia Narbonensis*. Angebliche Hilferufe befreundeter Fürsten, die sich durch den wandernden Stamm der Helvetier bedroht fühlten, boten den Anlass zum Eingreifen. Aus der Hilfsaktion wurde ein brutaler Eroberungskrieg, der nach fünf Jahren schließlich mit der Unterwerfung aller gallischen Stämme vom Rhein bis zur Kanalküste endete.

D 1

Der Schwur des Ersten Triumvirats. Kupferstich von Christoph Weigel, 1697

Das sogenannte erste Triumvirat war eigentlich nur eine private Vereinbarung von Politikern, wie es sie in der römischen Politik immer wieder gab. Dennoch hat dieses Bündnis über mehrere Jahre das Schicksal der Republik gegen den Willen der Optimaten nachhaltig bestimmt und den Triumvirn beispiellose Machtpositionen gesichert. Die folgenden Materialien bieten anhand der Politik des Konsuls Caesar einen Einblick in die Funktionsweise des Triumvirats. Sie können dabei auch erkennen, warum der Widerstand der Optimaten so erfolglos war. Am Ende lässt sich ein begründetes Urteil über den Zustand der Republik in dieser Etappe der Krise formulieren.

1 Fassen Sie zusammen, wie die Triumvirn die von Caesar beantragten Gesetze gegen den Widerstand der Optimaten durch die Volksversammlung brachten (Q 1).

2 Erklären Sie, weshalb nach Meinung Plutarchs der Ausspruch des Pompeius, er werde neben dem Schwert auch noch den Schild mitbringen (Z. 30 f.), die Optimaten (= Aristokraten) kränkte (Q 1).

3 Charakterisieren Sie die Stimmung in der Bürgerschaft, die Cicero in seinen Briefen beschreibt (Q 2).

4 Vergleichen Sie die Widerstandsbemühungen des Bibulus und der anderen Optimaten (Q 1, Q 2) mit der Haltung Ciceros. Vergleichen Sie die Atmosphäre, in der sich der Kampf zwischen Bibulus und Caesar abspielte, mit der bildlichen Darstellung (D 2).

5 Erörtern Sie die realen Erfolgschancen eines konsequenten Widerstands gegen die Politik der Triumvirn.

Q 1

Ein eifriger Konsul

Plutarch (46–119 n. Chr.) beschreibt in seiner Caesar-Biographie, wie dieser als Konsul seine Ziele durchsetzte:

Caesar gelangte indes unter dem mächtigen Schutz seiner Freunde Crassus und Pompeius zum Konsulat und wurde mit Calpurnius Bibulus zusammen ehrenvoll gewählt. Doch unmittelbar nach dem Amtsantritt brachte er Gesetzesvorschläge ein, die wohl einem frechen Volkstribun, nicht aber einem Konsul anstanden: Er beantragte zur Freude des Volkes die Verteilung von Ackerland an Siedler. Im Senat stieß er auf den Widerstand der Optimaten, aber das war ihm eben recht, denn nun hatte er den Vorwand, nach dem er schon lange suchte. Er beteuerte mit lauter Stimme, daß man ihn wider seinen Willen zum Volk hintreibe, daß des Senates Übermut und Härte ihn zwängen, dort einen Rückhalt zu suchen – und eilte hinaus auf das Forum. Hier richtete er an Crassus und Pompeius, die er links und rechts neben sich gestellt hatte, die Frage, ob seine Gesetze ihre Zustimmung fänden. Als sie bejahten, bat er sie um Hilfe, denn man hätte gedroht, die Vorschläge mit Waffengewalt zu bekämpfen. Beide versprachen ihm Beistand, und Pompeius fügte hinzu, wenn die andern mit dem Schwerte kämen, so werde er neben dem Schwert auch noch den Schild mitbringen. Dies Wort kränkte die Aristokraten tief, sahen sie doch des Pompeius Würde wie das Ansehen des Senates dadurch erniedrigt. Sie verurteilten die Äußerung als toll und unbesonnen – aber das Volk hatte seine Freude daran […].

Bibulus, Caesars Kollege im Konsulat, versuchte zunächst, die beantragten Gesetze zu verhindern. Als er aber nichts ausrichtete, dafür mehrmals in Gefahr kam, mit Cato auf offenem Markt umgebracht zu werden, schloß er sich für den Rest der Amtszeit in seinem Hause ein. Pompeius hingegen erschien unmittelbar nach seiner Vermählung [mit Caesars Tochter Julia] mit zahlreichen Bewaffneten auf dem Forum, setzte die Annahme der Gesetze für das Volk durch und sorgte auch dafür, daß Caesar die beiden gallischen Provinzen diesseits und jenseits der Alpen mitsamt Illyricum und dazu vier Legionen auf fünf Jahre zugesprochen erhielt.

Plutarch, Caesar 14, zit. nach Plutarch, Fünf Doppelbiographien. 1. Teil, Griechisch-deutsch, übersetzt von Konrat Ziegler u. a., Zürich 1994, S. 223–227.

Q 2

Krankheit der Bürgerschaft

Cicero schildert in drei Briefen an seinen Freund Atticus vom Juli des Jahres 59 v. Chr. aus die Zustände unter dem Triumvirat.

1. Brief:

Aber glaub' mir, etwas so Schmachvolles, Schimpfliches, allen Geschlechtern, Ständen, Altersstufen gleichermaßen Verhasstes wie den jetzigen Zustand hat es noch nie gegeben, schlimmer nicht nur, als ich es für möglich gehalten, nein, schlimmer auch – bei Gott! –, als ich es je gewünscht hätte. Selbst zurückhaltenden Leuten haben diese Popularen schon das Pfeifen beigebracht. Bibulus ist im siebenten Himmel; warum, weiß ich freilich nicht. Aber man preist ihn, als ob „Ein Mann hat uns durch sein Zaudern das Vaterland gerettet“ auf ihn gemünzt wäre. Mein Liebling Pompeius hat sich, was mir sehr schmerzlich ist, selbst sein Grab gegraben. Niemand ist ihnen aufrichtig ergeben, und ich befürchte, sie werden sich zu Terrormaßnahmen gedrängt sehen. Mir bindet der bewußte Freundschaftsbund die Hände: ich bekämpfe ihre Sache nicht, trete freilich auch nicht für sie ein, um nicht meine eigene frühere Haltung zu desavouieren; ich gehe einen Mittelweg.

2. Brief:
Über die Politik will ich Dir nur einiges wenige schreiben. Ich befürchte nämlich, selbst das Papier könnte uns verraten. Deshalb werde ich in Zukunft, wenn ich Dir ausführlicher schreiben will, meine Ausführungen unter Decknamen tarnen. Zur Zeit siecht die Bürgerschaft an einer ganz neuen Krankheit dahin: niemand ist einverstanden mit dem, was vorgegangen ist, alles jammert, ist empört; es herrscht nur eine Stimme, man spricht offen davon und schimpft schon ganz ungeniert; aber zu raten weiß keiner. Setzen wir uns zur Wehr, so kommt es wahrscheinlich zu Mord und Totschlag; aber dies ewige Nachgeben, das sieht jeder, kann schließlich doch auch nur zum Untergang führen. Bibulus heben die Leute vor Begeisterung in den Himmel; man kolportiert und liest seine Kundmachungen und Volksreden. Eigentümlich, wie er zu solchem Ruhme gelangt: nichts ist zur Zeit so populär wie der Haß auf die Popularen. Mit Besorgnis blicke ich der Lösung dieser Spannung entgegen.

3. Brief:
Was soll ich Dir über den Staat im einzelnen berichten? Es ist aus mit ihm und seine Lage schlimmer als zur Zeit Deiner Abreise; denn damals behagte die Gewaltherrschaft, unter deren Druck die Bürgerschaft stand, der Masse und war nur den Optimaten unangenehm, ohne sie doch ins Verderben zu stürzen. Jetzt hingegen ist sie plötzlich allgemein so verhasst, daß ich schaudere bei dem Gedanken, wohin sich diese Spannung entladen wird. Wir haben die maßlosen Zornesausbrüche dieser Männer über uns ergehen lassen, die aus Wut über Cato alles ruinierten. Doch verabreichten sie uns ihr Gift sichtlich in so geringen Dosen, daß wir glaubten, schmerzlos untergehen zu können; jetzt hat sie, fürchte ich, das Pfeifen des Pöbels, das Gerede der anständigen Leute und das Murren ganz Italiens zu heller Wut entflammt. Ich für meine Person hoffte – wir haben ja oft miteinander darüber gesprochen –, das Rad am Wagen der Politik hätte sich so sachte gedreht, daß wir kaum ein Knarren zu hören, kaum eine Spur wahrzunehmen vermöchten, und so wäre es ja auch gegangen, wenn die Leute nur das Abflauen des Sturmes hätten abwarten wollen; aber erst seufzten sie lange verstohlen, dann begannen sie allmählich zu stöhnen, und jetzt reden und schreien sie allesamt.

Cicero, Briefe an Atticus 2,19,2; 2,20,3 f.; 2,21,1 f., zit. nach Marcus Tullius Cicero, Atticus-Briefe, Lateinisch-deutsch, hrsg. und übersetzt von Helmut Kasten, Stuttgart/Zürich 4. Aufl. 1990, S. 131, 135–139.

D 2

Bibulus (in der Mitte, stehend) versucht vergeblich, die Maßnahmen Caesars (sitzend) als Konsul zu verhindern. Stich von Augustyn Mirys (1700–1790)

Die Diktatur Caesars – eine verpasste Chance?

In der Nacht vom 11. zum 12. Januar 49 v. Chr. eröffnete Caesar den Bürgerkrieg gegen Pompeius und den Senat, vier Jahre später hatte er seine Gegner besiegt und trat kurz darauf eine Diktatur auf Lebenszeit an. Am 15. März 44 v. Chr. fiel er einem Anschlag zum Opfer. Gerade einmal sechs Monate lang konnte Caesar schalten und walten fast wie ein Monarch. Reichte die Zeit aus, um die Republik grundlegend zu reformieren? Oder ging es Caesar nur um die Sicherung seiner Macht?

Anhand der Darstellungen auf dieser Doppelseite können Sie untersuchen, wie es zur Alleinherrschaft Caesars kam und welche Maßnahmen Caesar dann als Diktator getroffen hat. Bei der Analyse der Ereignisse werden Sie vieles berücksichtigen können, was Sie in den vorausgegangenen Kapiteln über die Krisenphänomene der Republik erarbeitet haben. Auf dieser Grundlage können Sie ein eigenes Sachurteil formulieren.

1 Erklären Sie, weshalb Caesar sich die Optimaten zu Todfeinden machte.
2 Erläutern Sie die Gründe für den Ausbruch des Bürgerkrieges.
3 Charakterisieren Sie Caesars Maßnahmen während seiner Diktatur im Vergleich zu der Sullas.
4 Untersuchen Sie das Gemälde D 1 nach Aufbau und Lichtführung und deuten Sie die Haltung des Malers gegenüber dem Ereignis.

Konkurrenz zu Pompeius

Während Caesar in Gallien Krieg führte, versuchten die Optimaten, sich aus dem Fesseln des Triumvirats zu befreien. Die beste Chance erblickte man darin, die Konkurrenz zwischen Pompeius und Caesar zu schüren. Immerhin bedrohten Caesars Erfolge Pompeius' Ruf als führender Feldherr Roms. Lange verdrängte seine Heirat mit Caesars Tochter Iulia mögliche Konflikte. Doch nach deren Tod im Jahre 54 v. Chr. brachen die Gegensätze umso stärker hervor. Als Crassus ein Jahr später auf einem Feldzug gegen die Parther fiel, gab es zwischen den Rivalen keinen Vermittler mehr. Jetzt sahen die Optimaten im Senat ihre Chance, Caesar in die Enge zu treiben und Rache für die erlittene Schmach aus der Zeit seines Konsulats zu nehmen. Da sich Pompeius in Rom aufhielt, lag es nahe, mit ihm zu kooperieren. Pompeius stimmte schließlich dem Plan zu, Caesar unmittelbar nach Ablauf seines Kommandos in Gallien mit einer Prozesswelle zu überrollen. Caesar wollte sich dagegen schützen, indem er direkt im Anschluss an sein Kommando ein neues Konsulat für das Jahr 49 v. Chr. anstrebte, um so weiterhin Immunität zu genießen. Doch der Senat bestand darauf, dass sich Caesar als Privatmann in Rom um das Konsulat bewerben müsse, und verlangte von ihm am 1. Januar, sein Heer zu entlassen und sich nach Rom zu begeben. Dies war für den Eroberer Galliens mehr als ein Ränkespiel. Aus seiner Sicht verweigerten ihm seine Standesgenossen die Ehren, die er verdiente. Um die Verletzung seiner Würde zu rächen, überschritt er in der Nacht vom 10. auf den 11. Januar 49 v. Chr. den Rubikon, den südlichen Grenzfluss seiner Provinz *Gallia Cisalpina*, und marschierte wie einst Sulla auf die Hauptstadt zu. Der Bürgerkrieg hatte begonnen.

Der Bürgerkrieg

Caesars Gegner hatten Pompeius – als einem von mehreren Prokonsuln – das Oberkommando über die Truppen in Italien und den Provinzen übertragen. Er zog sich nach Griechenland zurück, um von hier mithilfe seiner östlichen Klienten Caesar von der überseeischen Versorgung in Italien abzuschneiden und Zeit für die Mobilisierung seiner Truppen zu gewinnen. Caesar eroberte in der Zwischenzeit die spanischen Provinzen und folgte Pompeius ein Jahr später. Im Jahre 48 v. Chr. drängten die Senatoren, die immer noch ein Zusammengehen der beiden Feldherren fürchteten, Pompeius zur Schlacht in der Nähe von Pharsalos. Caesar siegte. Der flüchtende Pompeius wurde in Ägypten ermordet. Drei weitere Jahre benötigte Caesar, um den letzten Widerstand der Pompejaner zu brechen. 45 v. Chr. besiegte er schließlich die letzte Armee bei Munda in Spanien.

Die Diktatur auf Lebenszeit

Noch in der frühen Phase des Bürgerkrieges war Caesar in Rom erstmals zum *dictator* ernannt worden. 46 v. Chr. wurde die Diktatur auf den Zeitraum von zehn Jahren verlängert, ein Jahr später sogar auf Lebenszeit verliehen. Hatte die Diktatur anfangs noch vornehmlich dazu gedient, Wahlen durchzuführen sowie Beamte zu ernennen bzw. zu empfehlen, so sollte die Verlängerung seine Alleinherrschaft absichern. Wahrscheinlich hat Caesar sogar die Möglichkeit der Wiedererrichtung des Königtums ausgelotet und versucht, seine Machtstellung göttlich zu legitimieren: Eine Statue Caesars im Tempel des Quirinus trug die Aufschrift „Dem unbesiegten Gott". Auch wenn er schließlich öffentlich auf die Königswürde verzichtete – es wurde immer deutlicher, dass sich Caesar innerlich von der Republik und der alten Nobilität verabschiedet hatte. Anders als Sulla schonte er zwar das Leben seiner adligen Gegner und verzichtete auf Proskriptionen, doch zeigte er damit umso mehr, dass sie allein von seiner Gnade abhängig waren. Dies war der entscheidende Grund dafür, dass er am 15. März des Jahres 44 v. Chr. ermordet wurde. Unter den Verschwörern befanden sich viele, die er persönlich gefördert hatte.

Sechs Monate Herr der Welt – die Reformen

Sechs Monate hatte Caesar Zeit gehabt, um die Republik nach seinen Vorstellungen zu gestalten. Ob er dabei ein klares Konzept verfolgte und mehr plante, als drängende Probleme zu beheben und seine Machtstellung abzusichern, ist umstritten. Ein erstes Bündel von Maßnahmen reagierte auf unmittelbare Bedürfnisse: So hatte er schon 46 v. Chr. versucht, das durch den Bürgerkrieg erneut verschärfte Schuldenproblem in den Griff zu bekommen. Um die Staatskasse zu entlasten, reduzierte er die Zahl der Getreideempfänger in der Hauptstadt und richtete für die Bedürftigen Siedlerkolonien ein. Ebenso erhielten seine Veteranen Geldgeschenke sowie Land in Übersee.

Von diesen Maßnahmen sind die behutsamen Veränderungen der Verfassung zu trennen: Eine Erhöhung der Beamten- und Priesterstellen reagierte auf die gewachsenen Aufgaben der Reichsverwaltung und versorgte gleichzeitig seine Anhänger. Ferner griff Caesar selbstherrlich in die Wahlen ein und ließ die Volksversammlung nur auf seine Initiative über Anträge entscheiden. Immerhin entschärfte er damit den ruinösen Wahlkampf und achtete formal die Institution als Basis von Beamtenwahl und Gesetzgebung. Eine dritte Gruppe von Verfügungen zeugt von dem Willen, Ordnung in das Leben der Republik zu bringen. Hierzu gehören seine bis heute fast unverändert geltende Kalenderreform und der Plan, das römische Recht in einer Sammlung (Kodifikation) zusammenzufassen.

D 1

Der Tod Caesars, Gemälde von Jean-Léon Gérôme, 2. Fassung von 1867, Baltimore, Walters Art Gallery

So einhellig das Urteil über Caesars Fähigkeiten als Feldherr ausfällt, so umstritten ist seine Leistung als „Staatsmann". Die Meinungen der Forscher sind dabei oft vom politischen Standpunkt des Verfassers geprägt. Sie sagen auch etwas darüber aus, inwieweit man die Republik nach dem Bürgerkrieg für überlebensfähig und reformierbar hält. Die folgenden Urteile prominenter Historiker geben Ihnen die Möglichkeit, die Perspektivität historischer Bewertungen zu analysieren und sich auf der Basis der im Darstellungstext erarbeiteten Fakten ein eigenes Urteil zu bilden.

1 Geben Sie die Aussagen der Forscher (D 2–D 5) zu Caesar wieder und arbeiten Sie die Kriterien heraus, nach denen sie ihre Urteile formulieren; arbeiten Sie in Kleingruppen und stellen Sie Ihr Ergebnis im Kurs vor.

2 Setzen Sie die Aussagen von D 2 und D 3 in Beziehung zu den politischen und politischen Umständen der Zeit der Verfasser. Nutzen Sie dazu weitere Informationen durch Internetrecherche.

3 Vergleichen Sie, wie die Verfasser von D 4 und D 5 die (angebliche) Aussage Caesars, die Republik sei ein Name ohne Körper und greifbare Gestalt, interpretieren.

4 Erörtern Sie jetzt selbst unter Zuhilfenahme der erarbeiteten Information, welche Rolle Caesar als Person im Rahmen der Krise der Republik spielte.

D 2

„Im Gedächtnis der Nationen"

Theodor Mommsen (1817–1903), der wohl bedeutendste Althistoriker seiner Zeit, erhielt für seine „Römische Geschichte" 1902 den Nobelpreis für Literatur. Mommsen träumte als politisch engagierter Liberaler nach der Revolution 1848 von einer demokratischen Verfassung des vereinten Deutschen Reiches; er schreibt 1856:

Von früher Jugend an war denn auch Caesar ein Staatsmann im tiefsten Sinne des Wortes und sein Ziel das höchste, das dem Menschen gestattet ist sich zu stecken: die politische, militärische, geistige und sittliche Wiedergeburt der tief gesunkenen eigenen und der noch tiefer gesunkenen, mit der seinigen innig verschwisterten hellenischen Nation. Die harte Schule dreißigjähriger Erfahrungen änderte seine Ansichten über die Mittel, wie dies Ziel zu erreichen sei; das Ziel blieb ihm dasselbe […] in den Zeiten, wo er als Demagog und Verschworener auf dunklen Wegen zu ihm hinschlich, wie da er als Mitinhaber der höchsten Gewalt und sodann als Monarch vor den Augen einer Welt im vollen Sonnenschein an seinem Werke schuf. Alle zu den verschiedensten Zeiten von ihm ausgegangenen Maßregeln bleibender Art ordnen in den großen Bauplan zweckmäßig sich ein […].

Die Schnelligkeit und Sicherheit der Ausführung des Planes beweist, dass er lange durchdacht und in allen Teilen im einzelnen festgestellt war; allein auch so bleibt sie nicht viel weniger wunderbar als der Plan selbst. Die Grundzüge waren gegeben und damit der neue Staat für alle Zukunft bestimmt; vollenden konnte den Bau nur die grenzenlose Zukunft. Insofern durfte Caesar sich sagen, dass sein Ziel erreicht sei, und das wohl mochten die Worte bedeuten, die man zuweilen aus seinem Munde vernahm, dass er genug gelebt habe. Aber eben weil der Bau ein unendlicher war, fügte der Meister, solange er lebte, rastlos Stein auf Stein, mit immer gleicher Geschmeidigkeit und immer gleicher Spannkraft tätig an seinem Werk, ohne je zu überstürzen oder zu verschieben, eben als gebe es für ihn nur ein Heute und kein Morgen. So wirkte und schaffte er wie nie ein Sterblicher vor und nach ihm, und als ein Wirkender und Schaffender lebt er noch nach Jahrtausenden im Gedächtnis der Nationen, der erste und doch auch der einzige Imperator Caesar.

Theodor Mommsen, Römische Geschichte. Bd. 5. Zweiter Teil, ungekürzter Text der 9. Aufl. der Originalausgabe von 1904, München 4. Aufl. 1986, S. 129 f., S. 233 f.

D 3

Schweigen über Caesar

Der Althistoriker Hermann Strasburger (1909–1985) wurde im Nationalsozialismus aus „rassischen" Gründen mit Berufsverbot belegt. Nach 1945 wurde er Professor in Frankfurt am Main und verfasste das Werk „Caesar im Urteil seiner Zeitgenossen"; in der 2. Auflage des Werks schreibt er 1968:

Beim sonst so reichlichen Quellenmaterial aus diesen Jahren dürfen wir sicher sein, dass der Gesamtbefund nicht trügt: Caesar stand für Zeitgenossen, trotz seiner großartigen Erfolge in Gallien, als Staatsoberhaupt außer Betracht […].

Heute wird vorwiegend die Meinung vertreten, dass Caesar über das stadtstaatliche Denken der Republik hinausgewachsen war und sich durch den schöpferischen Plan einer Neuordnung des Reiches zur Macht berufen fühlte. Ich wüsste keine Andeutung dieser Ansicht aus dem Altertum namhaft zu machen. […] Es scheint, dass kein Römer, ja, vor der Auflösung aller staatlichen Kräfte in der Katastrophe des Bürgerkrieges, nicht einmal Caesar selbst an die Notwendigkeit einer strukturellen Veränderung der Staatsordnung gedacht hat.

Dem Urteil der Miterlebenden über Caesar in den wenigen verbleibenden

Jahren seiner Alleinherrschaft gebührt das höchste Interesse des Historikers, da in ihm die Leistung des politischen Ordners oder Neuschöpfers und damit sein Wirken für die Zukunft des Römischen Reiches zur Debatte steht […].

Sogar Augustus bezieht sich nicht auf Caesar als seinen politischen Wegbahner und bekundet die Auffassung, dass er selbst […] die Fundamente zur Neugründung des Reiches gelegt habe. Alles Lob der Überlieferung in dieser Hinsicht sammelt sich auch auf ihn, Augustus. Über Caesars staatsmännischer Leistung dagegen, seiner Leistungsfähigkeit und seinem Leistungswillen liegt in der gesamten antiken Überlieferung ein eigentümlich böses Schweigen; bei den Miterlebenden unter Andeutung unverhohlener Zweifel; kaiserzeitliche Hauptüberlieferung vertuscht den Mangel im blendenden Prachtgemälde der an Tagen und Ehren reichen Persönlichkeit.

Hermann Strasburger, Caesar im Urteil seiner Zeitgenossen, Darmstadt 2. Aufl. 1968, S. 233 f.

D 4

Der Herr des Rechts

Der deutsche Althistoriker Jochen Bleicken schreibt 1998 in seiner Augustus-Biografie über Caesar:

Tatsächlich ist der Diktator seinen Kritikern, allen voran den Verschwörern, als Verächter und Zerstörer der Republik, sprich: des Staates überhaupt und damit als Symbol des Unstaates, der Tyrannis, erschienen. Betrachtet man die Maßnahmen hingegen von der Zukunft aus, die eine monarchische werden sollte, so muss man einräumen, dass er mit der Heranziehung republikanischen Rechtsgutes, wie problematisch auch immer seine Vorgehensweise dabei war, doch in gewisser Weise Rücksicht auf dieses Recht nahm. Dabei veränderte er allerdings seine innere Logik, denn es bezog sich jetzt auf den Monarchen, nicht mehr auf die aristokratische Gesellschaft […]. Der Diktator war Bezugspunkt und zugleich Garant des Rechts geworden. Seine Kritiker mochten einwenden, dass alles nach seinem Willen geschehe und ihm das Recht gänzlich einerlei sei, da es ihm nach Wunsch zur Verfügung stände und nach Belieben verbogen werden könne; man mochte auch einen Ausspruch von ihm kolportieren, dass der Staat (res publica) an sich nichts bedeute, sondern ein Begriff ohne Körperlichkeit und Gestalt sei. Sofern Caesar dies wirklich gesagt haben sollte, dürfte es sich um eine Reaktion aus Verärgerung über kritische Äußerungen zu seinem Umgang mit dem öffentlichen Recht der Republik gehandelt haben. Durch sein Handeln aber bewies er, dass das alte Recht für ihn durchaus von Belang war. Was jedoch den Wechsel seines Bezuges betraf, hatten die Kritiker recht […]. Das Gefühl der Vorläufigkeit und Unsicherheit der neuen Ordnung überkam zuweilen wohl selbst einen Anhänger Caesars, zumal die Maßnahmen des Diktators […] von Hektik gekennzeichnet waren und die Flut der Regelungen kaum das Gefühl der Dauerhaftigkeit und Rechtssicherheit vermitteln konnte. Caesar erscheint so trotz aller Bemühungen um eine Strukturierung der Herrschaft auch dem Rückschauenden eher als Zerstörer des Alten denn als Erbauer von etwas Neuem.

Jochen Bleicken, Augustus. Eine Biographie, Berlin 1998, S. 27 f.

D 5

Keine staatsmännische Weisheit

Der deutsche Althistoriker Werner Dahlheim schreibt 2005 über Caesar:

So wurde für den schwer Gereizten „die Republik zum Nichts, zum Namen ohne Körper und greifbare Gestalt“ […]. Er beschrieb damit die Wirklichkeit, wie er sie sah, und die Entwicklung nach seinem Tod gab ihm Recht. Was immer man jetzt noch mit der republikanischen Ordnung im Sinn haben mochte, sie war nach der Blutspur des Bürgerkrieges von sich und allein gelassen nicht mehr lebensfähig. Die lange bewährte Kunst, Schäden am Staatskörper aus eigener Kraft zu beheben, versagte angesichts des Ausmaßes der Katastrophe. Es war dies die Konsequenz der Entschlossenheit, mit der Caesar sein am Rubikon gestecktes Ziel verfolgt und erreicht hatte. Er wusste es natürlich und gab sich der Illusion hin, dass das für ihn so Offenkundige auch seinen Gegnern klar war. So konnte er guten Gewissens erklären, „es läge mehr im Interesse des Staates als in seinem eigenen, dass er unversehrt bleibe. Er habe schon längst genug Macht und Ruhm erlangt, und der Staat werde, wenn ihm etwas geschehe, keine Ruhe finden, sondern vielmehr in wesentlich ungünstigerer Lage Bürgerkriegen entgegensehen.“ Drei Wochen nach den Iden des März griff Matius den Gedanken wieder auf […]. „Wenn Caesar mit seinem Genie keinen Ausweg fand, wer wird ihn dann finden?“

Solche prophetischen Worte sprechen nicht von staatsmännischer Weisheit und schon gar nicht von Caesars Einsicht, der Staat müsse auf die eine oder andere Weise reformiert werden. Sie enthalten nur die weitsichtige Erkenntnis, dass nach seinem Tode neue Kämpfe der mächtigsten Generäle um die Macht drohten.

Werner Dahlheim, Die Ehre des Kriegers und die Not des Staates, in: Ernst Baltrusch (Hrsg.), Caesar. Neue Wege der Forschung, Darmstadt 2007, S. 213 f.

Die gebändigte Militärdiktatur – der Prinzipat

Nach Caesars Ermordung kam es erneut zu blutigen Bürgerkriegen zunächst zwischen den Anhängern Caesars und den Republikanern. Danach kämpften skrupellose Generäle um die Macht im Gesamtreich. Am Ende setzte sich Octavian, der Neffe und Adoptivsohn Caesars, durch. Er brachte dem Reich den ersehnten Frieden und begründete die römische Kaiserzeit. Weshalb gelang ihm das, woran seine Vorgänger scheiterten?

Augustus hatte die Alleinherrschaft als Bürgerkriegsgeneral gewonnen. Er konnte allerdings auf die alten Eliten bei der Regierung des Reiches nicht verzichten. Deshalb musste er das Kunststück fertigbringen, seine monarchische Stellung in republikanische Formen zu kleiden und die positiven Seiten der Monarchie hervorzuheben. Der Überblick zeigt, mit welchen Mitteln ihm dies gelang und inwiefern er sich dabei von seinen Vorgängern Sulla und Caesar unterschied.

1 Erklären Sie, weshalb Augustus von sich behaupten konnte, er habe die Republik wiederhergestellt.
2 Charakterisieren Sie die Alleinherrschaft des Augustus im Vergleich zu der Sullas und Caesars.
3 Beschreiben Sie die Augustusporträts der Münzen Q 1 und Q 2 und deuten Sie sie.
4 Stellen Sie sich vor, Sie müssten einem ausländischen Gesandten den Wandel erklären, den Rom mit der Regierung des Augustus durchgemacht hat. Verfassen Sie dazu einen kurzen Bericht.

Das Erbe der Bürgerkriege

Die Bürgerkriege nach dem Tod Caesars offenbarten noch einmal das Dilemma der Republik. Auf der einen Seite musste die Nobilität ihren Mitgliedern Möglichkeiten zur Mehrung ihres Ansehens und ihres Einflusses einräumen. Auf der anderen Seite gefährdete dieser Konkurrenzkampf den Bestand der Republik, als einzelne *nobiles* immer größere Heere als politisches Druckmittel einsetzten. Sie bestimmten anstelle des Senats die Innenpolitik und fochten schließlich den Kampf um die Alleinherrschaft unter sich aus. Octavian war einer von ihnen und nicht mehr als ein Militärpotentat. Wenn er nach dem Sieg über seinen letzten Rivalen Antonius die auf dem Schlachtfeld errungene Macht erhalten wollte, musste er sie in eine rechtlich abgesicherte Herrschaft verwandeln. Nur so konnte er die Zustimmung der überlebenden Aristokraten gewinnen.

Die rechtliche Umhüllung der Militärherrschaft

Das Vorbild der in Rechtsformen gekleideten Alleinherrschaft konnte nur die Republik sein. Schon Caesar hatte erkannt, dass eine Wiederbelebung des altrömischen Königtums nicht durchsetzbar war. Allerdings durfte Octavian die Anpassung an die republikanischen Formen nicht so weit treiben, dass seine Machtposition angreifbar wurde. Deshalb wählte er einen wohldurchdachten Kompromiss: Am 13. Januar 27 v. Chr. legte er seine Militärgewalt und außerordentlichen Vollmachten nieder. Damit lebte formal die republikanische Verfassung wieder auf; die Republik war „wiederhergestellt" *(res publica restituta)*. Für dieses Entgegenkommen verlieh ihm der Senat den Ehrennamen Augustus („der Erhabene"). Zusätzlich erhielt er eine Reihe von Amtsgewalten übertragen. Sie ermöglichten ihm in der Summe eine konkurrenzlose Leitung des Staates, allerdings formal im Rahmen der wiederhergestellten Republik: Anstatt wie seine Vorgänger die *dictatura* zu übernehmen, bekleidete er bis zum Jahr 23 v. Chr. jedes Jahr das Konsulat. Das *imperium* als Konsul (das er nach 23 v. Chr. behielt) verschaffte ihm die Regierungsgewalt in allen Provinzen, die als unbefriedet galten und in denen Armeen standen. Gefahrlos konnte er so dem Senat die Verwaltung der übrigen Provinzen überlassen. Entscheidend waren für Augustus das rechtlich anerkannte Oberkommando über das Heer und die enge Bindung zu den Soldaten. Das Militär blieb die entscheidende Basis der Herrschaft. Dies zeigt sich auch daran, dass fortan nur Augustus den Titel „Imperator" führen durfte und ihn sogar zum Bestandteil seines Namens machte.

Die Regelung der Regierungsgewalt im Innern

Im Jahre 23 v. Chr. verzichtete Augustus auf die Bekleidung des Konsulats; denn es widersprach zu sehr republikanischer Tradition, dass ein Mann kontinuierlich das höchste Staatsamt ausübte. Ein Ersatz hätte das Amt des Volkstribunen sein können. Doch erneut versuchte Augustus, republikanische Vorschriften zu beachten. Als Patrizier durfte er nicht Volkstribun werden. So ließ er sich, ohne das Amt zu bekleiden, die Amtsgewalten des Volkstribuns *(tribunicia potestas)* übertragen. Sie ermöglichten es ihm, jederzeit Volksversammlungen und den Senat einzuberufen, Gesetzesanträge zu stellen sowie gegen unliebsame Vorschläge sein Veto einzulegen. Gleichzeitig war er durch die religiös begründete Unverletzbarkeit des Volkstribuns vor Angriffen auf seine Person geschützt. Und schließlich konnte er sich sogar als Vorkämpfer des Volkes darstellen. Ergänzend übernahm Augustus zeitweise die Amtsgewalt des Zensors, um die Zusammensetzung des Senats zu überwachen.

Augustus als Patron: die soziale Basis der Herrschaft

Alles in allem konnte Augustus mit einem gewissen Recht von sich behaupten, dass seine Herrschaft auf Rechtsgewalten beruhte, die sich an die Traditionen der Republik orientierten. Jeder wusste freilich, dass es gerade die Summe der Einzelgewalten war, die den republikanischen Rahmen sprengten und Augustus seine unangefochtene Machtposition sicherten. Augustus selbst betonte voller Stolz, dass er an Einfluss und Ansehen alle Zeitgenossen überragte. Er griff dabei auf klassische aristokratische Werte zurück, die von den Senatoren anerkannt werden mussten. In der Republik hießen die an Ansehen und Einfluss führenden Senatoren *principes*, und so nannte sich nun auch Augustus *princeps*. Allerdings durfte kein anderer diesen Titel beanspruchen. Deshalb hat sich der Begriff Prinzipat zur Bezeichnung der von Augustus begründeten Monarchie insgesamt durchgesetzt.

Die Basis seiner Machtfülle bildeten nicht nur militärische Erfolge, sondern vor allem die unvergleichlich große Zahl der Klienten. Sie bestand zum einen aus den Soldaten und den ererbten Klienten Caesars. Zusätzlich hatte Augustus alle Einwohner Italiens auf sich vereidigt.

Die sakrale Weihe der Macht

Um die rein militärische Gewalt als Basis seiner Herrschaft vergessen zu machen, nahm Augustus die Bemühungen Caesars auf, die Person des Alleinherrschers zu vergöttlichen. Sein Name führte mit Bezug auf seinen Adoptivvater Caesar den Zusatz *Divi filius* (Sohn eines Gottes). Der Ehrentitel *pater patriae* (Vater des Vaterlandes) betonte zusätzlich die sakrale Autorität des Augustus-Namens. In den östlichen Provinzen wurde Augustus wie selbstverständlich als Gott verehrt. 12 v. Chr. richtete auch der Westen einen Kult des Augustus mit eigenen Priestern ein.

Die Zusammenarbeit mit dem Senat

All diese Ehrungen waren nicht nur Schmeicheleien, sondern auch Ausdruck der Dankbarkeit und der Hoffnungen, die sich mit der Herrschaft des Augustus verbanden: Tatsächlich bemühte sich der *princeps* nach der Absicherung seiner Macht um Verbesserungen der Staats- und Reichsverwaltung. Die Senatoren mussten nun – für viele ungewohnt – unter der Aufsicht des *princeps* öffentliche Aufgaben übernehmen. Nach den innenpolitischen Wirren der späten Republik und der Bürgerkriege wurden die Gesetze wieder durchgesetzt und die Gerichte nahmen ordnungsgemäß ihre Arbeit auf. In den Provinzen übernahmen dem *princeps* unterstellte Prokuratoren mit festem Gehalt die Finanzverwaltung und überwachten die Steuerverpachtung. Die senatorischen Statthalter mussten damit rechnen, dass Beschwerden der Untertanen direkt in die kaiserliche Zentrale gelangten. In der Hauptstadt sicherten neue Ämter mit kaiserlichen Vertrauten den Ausbau der Infrastruktur und die Getreideversorgung. Die neue Sicherheit im Reich ließ Handel und Wirtschaft erblühen. Rom ging so letztlich gestärkt aus den jahrzehntelangen Bürgerkriegen hervor. Der Preis hierfür war eine nach Recht und Normen geregelte Alleinherrschaft und der Verlust der unabhängigen politischen Aktivität der *nobiles*, die das Gesicht der Republik über Jahrhunderte geprägt hatten.

Q 1

Denar des Octavian (37 v. Chr.) Aufschrift IMP[erator] CAESAR DIVI F[ilius] III VIR ITER[erum] R[ei] P[ublicae] C[onstituendae] (Imperator Caesar, Sohn eines Gottes, zum zweiten Mal Triumvir zur Errichtung des Staates)

Q 2

Aureus des Augustus (9 n. Chr.); Aufschrift DIVI F[ilius] PATER PATRIAE CAESAR AVGVSTVS (Sohn eines Gottes, Vater des Vaterlandes, Caesar Augustus)

Den Übergang von der Republik zur Monarchie des Augustus hat die Forschung schon immer als ein welthistorisches Schlüsselereignis interpretiert, das eine Epoche beendete und eine neue einleitete. Die Materialien Q 3–Q 6 geben Ihnen zunächst die Möglichkeit herauszufinden, wie Augustus selbst diesen Wechsel öffentlich propagierte und wie die Römer der folgenden Generation darauf reagierten. Anhand von D 2 und D 3 können Sie die Wirkung der römischen Republik und der Person des Augustus in Frankreich untersuchen und sich anhand der Darstellungen D 4–D 6 dann mit den Meinungen moderner Forscher zur Frage auseinandersetzen, worin eigentlich genau die historische Bedeutung des Wandels von der Republik zu der von Augustus begründeten Herrschaftsform liegt und wie man sie im universalhistorischen Zusammenhang zu bewerten hat.

1. Gliedern Sie den Tatenbericht des Augustus (Q 3) nach Thema, möglichen Adressaten und nach ihrer jeweiligen impliziten Botschaft.
2. Erklären Sie, was Augustus mit dem Satz (Kap. 34), meint, er habe alle Übrigen an Autorität überragt, aber an Amtsgewalt nicht mehr besessen als seine Kollegen (Q 3). Ziehen Sie dazu auch D 1 heran und vergleichen Sie die Ämter und Amtsvollmachten des Augustus mit denen der früheren Machthaber.
3. Beurteilen Sie die Aussagen der Kapitel auf ihre Plausibilität und ihren Wahrheitsgehalt (Q 3).
4. Setzen Sie die Bildquellen Q 4, Q 7–Q 9 mit dem Tatenbericht in Beziehung und arbeiten Sie die Wirkung heraus, die Augustus mit ihnen erzielen wollte.
5. Vergleichen Sie die von Tacitus und Velleius genannten Pro- und Kontraargumente und versetzen Sie sich in die Rolle eines Richters, der die jeweiligen Argumente im Wissen um die realen Hintergründe gegeneinander abwägen muss (Q 5, Q 6).
6. Erläutern Sie, in welcher Weise sich das Rombild im politischen Frankreich des 17. bis 19. Jahrhunderts wandelte (D 2, D 3). Nehmen Sie Stellung zu der vorliegenden Instrumentalisierung von Geschichte.
7. Geben Sie die wesentlichen Veränderungen wieder, die nach Auffassung der Autoren von D 4–D 6 auf der innenpolitischen und außen- bzw. reichspolitischen Ebene den Übergang zur Monarchie kennzeichnen.
8. Vergleichen Sie die Argumente miteinander und entwickeln Sie eine eigene Einschätzung (D 4–D 6).
9. Erörtern Sie die in D 6 genannten Argumente, wonach die USA trotz mancher Parallelen mit dem Imperium Romanum sich nicht in eine Monarchie verwandeln werden.

Q 3

Selbstdarstellung des Monarchen

Aus dem sog. Tatenbericht des Augustus, der als Inschrift auf zwei Pfeilern vor seinem Mausoleum aufgestellt und auch in den Provinzen verbreitet wurde. Eine Abschrift fand sich in Ancyra (Ankara) in Kleinasien:

Die Taten des vergöttlichten Augustus, mit denen er den Erdkreis der Herrschaft des römischen Volkes unterwarf, sowie die Aufwendungen, die er für das römische Staatswesen und Volk machte. […]

3. Kriege zu Wasser und zu Lande gegen innere und äußere Feinde habe ich auf dem ganzen Erdkreis oftmals geführt, und als Sieger habe ich allen Mitbürgern, die um Gnade baten, Schonung gewährt. Auswärtige Völker, denen man ohne Bedenken Verzeihung gewähren konnte, habe ich lieber erhalten als ausrotten wollen. Etwa 500 000 Bürger haben den Fahneneid auf mich geleistet. Von diesen habe ich einen gut Teil mehr als 300 000 in Neugründungen angesiedelt oder nach Ableistung ihrer Militärdienstzeit in ihre Heimatorte entlassen. Und diesen allen habe ich Ackerland zuweisen oder Geld als Lohn für ihren Kriegsdienst auszahlen lassen.

5. Die Diktatur, die mir in meiner Abwesenheit und in meinem Beisein sowohl vom Volk wie auch vom Senat […] (im Jahr 22 v. Chr.) angetragen wurde, habe ich zurückgewiesen. Nicht abgelehnt habe ich aber, als größter Mangel an Getreide herrschte, die Aufsicht über die Getreidebeschaffung, die ich so betrieb, daß ich innerhalb von wenigen Tagen die gesamte Bürgerschaft von Furcht und lastender Gefahr dank meiner Aufwendungen und meiner Fürsorge befreien konnte. Das mir damals angetragene jährliche Konsulat auf Lebenszeit habe ich ebenfalls nicht angenommen.

6. Als […] (in den Jahren 19, 18 und 11 v. Chr.) der Senat und das römische Volk einmütig beantragten, daß ich als Einzelner mit höchster Machtbefugnis zum Wahrer von Gesetz und Sitte ernannt würde, habe ich dies ebenso wenig angenommen wie irgendein anderes mir angetragenes Amt, das gegen Sitte und Herkommen der Vorfahren verstieß. Was damals der Senat von mir ausgeführt wissen wollte, habe ich kraft meiner tribunizischen Amtsgewalt vollbracht.

12. […] Als ich aus Spanien und Gallien, nachdem ich in diesen Provinzen siegreiche Taten vollbracht hatte, im (Jahr 13 v. Chr.) nach Rom zurückkehrte, beschloß der Senat zum Dank für meine Rückkehr einen Altar des

Augustusfriedens zu weihen, und zwar beim Marsfeld, wo die Beamten, die Priester und die Vestalinnen jedes Jahr auf Geheiß des Senats ein Opfer darbringen sollten.

34. In meinem sechsten und siebten Konsulat (27 v. Chr.) habe ich, nachdem ich die Flammen der Bürgerkriege gelöscht hatte und mit der einmütigen Zustimmung der gesamten Bevölkerung in den Besitz der staatlichen Allgewalt gelangt war, das Gemeinwesen aus meiner Machtbefugnis wieder der Ermessensfreiheit des Senats und des römischen Volkes überantwortet. Für dieses mein Verdienst wurde mir auf Beschluß des Senats der Name Augustus [= der Erhabene] gegeben. Seit dieser Zeit überragte ich alle übrigen an Autorität, an Amtsgewalt aber besaß ich nicht mehr als die anderen, die auch ich im Amt zu Kollegen hatte.

35. Als ich mein dreizehntes Konsulat verwaltete, gaben mir der Senat, der Ritterstand und das römische Volk einmütig den Titel „Vater des Vaterlandes".

Augustus. Res Gestae. Tatenbericht (Monumentum Ancyranum). Lateinisch, griechisch und deutsch. Übersetzt, kommentiert und hrsg. von Marion Giebel, Stuttgart 1983, S. 4–39.

Q 4

Auf der sogenannten Gemma Augustea, welche die Unterwerfung der Barbarenvölker durch Augustus zum Gegenstand hat, sitzt im oberen Teil unter einem Lorbeerkranz der Kaiser selbst wie Jupiter auf einer Bank. Rechts daneben kauert die personifizierte Erde (Tellus), die mit Füllhorn und zwei Kindern dargestellt ist. Auf der Bank sitzt links neben Augustus die personifizierte Roma. Ganz links ist der von Augustus adoptierte Tiberius dargestellt, der nach einem erfolgreichen Feldzug, flankiert von der geflügelten Siegesgöttin, vom Triumphwagen herabsteigt. Zwischen ihm und Roma steht ein weiterer Feldherr, wahrscheinlich der von Augustus adoptierte Germanicus. Die untere Hälfte zeigt Szenen nach einem römischen Sieg: Links wird ein Siegeszeichen aufgerichtet, rechts werden Kriegsgefangene abgeführt.

Gemma Augustea, nach 10 n. Chr., Wien, Kunsthistorisches Museum

D 1

Wege zur Macht in der späten Republik

Usurpation im „Staatsnotstand"/ Privatmann mit *imperium*	legalisierte Militärdiktatur	Kontinuität des Konsulats/ des *imperium*	prokonsularisches *imperium* mit Recht auf Wahrnehmung durch Legaten	politische Initiative des Volkstribunen
P. Cornelius Scipio (210 v. Chr.)				
				T. Gracchus (133 v. Chr.)
				C. Gracchus (123 v. Chr.)
		Marius (104–100 v. Chr.)		
	Sulla *dictator* (82–79 v. Chr.)			L. Drusus (91 v. Chr.)
Pompeius (83–77 v. Chr.)				
	Pompeius *consul sine collega* (52 v. Chr.)		Pompeius (55–49 v. Chr.)	P. Clodius (58 v. Chr.)
		Caesar (59; 58–50; 49 v. Chr.)		
	Caesar *dictator* (49–44 v. Chr.)			
Octavian/Augustus				
„privato consilio et privata impensa" (Res Gestae 1) (44–43 v. Chr.)	*triumvir rei publicae constituendae* (43–33 v. Chr.)	*consul* (31–23 v. Chr.)	*proconsul/imperium (pro)consulare* (ab 23 v. Chr.)	*tribunicia potestas* (ab 23 v. Chr.)

Der Große Ploetz, Freiburg im Breisgau, 35. Aufl. 2008, S. 255.

Q 5

Zerstörer …

Der Politiker und Historiker Tacitus (um 55–117 n. Chr.) beurteilt Augustus in seinen Annalen:

Als […] nach der Selbsttötung des Antonius auch der Partei Caesars nur ein Führer [Octavian] geblieben war, übernahm dieser das Konsulat und begnügte sich mit den Amtsvollmachten der Volkstribune. Die Soldaten gewann er durch Schenkungen, das Volk durch Getreidespenden, jedermann durch den verführerischen Reiz des Friedens. Jetzt schob er sich allmählich empor und zog die Befugnisse des Senats, der Beamten und des Gesetzgebers an sich, ohne dass sich jemand widersetzte. Die Tapfersten waren den Kämpfen oder der Ächtung [= die Proskriptionen] zum Opfer gefallen. Die übrigen Adligen wurden umso reichlicher mit Geld und Ämtern bedacht, je williger sie sich der Knechtschaft fügten. Als Günstlinge der neuen Verhältnisse zogen sie die Sicherheit der Gegenwart den Gefahren der Vergangenheit vor […].

Verleidet war den Provinzialen Senats- und Volksherrschaft [unter der Republik] wegen der Machtkämpfe der führenden Männer und der Habsucht der Beamten; schwach war der Schutz der Gesetze, die durch Eigenmächtigkeit, politische Umtriebe, zuletzt durch Bestechung unwirksam gemacht wurden.

Tacitus Annalen 1,2. Übers. von Werner Dahlheim, zit. nach Raimund Schulz/Werner Dahlheim, Griechisch-Römische Antike. Historisch-Politische Weltkunde, Stuttgart/ Leipzig 2006, S. 160.

Q 6

… oder Heilsbringer

Der Historiker Velleius Paterculus (um 20 v. Chr.–nach 30 n. Chr.), der unter Tiberius als Stabsoffizier diente, beurteilt ihn in seiner „Römischen Geschichte" folgendermaßen:

Nach zwanzig Jahren wurden der Bürgerkrieg beendet, die auswärtigen Kriege beigelegt, der Friede wiederhergestellt, die Raserei der Waffen allenthalben zur Ruhe gebracht. Die Gesetze erhielten ihre Kraft zurück, die Gerichte ihre Autorität, der Senat seine hohe Würde *(maiestas)*. Die Amtsgewalt *(imperium)* der Magistrate wurde auf ihr früheres Maß beschränkt. Die althergebrachte Form des Staates wurde wiederhergestellt, die Äcker fanden wieder Pflege, die Heiligtümer wurden geehrt, die Menschen genossen wieder

Ruhe und Frieden und waren sicher im Besitz ihres Eigentums. Vorhandene Gesetze erhielten nützliche Verbesserungen, neue wurden zum allgemeinen Nutzen erlassen. […] Führende Männer *(principes viri)*, die Triumphe und hohe Ehrenstellen aufzuweisen hatten, lud der Princeps durch seine Aufmunterung dazu ein, sich für die Verschönerung der Stadt [Rom] einzusetzen. Die Diktatur aber, die ihm das Volk immer wieder übertragen wollte, lehnte er ebenso beharrlich ab. Wollte man die Kriege unter seiner Führung beschreiben, die Befriedung des Erdkreises durch seine Siege und alles, was er innerhalb und außerhalb Italiens vollbracht hat, dann würde selbst ein Geschichtsschreiber, der seine ganze Lebenszeit nur auf dieses eine Werk verwenden wollte, dabei müde werden.

Velleius Paterculus, Römische Geschichte 2,89, zit. nach C. Velleius Paterculus Historia Romana. Römische Geschichte. Lateinisch-deutsch, hrsg. und übersetzt von Marion Giebel. Stuttgart 1989, S. 197–199.

D 2

Rom und Frankreich

Der Historiker Werner Dahlheim beschreibt 2010 die Rom-Rezeption im Frankreich des ausgehenden 17. und 18. Jahrhundert:

Ludwig XIV. las bei Sueton, dass Augustus in Friedenszeiten die Pforten des Janus-Tempels schloss. Dadurch angeregt befahl er einen Nachbau, der ihn als Kaiser eines Weltreiches und als Nachfolger des Augustus ausweisen sollte. In der Kuppel des neuen Tempels wollte der König als Schöpfer des Friedens dargestellt werden, geschmückt mit den universalen Bezeichnungen *maître de l'univers* und *arbitre de la paix*. Die geistige Elite des Landes zeigte sich davon wenig beeindruckt und hielt sich von diesem Mummenschanz fern.

Die Aufklärer, die dem absolutistischen Königtum ohnehin den Kampf angesagt hatten, blickten mit ganz anderen Augen auf den ersten Kaiser Roms. Montesquieu, Gibbon und Voltaire

D 3

Das Bild des französischen Malers Louis-Bertin Parant (1789–1851) auf der sogenannten Medici-Vase aus dem 16. Jahrhundert zeigt Augustus auf einem Triumphwagen. Er gibt gerade den Befehl, die Tore des Janustempels als Zeichen des Friedens im Römischen Reich zu schließen. Die Vase war ein Geschenk des französischen Königs Ludwig XVIII. an seinen Bruder, der im gleichen Jahr sein Nachfolger auf dem französischen Thron wurde.

Medici-Vase, bemalt von Louis-Bertin Parant, 1823, Paris, Louvre

Q 7

Augustusstatue von Prima Porta. Aus der Villa Livia bei Prima Porta. Marmor, Kopie des 1. Jh. n. Chr. nach einem Original um 20/17 v. Chr., Rom, Vatikanische Museen

Q 8

Statue des Augustus als Pontifex Maximus, nach 12 v. Chr., Rom, Museo Nazionale Romano – Palazzo Massimo alle Terme

Q 9

Statue des Augustus aus Griechenland, 10 n. Chr., Thessaloniki, Archäologisches Museum

brachen schließlich den Stab über ihn. Für sie hatte der Römer [Augustus] die bürgerlichen Freiheiten zerstört und den Frieden, auf den die Zeitgenossen und die Nachfahren bis zu den Königen Frankreichs voll Bewunderung verwiesen hatten, mit Strömen von Blut erkauft.

[…]

Die französischen Revolutionäre schoben die Erinnerung an Augustus ganz beiseite. Sie hatten […] alles gelesen, was der klassische Bildungskanon hergab. Das Rom, das ihnen hier begegnete, war ein ganz anderes als das, was in Versailles oder in den Gelehrtenschulen herrschte. Es bevölkerten harte und unerbittliche Heroen, die wie Brutus ihr Leben der Republik und der Freiheit verschrieben und diesem Ziel ihr persönliches Glück geopfert hatten. Sie erzogen ihre Verehrer zu neuen Menschen und forderten eine neue Gesellschaft, an deren Wiege als Paten Umsturz und Revolution standen, nicht aber ein republikanisch drapierter Alleinherrscher.

Werner Dahlheim, Augustus. Aufrührer. Herrscher. Heiland, München 2010, S. 399 f.

D 4

Die „augusteische Schwelle“

Der Politikwissenschaftler Herfried Münkler 2005:

Die augusteische Schwelle bezeichnet also ein Ensemble einschneidender Reformen, durch die ein Imperium seine Expansionsphase beendet und in die Phase der geordneten Dauer, des lange währenden Bestandes überführt wird. Zyklentheoretisch formuliert geht es hierbei darum, die Verweildauer im oberen Kreislaufsegment so sehr wie möglich auszudehnen. In der Selbstwahrnehmung des Römischen Reichs hat dies schließlich dazu geführt, dass die republikanische Geschichtsvorstellung der Zyklen, wie sie von Polybios bis Sallust vorherrschend war, durch die imperiale Vorstellung der *Roma aeterna*, der ewigen Dauer des Reiches, abgelöste wurde. Nimmt man die Reformen zusammen, so war das Überschreiten der augusteischen Schwelle gleichbedeutend mit einem tief greifenden Machtsortentausch: Die Relevanz militärischer Macht ging erheblich zurück, weswegen Octavian auch den Truppenbestand dramatisch reduzieren konnte, und parallel dazu wuchs das Gewicht politischer, wirtschaftlicher und vor allem ideologischer Macht. Letztere machte sich außer in der Ewigkeitsideologie insbesondere in der Idee des Friedens bemerkbar, der *pax Romana*, als der neuen Legitimationsvorstellung des Imperiums: Solange das Römische Reich existierte, würde Frieden herrschen, und je fester sein Bestand war, desto sicherer würde der Frieden sein. Mit dem Überschreiten der augusteischen Schwelle war das Imperium von einem exploitiven [= ausbeuterischen] in ein zivilisierendes Verhältnis zwischen Zentrum und Peripherie übergegangen: Dem Aufbau einer eigenständigen Bürokratie, mit der die Reichsverwaltung der Willkür der stadtrömischen Oligarchie entzogen wurde, folgte die allmähliche Ausweitung der Bürgerrechte des Zentrums auf Teile der Provinzialbevölkerung. So hatte der im Jahre 70 v.Chr. durchgeführte Zensus für den römischen Herrschaftsbereich eine Zahl von 910000 männlichen Bürgern ergeben. Bei der Volkszählung, die Octavian und Agrippa für das Jahr 28 v.Chr. angeordnet hatten, kam man auf 4063000 römische Bürger – eine Steigerung, die nicht allein darauf zurückzuführen ist, dass nunmehr Frauen und Kinder mitgezählt wurden. Zwanzig Jahre später war die Zahl der römischen Bürger um 170000 auf 4233000 angewachsen. Das sind sicherlich keine dramatischen Veränderungen, aber sie markieren den Beginn einer Entwicklung, die im Jahre 212/13 mit der Konstitution Caracallas endete, in der allen freien Menschen im Reich das römische Bürgerrecht verliehen wurde.

Herfried Münkler, Imperien. Die Logik der Weltherrschaft – vom Alten Rom bis zu den Vereinigten Staaten, Berlin 2. Aufl. 2005, S. 115 f.

D 5

Bändigung der Republik

Der Journalist und Historiker Peter Bender schreibt 2003:

So wurde das erste Jahrhundert vor Christus zur Zeit der großen Gestalten, des Marius und Sulla, des Pompeius und Caesar, des Antonius und Octavian. [...] Unter den Ansprüchen des einzelnen ging die gemeinsame Sache, die *res publica*, allmählich zugrunde. Schon bevor Rom zur Monarchie wurde, entschieden einzelne über seine Verfassung. Lucius Cornelius Sulla, der Sieger im ersten Bürgerkrieg, machte sich zum Diktator auf Zeit und restaurierte die Republik, aber der künstliche Bau hielt nicht lange. Caesar, der Sieger im zweiten Bürgerkrieg, machte sich zum Diktator auf Lebenszeit und zerstörte die Republik, aber wurde ermordet. Octavian, der Sieger im dritten Bürgerkrieg, restaurierte die Republik und errichtete teils neben, teils über ihr die Monarchie [...].

Octavian, der seit 27 Augustus, der Erhabene, genannt wurde, war Roms größter Staatsmann, denn er überwand den Gegensatz zwischen Republik und Reich, an dem der Staat zu zerbrechen drohte. Er bändigte und pflegte die Republik, aber übernahm die Aufgaben, denen sie nicht gewachsen war, es war der wichtigere Teil, der auch die Machtmittel enthielt. Augustus rettete Rom und gab ihm ein zweites Leben, indem er das Unvereinbare, den Stadtstaat und dessen weltweite Eroberungen, zu einem Reich zusammenfügte.

Erst Augustus erfasste Roms Herrschaftsgebiet als ein Ganzes, das eine Ordnung, eine Rechtfertigung und eine Form, also Grenzen, haben musste. Er traf Vorkehrungen dafür, dass die Provinzen nicht weiter privatem Gewinnstreben ausgeliefert, sondern verwaltet wurden. Er ergänzte das Recht des Eroberers durch die Fürsorge des Friedensstifters. Nach den Verwüstungen der ewigen Bürgerkriege herrschte eine überwältigende Sehnsucht nach Frieden und gesicherten Verhältnissen. Beides gewährte Augustus, Römer und Provinzen dankten es ihm, und die *Pax Augusta* legitimierte die Alleinherrschaft [...].

Peter Bender, Weltmacht Amerika. Das neue Rom, Stuttgart 2. Aufl. 2003, S. 246–249.

D 6

Die USA – ein neues Rom?

Der Journalist und Historiker Peter Bender schreibt 2003:

Nachdem Rom zur einzigen Weltmacht geworden war, verwandelte es sich: aus einer Kolonialmacht (im Sinne des 19. Jahrhunderts) wurde ein Imperium, aus einer Republik wurde eine Monarchie. Müssen die Vereinigten Staaten, nachdem sie zur einzigen Weltmacht geworden sind, sich ebenfalls verwandeln? Darüber hat in Amerika eine lebhafte Diskussion begonnen, die um genau die gleichen Veränderungen kreist, die Rom durchläuft. Der Zustand, einzige Weltmacht zu sein, führt, wie es scheint, zu den gleichen Folgen oder Folgerungen.

Dem „europäischen“ Amerikaner halten die geborenen Amerikaner entgegen, was sie schon mit der Muttermilch aufgenommen haben: Amerika ist grundlegend anders als alles, was je auf der Welt war. Amerika werde Republik und Empire durchaus vereinen können, denn ein amerikanisches Imperium werde, anders als alle früheren, ein wohlwollendes Empire sein, das nicht unterdrückt, sondern beglückt. Ein anderer „europäischer“ Amerikaner, Zbigniew Brzezinski, zweifelt: „Nie zuvor hat eine wirklich im Volk verankerte Demokratie die internationale Politik dominiert. Machtstreben verträgt sich im Grunde ebenso wenig mit demokratischer Gesinnung wie die zu seiner Ausübung notwendigen wirtschaftlichen Kosten und menschlichen Opfer. Eine demokratische Gesellschaft lässt sich nicht so leicht für imperialistische Zwecke einspannen.“

Den Ausgang des Streits werden nicht die Argumente bestimmen, sondern die Tatsachen. Der Kolumnist Charles Krauthammer schrieb: „Seit dem römischen Reich hat es in der Weltgeschichte kein Land gegeben, das kulturell, wirtschaftlich, technisch und militärisch so machtvoll (dominant) war.“ Genügt das, um ein Imperium wie das römische zu werden?

Peter Bender, Weltmacht Amerika. Das neue Rom, Stuttgart 2. Aufl.2003, S. 250–253.

Krise und Umbruch in Osteuropa

Am 18. Februar 1988 erklärte der sowjetische Parteichef Michail Gorbatschow, jedes sozialistische Land habe das Recht, frei und selbstbestimmt seinen eigenen Weg zu gehen, die UdSSR werde sich nicht einmischen. Drei Jahre später wurde die Auflösung des Warschauer Pakts offiziell verkündet – der Ostblock hörte auf zu bestehen und die Sowjetunion begann zu zerfallen. Die ehemaligen „Bruderländer der UdSSR" hatten zu diesem Zeitpunkt die kommunistische Vorherrschaft bereits abgeschüttelt und demokratische Strukturen eingeführt.
Was vielen Zeitgenossen als unvorhersehbar und überraschend erschien, hatte jedoch eine lange Vorgeschichte. Wer sich mit dem Umbruch in Osteuropa am Ende des 20. Jahrhunderts näher beschäftigt, wird erkennen, dass ihm lange krisenhafte Entwicklungen vorausgangen waren. Am Ende war die Wende nicht mehr aufzuhalten.

Wodurch wurden die Grundlagen für die politische Nachkriegsentwicklung der osteuropäischen Staaten gelegt?
Wodurch wurde die Politik in den Ländern hinter dem „Eisernen Vorhang" bis in die 1980er-Jahre hinein bestimmt?
Welche Krisensymptome zeichneten sich am Ende der 1980er-Jahre in den Ostblockstaaten ab?
Mit welchen Bewältigungsstrategien reagierten die Herrschenden auf die krisenhaften Entwicklungen?
Auf welche Weise reagierten die Völker Osteuropas auf die gesellschaftlichen Krisen in ihren Ländern?
Welche Ergebnisse brachte der Umbruch den Menschen in den osteuropäischen Staaten?

Bei der Arbeit an diesem Kapitel können Sie an Beispielen lernen, Wechselwirkungen zwischen Krisenursachen, Krisenerscheinungen, Bewältigungsstrategien und Wendepunkten in der Geschichte zu analysieren, zu deuten und zu bewerten. Folgende Schritte führen Sie zum Ziel:

Der Hitler-Stalin-Pakt

Analysieren und Deuten der Grundlagen für die Herrschaftsansprüche der Sowjetunion
- → mit Perspektivität umgehen
- → mit Kategorien und Begriffen arbeiten
- → Sach- und Werturteile formulieren

Geopolitische Veränderungen in Osteuropa durch den Zweiten Weltkrieg

Die wirtschaftliche und politische Entwicklung in den Osblockstaaten

Der 17. Juni 1953 in der DDR

Untersuchen und Deuten der Entwicklung in den Staaten hinter dem Eisernen Vorhang bis Ende der 1960er-Jahre
- → mit Kategorien und Begriffen arbeiten
- → mit Perspektivität umgehen
- → eigene Deutung vornehmen
- → Sach- und Werturteile formulieren

Der ungarische Aufstand 1956

Der Prager Frühling 1968

Das Verhältnis Polen – UdSSR

Krisen und Streikbewegung bis 1976

Analysieren und Werten der Krisenbewältigung in Polen
- → mit Kategorien und Begriffen arbeiten
- → mit Perspektivität umgehen
- → eigene Deutung vornehmen
- → Sach- und Werturteile formulieren

Der Kampf der unabhängigen Gewerkschaft Solidarność

Die Rolle der katholischen Kirche

Machtwechsel und Demokratisierung

Gorbatschows Reformpolitik seit 1985

Die sowjetische Außenpolitik

Analysieren, Deuten und Beurteilen der Krise und des Umbruchs in der Sowjetunion
- → mit Kategorien und Begriffen arbeiten
- → mit Perspektivität umgehen
- → eigene Deutung vornehmen
- → Sach- und Werturteile formulieren

Das Scheitern Gorbatschows

Das Ende der Sowjetunion

Proteste gegen die sowjetische Vorherrschaft

Kampf um Selbstbestimmung und Unabhängigkeit

Untersuchen, Deuten und Bewerten der „Singenden Revolution" in den baltischen Staaten
- → mit Kategorien und Begriffen arbeiten
- → mit Perspektivität umgehen
- → eigene Deutung vornehmen
- → Sach- und Werturteile formulieren

Konfrontation mit der Moskauer Zentralgewalt

Unabhängigkeit und Demokratisierung der baltischen Republiken

Abbildung: Demontage eines Lenin-Denkmals in der lettischen Hauptstadt Riga, Foto vom August 1991

Ostmitteleuropa und der Hitler-Stalin-Pakt

Am 23. August 1939 erschütterte eine Meldung die Weltöffentlichkeit: In Moskau hatten die Außenminister Deutschlands und der Sowjetunion einen Nichtangriffspakt unterzeichnet. Zu welchen Konsequenzen für Ost- und Mitteleuropa führten dieser Vertrag sowie die Ergebnisse des Zweiten Weltkriegs? Wer war davon besonders betroffen?

Die nachfolgende Darstellung gibt Auskunft über Vorgeschichte und Auswirkungen der Vereinbarungen, die die beiden Diktaturen getroffenen hatten. Die Karikatur ermöglicht einen Blick aus englischer Perspektive auf den Hitler-Stalin-Pakt. Die Auseinandersetzung mit diesem Pakt und seinen Folgen erlaubt eine Reflexion über die Grundlagen der sowjetischen Vorherrschaft über Ostmitteleuropa zwischen 1945 und 1989.

1. Beschreiben Sie die internationale Lage, in der sich die Staaten Ostmittel- und Osteuropas zwischen 1919 und 1939 befunden haben.
2. Kommentieren Sie mithilfe von Q 1 die britische Sicht auf das Vorgehen der beiden Vertragspartner.
3. Beurteilen Sie die Folgen des Hitler-Stalin-Pakts und des Weltkriegs für die betroffenen Nationen.

Ost- und Mitteleuropa zwischen 1919 und August 1939

Die Staatenwelt Ost- und Ostmitteleuropas war das Ergebnis der Pariser Vorortverträge ab 1919. Auf Kosten der unterlegenen Mittelmächte Deutschland und Österreich-Ungarn sowie des seit Oktober 1917 in Revolutionswirren und Bürgerkrieg versunkenen Russlands wurden mehrere neue Staaten gegründet. Im Kalkül der Siegermächte waren diese Staaten als Sicherheitsgürtel zwischen Westeuropa und Sowjetrussland gedacht. Von zentraler Bedeutung war Polen, das aus Territorien Russlands, Österreich-Ungarns und Deutschlands gegründet wurde. Gleich in den ersten Jahren seiner Existenz führte Polen Krieg gegen die bolschewistische Räterepublik. 1921 konnte Sowjetrussland dazu gezwungen werden, auf weite Teile im Westen Weißrusslands und der Ukraine zu verzichten, die als Ostpolen in das Staatsgebiet der jungen Republik integriert wurden.

Aus dem Vielvölkerreich Österreich-Ungarn gingen in Ostmitteleuropa neben Ungarn die Tschechoslowakei sowie Jugoslawien (ab 1929) hervor. Im September 1938 wurde die Tschechoslowakei im Münchener Abkommen dazu gezwungen, das vom Dritten Reich beanspruchte Sudetenland abzutreten. Wenige Monate später erzwang Hitler die Teilung des Landes: Am 15. März 1939 besetzte die Wehrmacht Prag. Tschechien geriet als „Protektorat Böhmen und Mähren" unter die Kontrolle des Großdeutschen Reichs. Entgegen dem seit 1934 bestehenden deutsch-polnischen Nichtangriffspakt wurden auch gegen Polen aggressive Forderungen erhoben, die die verlorenen Ostgebiete betrafen.

Die einstmals russischen Ostseeprovinzen hatten ihre Unabhängigkeit als Republiken Estland, Lettland und Litauen schon 1918/19 erklärt. Deren vollständige internationale Anerkennung vollzog sich aber erst nach Ende des Bürgerkriegs in Russland, als klar abzusehen war, dass ein Wiedereinsetzen der vorrevolutionären provisorischen Regierung nicht mehr möglich war.

Vor diesem geopolitischen Hintergrund unterzeichneten die Außenminister von Ribbentrop und Molotow in Gegenwart Stalins am 23. August 1939 in Moskau ein Nichtangriffsabkommen. International löste dies große Sorge aus. Denn das Abkommen ermöglichte es Hitler, gegen Polen Krieg führen zu können, ohne mit einer sowjetischen Intervention rechnen zu müssen. Stalin hingegen sah durch ein geheimes Zusatzprotokoll seine territorialen und sicherheitspolitischen Interessen als befriedigt an.

Die Konsequenzen des Hitler-Stalin-Pakts

Der deutsche Überfall am Morgen des 1. Septembers 1939 führte binnen weniger Wochen zur Besetzung Polens. Das war der Auftakt zum Rasse- und Vernichtungskrieg im Osten. Unter Missachtung international geltender Konventionen zum Schutz der Zivilbevölkerung sowie von Kriegsgefangenen wurden polnische und insbesondere jüdische Bürger systematisch verfolgt, inhaftiert und ermordet. Die Vernichtung der Führungselite des Landes – Adlige, Bürgerliche, Akademiker, Geistliche, Gewerkschaftler usw. – zerstörte die gesellschaftliche Struktur des polnischen Staates. Westpolnische Gebiete wurden teilweise dem Reich angegliedert, der restliche Teil wurde zum „Generalgouvernement" erklärt und wie eine Kolonie ausgebeutet. Für die polnischen Bevölkerung bedeutete das Zwangsarbeit,

Enteignung sowie Vertreibung. Auch die Verschleppung von Kindern, die aus Sicht der SS „rassisch wertvoll" waren, wurde zum Bestandteil der Besatzungspolitik.

Am 17. September 1939 marschierte die Roten Armee bis zu den vereinbarten Linien ein. 52 Prozent des polnischen Staats und ein Drittel seiner Bevölkerung gerieten unter sowjetische Herrschaft. Auch in den sowjetisch besetzten Gebieten wurden potenzielle Gegner und ihre Familien verfolgt, verhaftet, in Gefangenenlagern zusammengetrieben und zum Teil ab Frühjahr 1940 nach Kasachstan deportiert. Zwischen April und Mai 1940 wurden über 25 000 gefangene polnische Berufs- und Reserveoffiziere – in ihrer Mehrzahl Akademiker und somit Führungskräfte der polnischen Gesellschaft – u. a. in den Wäldern von Katyn bei Smolensk systematisch ermordet.

Im Dezember 1940 griff die Sowjetunion Finnland an. Obwohl dieser Feldzug zum militärischen Debakel geriet, gelang es Stalin, mit der finnischen Regierung einen Frieden auszuhandeln, der territoriale Gewinne erzwang.

Anders verlief die Politik gegenüber den baltischen Republiken. Zunächst wurde der politische Druck auf die litauische Regierung verschärft. Außenminister Molotow erzwang in der Nacht zum 15. Juni 1940 ultimativ die Neubildung der Regierung und die Zustimmung zum Einmarsch sowjetischer Truppen. Am 16. Juni richtete er gleichlautende Ultimaten an die Vertreter Estlands und Lettlands und am nächsten Tag marschierte die Rote Armee ein. Den erzwungenen Regierungsumbildungen bis Ende Juni folgten vorgezogene Parlamentswahlen. Eingriffe in das Wahlrecht ermöglichten es den neuen Machthabern, Fristen zu verkürzen, nichtkommunistische Wahlvorschläge für ungültig zu erklären, Ergebnisse zu fälschen bzw. das Wahlgeheimnis aufzuheben. Auf diese Weise brachten die Wahlen neben einer hohen Wahlbeteiligung auch die Zustimmung zu den kommunistischen Einheitslisten von 92,6 Prozent in Estland, 94,7 Prozent in Lettland und 99,2 Prozent in Litauen. Tausende baltische Bürger wurden in die Sowjetunion deportiert, darunter auch die Staatspräsidenten Estlands und Lettlands, Päts und Ulmanis, und der ehemalige Ministerpräsident Litauens, Voldemaras. Anfang August 1940 wurden die drei baltischen Staaten als Sozialistische Sowjetrepubliken an die Sowjetunion angegliedert. Hunderttausende Russen wurden bis 1941 dort angesiedelt. Mit dieser Veränderung der demografischen Struktur der kleinen baltischen Nationen sollte jeder Widerstand im Keim erstickt werden.

Der Krieg zwischen dem Dritten Reich und der Sowjetunion

Mit dem Überfall auf die Sowjetunion am 22. Juni 1941 begann sich die in Ostmitteleuropa bestehende Situation abermals grundlegend zu verändern. Auch wenn die Kapitulation der 6. Armee in Stalingrad im Februar 1943 den Wendepunkt des Krieges markiert, so kontrollierte die Wehrmacht noch bis 1944 große Teile ihrer Eroberungen. Dazu zählten auch jene Gebiete, die einst im Zuge des Hitler-Stalin-Pakts von der Sowjetunion annektiert worden waren. Dort hatten sich Teile der Bevölkerung den deutschen Truppen als Freiwillige der Waffen-SS angeschlossen. Als diese Gebiete durch den Vormarsch der Roten Armee nach und nach unter sowjetische Herrschaft fielen, waren Vergeltungsaktionen gegen die Bevölkerung an der Tagesordnung. Hinrichtungen, massenhafte Deportationen und Verurteilungen zu Zwangsarbeit bestimmten das Vorgehen. Zudem ging der Riss quer durch die jeweiligen Nationen, da auch in den Truppen der Roten Armee Staatsangehörige der von Deutschland besetzten Gebiete kämpften.

Durch das gemeinsame Interesse, Hitlerdeutschland zu besiegen, war die Sowjetunion zum Kriegsverbündeten Großbritanniens und der USA geworden. Auf der Konferenz von Jalta im Februar 1945 schlossen sie einen Kompromiss: Der US-Präsident Franklin D. Roosevelt und der britische Premierminister Winston Churchill sicherten Stalin in Ostmitteleuropa freie Hand zu, Stalin versprach, nach dem Sieg in Europa gegen Japan in den Krieg einzutreten. Eine Neuordnung Europas wurde auf die Zeit nach Kriegsende vertagt. Im Mai 1945 hatte die Rote Armee bis zur Elbe Mittel- und Osteuropa erobert. Dieses Gebiet blieb die Einflusssphäre der Sowjetunion, auch wenn dies völkerrechtlich nie durch einen Friedensvertrag festgeschrieben wurde.

Q 1

Hitler und Stalin, die ihre Beute verdauen, Karikatur von Bernard Patridge, aus dem „Punch", London 1939

Das geheime Zusatzprotokoll Q 2 und die Telegramme Q 3 und Q 4 zeigen die Interessen, die die Sowjetunion hinsichtlich Ostmitteleuropas vertreten hat und auf welche Resonanz sie dabei stieß. Anhand der beiden Geschichtskarten D 1 und D 2 können Sie herausarbeiten, inwieweit sich der sowjetische Hegemonieanspruch durchsetzen konnte. Daraus ergibt sich die Möglichkeit, Keime für spätere krisenhafte Entwicklungen in Ostmitteleuropa zu erkennen und diese zu begründen.

1 Setzen Sie die Bestimmungen des Geheimprotokolls in Beziehung zu den Geschichtskarten. Beurteilen Sie auf dieser Grundlage die Bedeutung des deutsch-sowjetischen Nichtangriffspakts für die Geschichte Europas im 20. Jahrhundert (Q 2, Q 3, D 1, D 2).

2 Beurteilen Sie Churchills Sorgen vor dem Hintergrund der Geschichte zwischen 1939 und 1945. Berücksichtigen Sie dabei die Geschichtskarten sowie die britische Karikatur.

3 Erklären Sie die bis 1988 von der sowjetischen Führung aufrechterhaltene Position, das Geheimprotokoll habe es niemals gegeben, sondern die in den deutschen Archiven aufgefundenen Dokumente seien eine Fälschung.

Q 2

Beiderseitige Interessen

Das geheime Zusatzprotokoll zum deutsch-sowjetischen Nichtangriffspakt vom 23. August 1939, unterzeichnet durch die Außenminister von Ribbentrop und Molotow:

Aus Anlaß der Unterzeichnung des Nichtangriffvertrages zwischen dem Deutschen Reich und der Union der Sozialistischen Sowjetrepubliken haben die unterzeichneten Bevollmächtigten der beiden Teile in streng vertraulicher Aussprache die Frage der Abgrenzung der beiderseitigen Interessensphäre in Osteuropa erörtert. Diese Aussprache hat zu folgendem Ergebnis geführt:

1. Für den Fall einer territorial-politischen Umgestaltung in den zu den baltischen Staaten (Finnland, Estland, Lettland, Litauen) gehörenden Gebieten bildet die nördliche Grenze Litauens zugleich die Grenze der Interessensphären Deutschlands und der UdSSR. Hierbei wird das Interesse Litauens am Wilnaer Gebiet beiderseits anerkannt.

2. Für den Fall einer territorialpolitischen Umgestaltung der zum polnischen Staate gehörenden Gebiete werden die Interessensphären Deutschlands und der UdSSR ungefähr durch die Linie der Flüsse Narew, Weichsel und San abgegrenzt.

Die Frage, ob die beiderseitigen Interessen die Erhaltung eines unabhängigen polnischen Staates erwünscht erscheinen lassen und wie dieser Staat abzugrenzen wäre, kann endgültig erst im Laufe der weiteren politischen Entwicklung geklärt werden.

In jedem Falle werden beide Regierungen diese Frage im Wege einer freundschaftlichen Verständigung lösen.

3. Hinsichtlich des Südostens Europas wird von sowjetischer Seite das Interesse an Bessarabien betont. Von deutscher Seite wird das völlige politische Desinteressement an diesen Gebieten erklärt.

4. Dieses Protokoll wird von beiden Seiten streng geheim behandelt werden.

Wolfgang Lautemann/Manfred Schlenke (Hrsg.), Geschichte in Quellen, Band V: Weltkriege und Revolutionen 1914–1945, München 1961, S. 438 f.

Q 3

Churchills Sorgen

Aus einem Telegramm des Premierministers Winston Churchill an Präsident Harry S. Truman, 11. Mai 1945:

Ich fürchte, dass im Verlauf des russischen Vorrückens durch Deutschland an die Elbe schreckliche Dinge geschehen sind. Das geplante Zurücknehmen des amerikanischen Heeres auf die Besatzungslinien, die mit den Russen und Amerikanern in Quebec vereinbart wurden […], würde bedeuten, dass die Flut der russischen Herrschaft auf einer Frontbreite von 300 oder 400 Meilen 120 Meilen nach vorne brandet. Falls dies geschähe, wäre es eines der melancholischsten Ereignisse der Geschichte. Danach, wenn das Territorium von den Russen besetzt wäre, wäre Polen völlig eingeschlossen und tief im russisch besetzten Land begraben. Die russische Grenze verliefe dann in der Tat vom Nordkap in Norwegen längs der finnisch-schwedischen Grenze, über die Ostsee zu einem Punkt östlich von Lübeck, längs der derzeitig vereinbarten Besatzungslinie und längs der Grenze zwischen Bayern und der Tschechoslowakei zu den Grenzen Österreichs, das nominell unter der Besatzung der vier Mächte steht, und halb durch dieses letztere Land zum Isonzo, hinter dem Tito [jugoslawischer Ministerpräsident] und Rußland alles für sich beanspruchen werden, was nach Osten zu liegt. Somit würden die unter russischer Herrschaft stehenden Territorien die baltischen Provinzen, das gesamte Deutschland bis zur Besatzungslinie, die gesamte Tschechoslowakei, einen großen Teil Österreichs, das ganze Jugoslawien, Ungarn, Rumänien und Bulgarien umschließen, und Griechenland, das sich zur Zeit in einer äußerst schwankenden Lage befindet, berühren. Die russische Herrschaft würde ebenfalls alle großen Hauptstädte Mitteleuropas umfassen, Berlin, Wien, Budapest, Belgrad, Bukarest und Sofia. Die Lage der Türkei und Konstantinopels wird sicherlich sofort zur Diskussion gestellt.

3. Diese Lage bedeutet in der Geschichte Europas einen Vorgang, für den es keine Parallele gibt und der von den Alliierten in ihrem langen und gefährlichen Kampf nicht in Betracht gezogen wurde. Die russischen Forderungen an Deutschland auf Reparationen allein werden so hoch sein, dass Russland die Besatzung beinahe ins Unendliche ausdehnen kann – jedenfalls auf viele Jahre hinaus, während derer Polen zusammen mit vielen anderen Staaten in die ungeheure Zone des unter russischer Herrschaft stehenden Europas eingegliedert werden wird.

Ernst Deuerlein (Hrsg.), Potsdam 1945, München 1963, S. 94 f.

Q 4

Der Eiserne Vorhang

Aus einem Telegramm Churchills an Harry S. Truman, 12. Mai 1945:

Ich bin tief besorgt über die europäische Lage […]. Ich habe immer für die Freundschaft mit den Russen gearbeitet, mache mir aber – genau wie Sie – große Sorgen wegen ihrer fälschlichen Auslegung der Entscheidungen von Jalta, […] wegen der Verbindung zwischen russischer Macht und den Territorien unter ihrer Herrschaft oder Besetzung, verbunden mit der kommunistischen Technik in so vielen Ländern […].

Längs der russischen Front ist ein Eiserner Vorhang niedergegangen. Wir wissen nicht, was dahinter vor sich geht. Es scheint wenig Zweifel daran zu geben, dass die gesamten Gebiete östlich der Linie Lübeck–Triest–Korfu bald vollständig in ihren Händen sein werden. Diesem muss das weitere, enorme Gebiet hinzugefügt werden, das von den amerikanischen Armeen zwischen Eisenach und der Elbe erobert worden ist […]. So wird uns ein breites Band von vielen hundert Meilen russisch besetzten Territoriums von Polen abhalten.

Ernst Deuerlein (Hrsg.), Potsdam 1945, München 1963, S. 96 f.

D 1

Europa im August 1939

D 2

Europa 1949 bis 1989

Osteuropa hinter dem Eisernen Vorhang

Nach dem Zweiten Weltkrieg wurden die Gesellschaften der Ostblockstaaten nach sowjetischem Vorbild umgestaltet. Das ging nicht immer ohne Widerspruch und krisenhafte Entwicklungen vonstatten. Wie reagierten die kommunistischen Machthaber darauf? Wie gelang es ihnen, die Existenz des Ostblocks vier Jahrzehnte lang zu sichern?

In den 1980er-Jahren zeichneten sich in allen Staaten des Ostblocks gravierende politische, wirtschaftliche und gesellschaftliche Probleme ab, die schließlich zu revolutionären Umbrüchen führten. Die Vorgeschichte dieser Entwicklung reicht weit zurück. Der Darstellungsteil zeigt diesen Prozess an prägnanten Beispielen auf und versetzt Sie in die Lage, eigene Deutungsansätze zur Nachkriegsgeschichte Ostmitteleuropas zu entwerfen.

1 Charakterisieren Sie die sowjetische Politik gegenüber den Ländern Ostmitteleuropas nach 1945.

2 Vergleichen Sie Ursachen, Verlauf und Ergebnisse der drei großen Krisen zwischen 1953 und 1968.

3 Überprüfen Sie, in welchem Ausmaß die Ereignisse von 1953, 1956 und 1968 das Potenzial einer Revolution enthalten haben.

4 Beurteilen Sie die Lage in den Ostblockstaaten Anfang der 1980er-Jahre. Nehmen Sie dabei Bezug auf das in Polen entstandene Plakat „Pax Sovietica“ (Q 1).

Die politische Entwicklung hinter dem „Eisernen Vorhang“

In den von der Roten Armee eingenommenen Ländern setzten die sowjetischen Machthaber ihre Herrschaftsansprüche mithilfe der dortigen kommunistischen Parteien um. Zwar wurde versucht, den politischen Umwälzungen einen demokratischen Anstrich zu verleihen, indem etwa die Staaten als „Volksdemokratien“ oder „Volksrepubliken“ bezeichnet wurden, die zentralen politischen Ämter nahmen jedoch fast ausnahmslos Kommunisten ein. Demokratische Kräfte, die eigene Vorstellungen entwickelten, galten als Klassenfeinde. Sie wurden Repressionen ausgesetzt, inhaftiert und verschleppt. Nach sowjetischem Vorbild wurden Polizei, Geheimdienste, Armee, Justiz und Erziehung ausgerichtet und parteihörige Massenorganisationen etabliert. Nach Stalins Tod 1953 erhofften sich viele eine Lockerung der Zustände, denn es hatte den Anschein, dass den Verbündeten bei Diskussionen um den politischen Kurs mehr Mitspracherecht eingeräumt werden würde. Doch an der sowjetischen Vormachtstellung sollte sich nichts ändern. In den zentralen Wirtschafts- und Verteidigungsbündnissen – dem Rat für gegenseitige Wirtschaftshilfe (RGW) und dem Warschauer Pakt – waren die Mitgliedsstaaten bestenfalls Juniorpartner der Sowjetunion.

Die wirtschaftliche Entwicklung des Ostblocks

Die Durchsetzung der kommunistischen Herrschaft ging mit der Umgestaltung der wirtschaftlichen Strukturen nach sowjetischem Vorbild einher. Wichtige Merkmale dafür waren die Verstaatlichung von Industrie und Handel, der Ausbau der Schwerindustrie zulasten der Konsumgüterindustrie sowie die Kollektivierung der Landwirtschaft. Die Zentralverwaltungswirtschaft, die viel zu unflexibel war, um sich an den Märkten zu orientieren, hatte zur Folge, dass viele Waren nicht in ausreichender Menge und oft auch nur in unzureichender Qualität zur Verfügung standen. Die als „sozialistische Errungenschaft“ gefeierte Subventionierung der Grundbedürfnisse wie Grundnahrungsmitteln und Mieten sowie eine am Bedarf vorbeigehende Vollbeschäftigung wogen die Mangelerscheinungen nicht auf.

Aufgrund von Handelsbeschränkungen, geringen ausländischen Investitionen und knappen Devisen hinkten die Ostblockstaaten bald auch technologisch hinter den westlichen Industrienationen her. Zusätzlich wurden die maroden Volkswirtschaften durch den Rüstungswettlauf im Kalten Krieg belastet. Die Rüstungsausgaben verschlangen jährlich ca. 15 Prozent des Bruttoinlandproduktes des Ostblocks und belasteten die öffentlichen Haushalte.

Der 17. Juni 1953 in der DDR

Die politische und wirtschaftliche Entwicklung in den Ostblockstaaten führte zur Unzufriedenheit großer Teile der Bevölkerung. Diese Unzufriedenheit wuchs sich in verschiedenen Fällen zu Krisen aus, die das gesamte System infrage stellten. Ein Beispiel dafür ist der 17. Juni 1953 in der

DDR. Eine Erhöhung der Arbeitsnormen führte Mitte Juni 1953 zu landesweiten Streiks und Demonstrationen. Die Forderungen der streikenden Arbeiter, die schon bald von anderen Bürgern unterstützt wurden, umfassten nicht nur die Rücknahme der Normerhöhungen, sondern auch politische Veränderungen. Demonstrationen in Berlin am 16. Juni mündeten in einen Generalstreik am 17. Juni, der weite Teile des Landes erfasste. Übergriffe auf Funktionsträger des Staates und SED-Funktionäre, Angriffe auf Regierungs- und Parteigebäude, Gefängnisse, Polizei- und Stasi-Einrichtungen bewirkten Auflösungserscheinungen des Staates. Die sowjetische Führung erteilte den Befehl, den Aufstand niederzuschlagen, um ähnlichen Aktionen in Osteuropa vorzubeugen. Der Einsatz von Panzern, die Verhängung des Kriegsrechts und der massive Aufmarsch militärischer Einheiten erstickten den Aufstand binnen weniger Tage. Die Politik der Einschüchterung hatte Erfolg und der noch zuvor von den sowjetischen Genossen kritisierte SED-Chef Walter Ulbricht saß wieder fest im Sattel.

Ungarn im Herbst 1956

Im Februar 1956 rechnete der sowjetische Parteichef Chruschtschow in einer Parteitagsrede mit dem Stalinismus ab und kündigte die Entstalinisierung an. Auch davon ermuntert, forderten im Herbst 1956 ungarische Studenten freie Wahlen, demokratische Freiheiten und Wirtschaftsreformen. Außerdem verlangten sie, den zuvor abgesetzten Reformkommunisten Imre Nagy wieder zum Ministerpräsidenten zu berufen, die stalinistische Regierung abzusetzen und zu bestrafen sowie die sowjetischen Besatzungstruppen abzuziehen. Am 23. Oktober eskalierte der Protest, als in Budapest auf Teilnehmer einer Massendemonstration geschossen wurde. Daraufhin bewaffneten sich Demonstranten mithilfe der Armee. Die Antwort waren einerseits der Aufmarsch sowjetischer Panzer, andererseits die Berufung Nagys zum Ministerpräsidenten. Er verhängte zwar das Kriegsrecht, zeigte aber auch die Bereitschaft, mit den Demonstranten zu verhandeln.

Die revolutionäre Stimmung griff auf das ganze Land über. Obwohl Nagy die Bildung einer demokratischen Mehrparteienregierung, die Auflösung der Geheimpolizei und den Abzug der sowjetischen Truppen ankündigte, ließ sich die Volksbewegung nicht aufhalten. Es wurden Revolutionskomitees, Parteien und Zeitungen gegründet, der antisowjetische Ton verschärfte sich. Ein Abzug stand jedoch für die sowjetische Führung nicht zur Diskussion. Als es bei den bewaffneten Auseinandersetzungen auch zur Lynch-Justiz an ungarischen KP-Mitgliedern kam, wurden sowjetische Truppen nach Ungarn entsandt. Nagy erklärte daraufhin Ungarn für neutral und suchte bei der UNO um Unterstützung nach. Vom 4. bis 7. November währten in Budapest die Kämpfe der Aufständischen mit den sowjetischen Verbänden, 2700 Menschen verloren dabei ihr Leben. Nagy wurde abgesetzt und später inhaftiert. 1958 wurde er als Konterrevolutionär verurteilt und hingerichtet. Demonstrationen wurden ab 1957 unter Androhung der Todesstrafe verboten. Infolge der sowjetischen Intervention und der nachfolgenden Repressionen flohen ca. 200 000 Ungarn ins Exil.

Der „Prager Frühling" 1968

In der Tschechoslowakei wuchs zu Beginn der 1960er-Jahre aufgrund wirtschaftlicher Krisenerscheinungen und des Festhaltens der Machthaber am Stalinismus die Unzufriedenheit in allen Teilen der Bevölkerung. Der Reformkommunist Alexander Dubček wurde zunehmend zum Wortführer derjenigen, die mittels Reformen spürbare Veränderungen der bisherigen Verhältnisse erreichen wollten. Im Januar 1968 wurde er Erster Sekretär der KPČ. Er versprach, ein neues Modell der sozialistischen Demokratie auszuarbeiten und anzuwenden. Ein „Sozialismus mit menschlichem Antlitz" war sein Ziel. Dazu gehörten unter anderem Meinungs-, Presse- und Reisefreiheit. Damit fand er bei der tschechoslowakischen Bevölkerung Zustimmung. Als die tschechoslowakische Regierung begann, ihre Ziele umzusetzen, sprach man im Westen vom „Prager Frühling". Die sowjetische Führung und die anderen sozialistischen Bündnispartner waren hingegen davon überzeugt, dass die KPČ die Konterrevolution vorbereitete. Da politischer Druck nichts ausrichtete, begann in der Nacht vom 20. auf den 21. August 1968 eine Invasion in die ČSSR durch Truppen der Warschauer-Pakt-Staaten. Dubček und Regierungsmitglieder wurden noch am gleichen Tag in Prag verhaftet und später aus ihren Ämtern entfernt. Die neue moskautreue Führung machte alle demokratischen Errungenschaften rückgängig.

Q 1

Polnisches Plakat, Anfang der 1980er-Jahre

Die Materialien zeigen an ausgewählten Beispielen, wie systemkritische Menschen mit den krisenhaften Erscheinungen im Ostblock umgingen und wie die Herrschenden darauf reagierten. Auf dieser Grundlage ist es Ihnen möglich, eine Deutung der politischen Verhältnisse im Ostblock vorzunehmen und entsprechende Werturteile zu formulieren.

1 Charakterisieren Sie die in Q 2 erhobenen Forderungen und beurteilen Sie auf dieser Grundlage die in Q 3 dargestellte Reaktion der DDR-Regierung.

2 Schreiben Sie aus der Perspektive eines Berliner Bauarbeiters, der am Streik teilgenommen hat, einen anonymen Leserbrief als Antwort auf Q 3.

3 Formulieren Sie aus der Perspektive einer in Q 5 abgebildeten Person, was Sie bewogen hat, an der Demonstration teilzunehmen. Beziehen Sie dabei den Verfassertext ein.

4 Halten Sie aus der Perspektive eines tschechoslowakischen Reformpolitikers eine Rede, in der Sie sich mit dem Brief Q 4 auseinandersetzen.

5 Vergleichen Sie Q 6 mit Q 7 und erklären Sie auf dieser Grundlage, wie die Intervention durch Truppen des Warschauer Paktes in Prag 1968 legitimiert wird.

6 Schreiben Sie zwei Tagebucheinträge zur Abbildung Q 8, einmal aus der Sicht eines Prager Demonstranten und einmal aus der Perspektive eines sowjetischen Soldaten.

7 Beurteilen Sie unter Berücksichtigung des Manifests der Charta 77 Handlungsspielräume oppositioneller Gruppen bzw. systemkritischer Bürger im Ostblock (Q 9).

Q 2

Streikforderungen

Telegramm des Streikkomitees Bitterfeld an die DDR-Regierung vom 16.6.1953:

An die sogenannte Deutsche Demokratische Regierung in Berlin-Pankow

Wir Werktätigen des Kreises Bitterfeld fordern von Ihnen:

1. Sofortigen Rücktritt der sogenannten Deutschen Demokratischen Regierung, die sich durch Wahlmanöver an die Macht gebracht hat.

2. Bildung einer provisorischen Regierung aus den fortschrittlichen Werktätigen.

3. Zulassung sämtlicher großer Parteien Westdeutschlands.

4. Freie und geheime direkte Wahlen spätestens in vier Wochen.

5. Freilassung sämtlicher politischer Gefangener (direkt politischer, sogenannter „Wirtschaftsverbrecher“ und konfessionell Verfolgter).

6. Sofortige Abschaffung der Zonengrenzen und Zurückziehung der Volkspolizei.

7. Sofortige Normalisierung des sozialen Lebensstandards.

8. Sofortige Auflösung der sogenannten „National-Armee“.

9. Keine Repressalien gegen auch nur einen Streikenden.

Der Morgen, Beilage vom 16./17.6.1953.

Q 3

Ein Werk von Provokateuren?

Aus einer Bekanntmachung der DDR-Regierung vom 19. Juni 1953:

I. Während die Regierung der Deutschen Demokratischen Republik ihre Anstrengungen darauf richtet, durch neue wichtige Maßnahmen die Lebenshaltung der Bevölkerung zu verbessern, wobei sie ihre besondere Aufmerksamkeit der Verbesserung der Lage der Arbeiterschaft zuwendet, haben käufliche Elemente, und zwar Agenten ausländischer Staaten und ihre Helfershelfer aus Kreisen der deutschen Monopolherren, die Maßnahmen der Regierung zu durchkreuzen versucht. Es wurde festgestellt, daß die Arbeitsniederlegungen, zu denen es gestern in einer Reihe von Betrieben kam, ebenso wie die provokatorischen Ausschreitungen einzelner Gruppen faschistischer Agenten in den Straßen des demokratischen Sektors von Berlin nach einem einheitlichen, in Westberlin hergestellten, für einen bestimmten, im geeigneten Moment vorgesehenen Plan durchgeführt wurden. Die Exzesse endeten mit dem vollen Zusammenbruch des angezettelten Abenteuers, da sie auf den Widerstand großer Teile der Bevölkerung und der Machtorgane stießen. In den Betrieben wird die normale Arbeit wieder aufgenommen. Auf den Straßen wird die Ordnung aufrechterhalten. Keinerlei Ausschreitungen von Provokateuren und kriminellen Elementen werden geduldet werden. Gescheitert sind die schändlichen Versuche der ausländischen Agenten, die wichtigen, auf die Verbesserung der Lebenslage der Bevölkerung gerichteten Maßnahmen der Regierung zu stören. Gescheitert ist der Versuch, Verwirrung zu säen, um der Herstellung der Einheit Deutschlands neue Hindernisse in den Weg zu legen. Die Regierung der Deutschen Demokratischen Republik wird entscheidende Maßnahmen ergreifen, um die an den Ausschreitungen Schuldigen strenger Bestrafung zuzuführen. Provokateure können nicht auf Milde rechnen.

II. Maßnahmen der Regierung der Deutschen Demokratischen Republik zur Verbesserung der Lage der Bevölkerung sind von faschistischen und anderen reaktionären Elementen in Westberlin mit Provokationen und schweren Störungen der Ordnung im demokratischen Sektor von Berlin beantwortet worden. Diese Provokationen sollen die Herstellung der Einheit Deutschlands erschweren. Der Anlaß für die Arbeitsniederlegung der Bauarbeiter in Berlin ist durch den gestrigen Beschluß in der Normenfrage fortgefallen. Die Unruhen, zu denen es danach gekommen ist, sind das Werk von Provokateuren und faschistischen Agenten ausländischer Mächte und ihrer Helfershelfer aus deutschen kapitalistischen Monopolen. Diese Kräfte sind mit der demokratischen Macht in der Deutschen Demokratischen Republik, die die Verbesserung der Lage der Bevölkerung organisiert, unzufrieden. […]

IV. Der Beschluß der Regierung über die Erhöhung der Arbeitsnormen vom 28. Mai 1953 ist aufgehoben. Die einzelnen Ministerien sind mit der Durchführung dieser Maßnahme beauftragt.

Otto Grotewohl, Ministerpräsident

Tägliche Rundschau vom 19. Juni 1953, zit. nach: Europa-Archiv, Folge 14–15/1953, S. 5836.

Q 5

Demonstration vor dem Rathaus Berlin-Schöneberg, 10. November 1956

Q 4

Die Breschnew-Doktrin

Am 15. Juli 1968, einen Monat vor Einmarsch von Warschauer-Pakt-Truppen in die ČSSR, richten die Staats- und Parteichefs der Sowjetunion, Polens, der DDR, Bulgariens und Ungarns einen Brief an das Zentralkomitee (ZK) der KPČ:

Es war und ist nicht unsere Absicht, uns in solche Angelegenheiten einzumischen, die ausgesprochen innere Angelegenheiten Ihrer Partei und Ihres Staates sind. Es war und ist nicht unsere Absicht, gegen die Prinzipien der Respektierung der Selbständigkeit und Gleichheit in den Beziehungen zwischen den kommunistischen Parteien und den sozialistischen Länder zu verstoßen. […] Wir können jedoch nicht damit einverstanden sein, dass feindliche Kräfte Ihr Land vom Weg des Sozialismus stoßen und die Gefahr der Lostrennung der Tschechoslowakei von der sozialistischen Gemeinschaft heraufbeschwören. Das sind nicht mehr nur Ihre Angelegenheiten. Das sind die gemeinsamen Angelegenheiten aller kommunistischen und Arbeiterparteien und aller durch Bündnis, durch Zusammenarbeit und Freundschaft vereinten Staaten. Das sind die gemeinsamen Angelegenheiten unserer Staaten, die sich im Warschauer Vertrag vereinigt haben, um ihre Unabhängigkeit, den Frieden und die Sicherheit in Europa zu gewährleisten, um eine unüberwindliche Schranke gegen die imperialistischen Kräfte der Aggression und der Revanche aufzurichten.

Dokumente der Sozialistischen Einheitspartei Deutschlands, Bd. 12, Berlin 1971, S. 91.

Q 6

Das Ende des Prager Frühlings

Aus einer Rundfunkmeldung des Senders Radio Prag vom 21. August 1968:

Gestern, am 20. August gegen 23 Uhr, überschritten Einheiten der Sowjetunion, der Polnischen Volksrepublik, der Deutschen Demokratischen Republik [entspricht nicht den Tatsachen, die DDR-Truppen blieben jenseits der Grenze], der Volksrepublik Ungarn und der Volksrepublik Bulgarien die Grenzen der Tschechoslowakischen Sozialistischen Republik. Es geschah ohne das Wissen des Präsidenten der Republik, des Präsidenten der Nationalversammlung, des Regierungschefs sowie des Ersten Sekretärs des Zentralkomitees der KPČ und der zuständigen Organe. […] Das Präsidium des ZK der KPČ fordert alle Bürger auf, Ruhe zu bewahren und den Einheiten keinen Widerstand zu leisten. Deshalb haben auch die Einheiten der Armee und der Volksmiliz keinen Befehl zum Widerstand erhalten. Das ZK der KPČ betrachtet diesen Akt als Verletzung der fundamentalen Prinzipien der Beziehungen zwischen sozialistischen Staaten und der Prinzipien des Völkerrechts. Alle Funktionäre der KPČ verbleiben in ihren Funktionen, in die sie durch die gültigen Gesetze gewählt worden sind. […]

Weltgeschehen. Dokumentarische Berichte und Chronik in Vierteljahresbänden, München 1968, S. 317.

Q 7

Hilfe mit Streitkräften?

Aus einer Erklärung der sowjetischen Nachrichtenagentur TASS vom 21. August 1968:

TASS ist bevollmächtigt, Folgendes zu erklären: Partei- und Staatsfunktionäre der ČSSR haben sich an die Sowjetunion und andere Bündnisstaaten mit der Bitte gewandt, dem tschechoslowakischen Brudervolk dringend Hilfe zu erweisen, einschließlich der Hilfe mit Streitkräften. Diese Bitte ist auf die Gefahr zurückzuführen, die der in der ČSSR bestehenden sozialistischen Ordnung und der auf der Verfassung basierenden Staatlichkeit von Seiten der konterrevolutionären Kräfte droht, die mit den dem Sozialismus feindlichen Kräften ein Komplott eingegangen sind. Die Ereignisse in der ČSSR und außerhalb ihrer Grenzen waren wiederholt Gegenstand des Meinungsaustausches von führenden Repräsentanten der sozialistischen Bruderländer, einschließlich der Leiter der ČSSR. Diese Länder sind sich darin einig, dass die Unterstützung, die Festigung und die Verteidigung der sozialistischen Errungenschaften der Völker gemeinsame internationale Pflicht aller sozialistischen Staaten ist. […] Die Bedrohung der sozialistischen Ordnung in der Tschechoslowakei ist zugleich eine Bedrohung des europäischen Friedens. Die Sowjetregierung und die Regierungen der Bündnisstaaten: der VR [Volksrepublik] Bulgarien, der Ungarischen VR, der DDR, der Polnischen VR haben, ausgehend von den Prinzipien der unverbrüchlichen Freundschaft und Zusammenarbeit und auf Grund der bestehenden vertraglichen Verpflichtungen, beschlossen, der erwähnten Bitte um die erforderliche Hilfe für das tschechoslowakische Brudervolk nachzukommen. Dieser Beschluss entspricht voll und ganz dem Recht der Staaten auf individuelle und kollektive Selbstverteidigung, das in Bündnisverträgen, die zwischen den sozialistischen Bruderländern bestehen, verankert ist. Dieser Beschluss entspricht auch den ureigensten Interessen unserer Länder bei der Verteidigung des europäischen

Q 8

Sowjetische Panzer in der Innenstadt von Prag treffen auf Demonstranten

Friedens gegen die Kräfte des Militarismus, der Aggression und der Revanche, die die europäischen Völker wiederholt in Kriege stürzten. Sowjetische Truppeneinheiten sind zusammen mit Truppeneinheiten der genannten Bündnisländer am 21. August in der Tschechoslowakei einmarschiert. Sie werden unverzüglich aus der ČSSR weggeführt, sobald die entstandene Gefahr für die Errungenschaften des Sozialismus in der Tschechoslowakei und die Gefahr für die Sicherheit der Länder der sozialistischen Gemeinschaft behoben ist und die legitime Regierung die weitere Stationierung dieser Truppenteile für nicht mehr erforderlich hält. […]

Weltgeschehen. Dokumentarische Berichte und Chronik in Vierteljahresbänden, München 1968, S. 318.

Q 9

Dissidenten – die Charta 77

Das Manifest der tschechoslowakischen Bürgerrechtsbewegung Charta 77 vom 1. Januar 1977, zu deren Unterzeichnern der Schriftsteller Václav Havel gehört, benennt folgende Ziele:

Manche Bürger weisen – sei privat, am Arbeitsplatz oder öffentlich, was praktisch nur in ausländischen Kommunikationsmitteln möglich ist – auf die systematische Verletzung der Menschenrechte und der demokratischen Freiheiten hin und fordern in konkreten Fällen Abhilfe; ihre Stimme findet jedoch meist keinen Widerhall, oder sie werden zum Gegenstand von Ermittlungen.

Die Verantwortung für die Einhaltung der Bürgerrechte im Lande obliegt selbstverständlich vor allem der politischen und staatlichen Macht. Aber nicht nur ihr. Jeder trägt sein Teil Verantwortung für die allgemeinen Verhältnisse und somit auch für die Einhaltung kodifizierter Pakte, die dazu übrigens nicht nur Regierungen, sondern alle Bürger verpflichten. Das Gefühl dieser Mitmenschlichkeit, der Glaube an den Sinn bürgerlichen Engagements und der Wille dazu sowie das gemeinsame Bedürfnis, dafür einen neuen wirksameren Ausdruck zu finden, hat uns auf den Gedanken gebracht, Charta 77 zu bilden, deren Entstehung wir heute öffentlich anzeigen.

Charta 77 ist eine freie, informelle und offene Gemeinschaft von Menschen verschiedener Überzeugungen, verschiedener Religionen und verschiedener Berufe, verbunden durch den Willen, sich einzeln und gemeinsam für die Respektierung der Bürger- und der Menschenrechte in unserem Land und in der Welt einzusetzen – jener Rechte, die dem Menschen von beiden kodifizierten internationalen Pakten, von der Abschlussakte der Konferenz in Helsinki, von zahlreichen weiteren internationalen Dokumenten gegen Krieg, Gewaltanwendung und soziale und geistige Unterdrückung zugestanden werden und die zusammenfassend von der „Allgemeinen Erklärung der Menschenrechte" der UN zum Ausdruck gebracht werden.

Charta 77 fußt auf dem Boden der Solidarität und Freundschaft von Menschen, die von der gemeinsamen Sorge um das Geschick der Ideale bewegt werden, mit denen sie ihr Leben und ihre Arbeit verbunden haben und verbinden.

Charta 77 ist keine Organisation, hat keine Statuten, keine ständigen Organe und keine organisatorisch bedingte Mitgliedschaft. Ihr gehört jeder an, der ihrer Idee zustimmt, an ihrer Arbeit teilnimmt und sie unterstützt.

Charta 77 ist keine Basis für oppositionelle politische Tätigkeit. Sie will dem Gemeininteresse dienen wie viele ähnliche Bürgerinitiativen in verschiedenen Ländern des Westens und des Ostens. Sie will also nicht eigene Programme politischer oder gesellschaftlicher Reformen oder Veränderungen aufstellen, sondern in ihrem Wirkungsbereich einen konstruktiven Dialog mit der politischen und staatlichen Macht führen, insbesondere dadurch, dass sie auf verschiedene konkrete Fälle von Verletzung der Menschen- und Bürgerrechte hinweist, deren Dokumentation vorbereitet, Lösungen vorschlägt, verschiedene allgemeine Vorschläge unterbreitet, die auf Vertiefung dieser Rechte und ihrer Garantien abzielen, und als Vermittler in anfallenden Konfliktsituationen wirkt, die durch Widerrechtlichkeit verursacht werden können.

Durch ihren symbolischen Namen betont Charta 77, dass sie an der Schwelle eines Jahres entsteht, das zum Jahr der Rechte politischer Gefangener erklärt wurde und in dessen Verlauf die Belgrader Konferenz die Erfüllung der Verpflichtungen von Helsinki prüfen soll. […]

Europa-Archiv, 1977, D 355 ff., in: Curt Gasteyger, Europa von der Spaltung zur Einigung, Bonn 2001, S. 331 f.

ZUSAMMENFASSENDE AUFGABEN

I Ordnen Sie die Krisen im Ostblock und die Bewältigungsstrategien in die Aussagen des Kernmoduls auf S. 17 ein und zeichnen Sie eine entsprechende vereinfachte Verlaufsskizze.

II Recherchieren Sie die Lebensläufe von Imre Nagy, Alexander Dubček sowie Václav Havels und schreiben Sie jeweils eine Kurzbiografie.

„Strajk!" – Polen in den 1980er-Jahren

Noch bevor im November 1989 in Berlin die Mauer fiel, hatte in der benachbarten Volksrepublik Polen ein nichtkommunistischer Ministerpräsident sein Amt angetreten. Was hatte sich dort abgespielt, dass es zu einem derartigen Umbruch kommen konnte?

Der Darstellungsteil gibt Ihnen einen Überblick über die politischen, wirtschaftlichen und gesellschaftlichen Entwicklungen in Polen bis 1989, die sich in den jahrelangen Auseinandersetzungen zwischen der sozialistischen Staats- und Parteiführung und der unabhängigen Gewerkschaft Solidarność widerspiegeln. Auf dieser Grundlage können Sie Ursachen und Folgen der polnischen Dauerkrise analysieren und bewerten.

1 Analysieren Sie die Entwicklung Polens bis 1989.
2 Interpretieren Sie die Grafik Q 1.
3 Beurteilen Sie die Entscheidung der polnischen Staatsführung, mit der Opposition ab 1988 Gespräche zu führen, die zur Bildung des Runden Tisches und den ersten (halb)freien Wahlen geführt haben.
4 Verfassen Sie aus der Perspektive eines westlichen Korrespondenten einen Leitartikel zu den Präsidentschaftswahlen in Polen im Dezember 1990.

Die Folgen des Zweiten Weltkriegs

Der Weltkrieg hatte das Land verheert. Circa sechs Millionen Polen – darunter schätzungsweise 2,7 Millionen Juden – hatten ihre Leben verloren: ein Fünftel der polnischen Vorkriegsbevölkerung. Große Teile der Infrastruktur waren zerstört. Warschau war von Wehrmacht und SS als Vergeltung für den Aufstand der polnischen Untergrundarmee im August 1944 teilweise dem Erdboden gleichgemacht worden. Auch nach Kriegsende hatte das Leid der Polen kein Ende. Im Zuge der auf der Potsdamer Konferenz beschlossenen Westverschiebung Polens wurde die polnische Bevölkerung aus den nun der Sowjetunion zugeschlagenen Gebieten vertrieben. Nach dem deutschen Überfall hatten Polen in Paris eine Exilregierung gebildet, die ab 1940 in London residierte. Dessen ungeachtet wurde mit sowjetischer Hilfe 1945 eine von Kommunisten dominierte „Provisorische Regierung" eingesetzt. Der Polnischen Vereinigten Arbeiterpartei (PVAP) ordneten sich die anderen Parteien unter. Die Exilregierung bestand zwar bis 1990 weiter, wurde aber ohne internationale Anerkennung bedeutungslos.

Wirtschaftskrisen und Streikbewegungen bis 1976

Die Verstaatlichung der Industrie und ihre Ausrichtung nach den Vorgaben der sozialistischen Wirtschaftsplanung führten zu einer chronischen Unterversorgung mit Lebensmitteln und Konsumgütern. 1956 kam es in Poznan (Posen) zu Arbeiterunruhen, die sich aus Protesten gegen zu niedrige Löhne, zu hohe Preise und schlechte Arbeitsbedingungen entwickelten. Auch eine Lockerung des politischen Systems wurde gefordert. Der Protest wurde jedoch blutig niedergeschlagen.

Im März 1968 kam es in den Universitätsstädten zu Studentenunruhen. Ausgelöst durch die Absetzung eines kritischen Theaterstückes, antisemitische Tendenzen in der Kommunistischen Partei und mit Blick auf den „Pager Frühling" (vgl. S. 99) forderten Studenten und Akademiker eine weitreichende Liberalisierung des Landes. Doch sämtliche Forderungen nach Reformen wurden im Keim erstickt. Tausende Menschen verließen das Land. Ende 1970 sorgte eine drastische Erhöhung der Lebensmittelpreise landesweit für Streiks und gewalttätige Auseinandersetzungen. Der Ruf nach unabhängigen Gewerkschaften und Pressefreiheit wurde laut. 1976, als es wiederum wegen Preiserhöhungen zu Streiks kam, gründete sich das „Komitee zur Verteidigung der Arbeiter" (KOR), das die Monopolstellung der staatlichen Gewerkschaft ablehnte.

Solidarność

Die wirtschaftliche Krise Polens verschärfte sich 1979/80. Da die Auslandsverschuldung binnen zehn Jahren von 1,2 Milliarden auf 24,1 Milliarden US-Dollar angestiegen war, Investitionen jedoch ausgeblieben waren, drohte Polen die Zahlungsunfähigkeit. Das Wirtschaftswachstum war von 9,8 % auf 3,5 % gefallen, Verbrauch und Nachfrage der kontinuierlich wachsenden Bevölkerung jedoch gestiegen. Teuerung und Verknappung waren die Folgen, stundenlanges Schlangestehen vor vielen Läden wurde zur Alltagserfahrung. Am

1. Juli 1980 löste die Erhöhung der Fleischpreise landesweit Streiks und Demonstrationen aus. Als eine KOR-Aktivistin auf der Danziger Leninwerft entlassen wurde, bekundete die Belegschaft ihre Solidarität und dehnte den Ausstand aus. Zur Symbolfigur dieses Streiks wurde der Elektriker Lech Wałesa, der Leiter des überbetrieblichen Streikkomitees. Die Streikenden forderten nicht nur die Wiedereinstellung der entlassenen Kollegin, sondern darüber hinaus die Zulassung einer unabhängigen Gewerkschaft, Meinungsfreiheit, Streikrecht, Aufhebung der Privilegien für Funktionäre, die Rehabilitierung politisch Verfolgter sowie den Zugang der katholischen Kirche zu den Medien. Das Angebot der Regierung, gegen höhere Löhne auf weitere Forderungen zu verzichten, lehnten sie ab.

Aus dem Bündnis oppositioneller Kräfte formierte sich die Gewerkschaft Solidarność (dt. „Solidarität"). Über 700 000 Menschen beteiligten sich nun am landesweiten Streik. Erst am 30. August 1980 wurde der Ausstand beendet, nachdem die Regierung im „Danziger Abkommen" die Solidarność anerkannt hatte. Das löste unter den kommunistischen Verbündeten Unruhe aus. Auf Betreiben Moskaus wurde der polnische Parteichef Gierek durch General Jaruzelski abgelöst. Eine militärische Intervention, wie sie von Erich Honecker gefordert wurde, blieb allerdings aus. Nach erneuten Warnstreiks der Solidarność verhängte Jaruzelski am 13. Dezember 1981 das Kriegsrecht und verbot die Gewerkschaft, die mittlerweile über 10 Millionen Mitglieder hatte. Führende Gewerkschaftler und Oppositionelle wurden interniert. Das Kriegsrecht galt bis zum Juli 1983. In dieser Zeit verlagerte die Solidarność ihre Tätigkeit in den Untergrund. Diese Umstände führten dazu, dass die Mitgliederzahl der Gewerkschaft in den Jahren bis 1988 auf zwei Millionen zurückging. Welch große internationale Aufmerksamkeit und Anerkennung der Freiheitskampf der Polen erfuhr, wird auch daran deutlich, dass Wałesa 1983 der Friedensnobelpreis verliehen wurde, den er allerdings in Oslo nicht persönlich entgegennehmen durfte. Er und andere Führungspersönlichkeiten der Solidarność mussten jedoch 1982 freigelassen werden und 1986 wurden 250 politische Gefangene amnestiert.

Die Rolle der katholischen Kirche

Seit jeher war die katholische Kirche in Polen fest verankert. Vielen galt sie als moralisches Gegengewicht zur staatlichen Autorität. Diese Ausstrahlung erhöhte sich noch, als 1978 der Erzbischof von Krakau, Karol Wojtyła, zum Papst gewählt wurde. Seine Besuche in Polen 1979, 1983 und 1987 wurden nicht nur aus religiösen Gründen gefeiert, sondern waren auch politische Demonstrationen des sich neu entfachenden Nationalstolzes.

Die Amtsträger der Kirche traten nicht nur als Vermittler zwischen Opposition und Staat auf, sondern einzelne Geistliche standen der Solidarność sehr nahe. Die Verschleppung und Ermordung des Geistlichen Jerzy Popiełuszko im Oktober 1984 durch den polnischen Geheimdienst löste eine Welle der Empörung aus.

Von der Volksrepublik zur Republik Polen

Die marode Wirtschaft führte zum weiteren Anwachsen der Auslandsverschuldung und Inflation. Die Politik der kostenintensiven Subventionierung der Landwirtschaft, der Lebensmittelpreise, der Mieten und öffentlicher Einrichtungen verschärfte die Lage zusätzlich. Versuche, mit marktwirtschaftlichen Maßnahmen die Probleme zu lösen, scheiterten und brachten erneute Preiserhöhungen. Eine Streikwelle im August 1988 machte die tiefe Krise deutlich. Die Regierung Rakowski sah sich gezwungen, mit der Solidarność unter Wałesas Führung Verhandlungen aufzunehmen. Sie drehten sich zunächst nur um wirtschaftliche Probleme. Doch im Februar 1989 begannen unter Vermittlung der Kirche die Gespräche am Runden Tisch. Sie betrafen nunmehr alle zentralen Fragen der polnischen Gesellschaft. Die Eliten aus Regierung und Opposition verständigten sich unter anderem über das Maß der Preissteigerungen, die Zulassung der Solidarność und die Frage der Machtverteilung. Für die Wahlen zum neugeschaffenen Zweikammern-Parlament aus Sejm und Senat wurde vereinbart, dass 35 Prozent der Sejm- und alle 100 Senatsmandate in freien Wahlen bestimmt werden sollten. Diese Sitze fielen nahezu vollständig an die Kandidaten der Solidarność. Mit nur einer Stimme Mehrheit wurde im Juli 1989 Jaruzelski zum Präsidenten gewählt. Am 24. August 1989 wählte die Mehrheit von Abgeordneten aus Solidarność, Bauernpartei und Demokratischer Partei den Solidarność-Berater Tadeusz Mazowiecki zum ersten nichtkommunistischen Ministerpräsidenten nach 1945.

Bereits Ende 1989 vollzog sich der endgültige Bruch mit der einstmaligen Staatsform. Die Regierung Mazowiecki drängte auf eine rasche Annäherung an den Westen. Deshalb traten ab dem 1. Januar 1990 umfassende Reformen in Kraft, die die Planwirtschaft zu einer liberalen Marktwirtschaft umgestalteten. Wałesas Wahl zum Staatspräsidenten im Dezember 1990 setzte den Schlusspunkt unter die Abkehr Polens vom Sozialismus.

Q 1

Die „Solidarność" als weiterer Wendepunkt in der Geschichte der polnischen Volksrepublik, Plakat von W. Bielecki, 1980

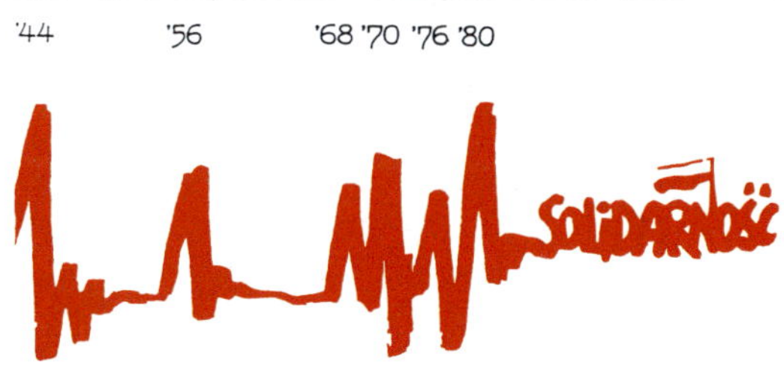

Ausgehend von der Stimmung in der Gesellschaft (Q 2) können Sie die Standpunkte der beiden politischen Kraftfelder, Regierung und Solidarność, analysieren und bewerten (Q 3, Q 5). Das Verhältnis von Gesellschaft und Kirche ist anhand der Fotografie (Q 7) und den Predigtauszügen Popiełuszkos (Q 6) zu untersuchen. Der Artikelauszug (Q 8) soll Ihnen ermöglichen, die innenpolitische Entwicklung 1989 zu beurteilen. Abschließend können Sie ein Sach- und Werturteil über die Bedeutung der Solidarność fällen.

1 Beschreiben Sie, welche Stimmung in Q 2 und Q 4 zum Ausdruck kommen.
2 Überprüfen Sie anhand des Aktionsprogramms, in welcher Weise auf die Krisen in Polen reagiert wird (Q 3).
3 Jaruzelski zitiert am Ende seiner Ansprache die ersten Verse der polnischen Nationalhymne. Erläutern Sie seine Strategie, die Ausrufung des Kriegsrechts zu legitimieren (Q 5).
4 Kommentieren Sie die Rolle der katholischen Kirche in Polen (Q 6, Q 7).
5 Analysieren Sie ausgehend von Michniks Artikel (Q 8) die innenpolitische Entwicklung im Jahr 1989 hinsichtlich der im Kernmodul erarbeiteten Theorien über krisenhafte Umbrüche.
6 Der französische Historiker Pierre Nora spricht von symbolkräftigen „Erinnerungsorten", die für Gemeinschaften eine identitätsstiftende Funktion haben. Sie lassen sich an Gedenkfeiern, Denkmälern, Mythen, Ritualen, Persönlichkeiten, Orten, Gegenständen und Ereignissen festmachen. Erörtern Sie, inwieweit dieses für die Solidarność zutrifft (D 1).

Q 2

Befreiendes Lachen?

In den 1980er-Jahren kursierte in Polen folgender Witz:

In Warschau betritt der Kunde den leeren Fleischladen. Er fragt die beiden Verkäufer: „Haben Sie Schweinefleisch?" – „Haben wir nicht." – „Haben Sie Rindfleisch?" – „Nein." – „Haben Sie Kalbfleisch?" – „Nein." – „Haben Sie Hühnerfleisch?" – „Nein." – „Haben Sie Bockwurst?" – „Nein." – „Haben Sie Hartwurst?" – „Nein." – Der Kunde gibt auf und verlässt enttäuscht den Laden. Der eine Verkäufer sagt zum anderen: „Der Mann hat aber ein tolles Gedächtnis!"

György Dalos, Der Vorhang geht auf. Das Ende der Diktaturen in Osteuropa, Bearbeiterin: Elsbeth Zylla; Originalrechte © C.H. Beck 2009, Bonn 2009, S. 34.

Q 3

Die Forderungen von Solidarność

Aus dem Aktionsprogramm der Gewerkschaft, das am 17. April 1981 nach den ersten Streikwellen veröffentlicht wird:

Unsere Gewerkschaft ist erst vor sechs Monaten als Ergebnis des vom ganzen Land unterstützten Kampfes der Arbeiter gegründet worden. Heute sind wir eine große gesellschaftliche Kraft, die viele Millionen Mitglieder umfaßt. Dank dieser Ereignisse ist die gesamte Arbeitswelt in Polen endlich in der Lage, würdige und wirksame Aktionen für ihre gemeinsame Sache zu unternehmen. Wir sind aus dem Protest gegen Unrecht, Erniedrigung und Ungerechtigkeit entstanden. Wir sind eine unabhängige, selbstverwaltende Gewerkschaft der Werktätigen aus allen Regionen und allen Berufen. Wir verteidigen die Rechte, die Würde und die Interessen der gesamten Arbeitswelt. Wir wollen das Leben in unserem Land in Übereinstimmung mit den Idealen des Patriotismus, der sozialen Gerechtigkeit und der Bürgerdemokratie formen.

Als eine Gewerkschaft hegen wir nicht die Absicht, die Aufgaben der Staatsgewalt zu übernehmen, doch wollen wir die Interessen der Werktätigen vor dieser vertreten. Daher werden wir die Rechte des Menschen, des Bürgers und des Arbeiters verteidigen. Zugleich entziehen wir uns nicht der Verantwortung für das Schicksal unserer Nation und unseres Staates. […] Die besten Traditionen der Nation, die ethischen Prinzipien des Christentums, der politische Auftrag der Demokratie und die sozialistische Gesellschaftsidee – dies sind die vier Hauptquellen unserer Inspiration.

[…]

II. Politische Ursachen der Krise

Wir alle müssen die Wirtschaftskrise, die eine Katastrophe für uns zu werden droht, gemeinsam überwinden. Wir werden dies jedoch nicht erreichen, wenn wir ihre politisch-sozialen Ursachen nicht aufdecken und beseitigen. Zu den Gründen der Krise gehören das Verschwinden demokratischer Institutionen und der sich daraus ergebende tiefe Riss zwischen der Gesellschaft und dem Machtapparat im gegenwärtigen System des öffentlichen Lebens. Zur Krise führten auch falsche doktrinäre Konzepte und Entscheidungen […].

1. Der vorherrschende Zug dieses Systems ist das Fehlen demokratischer Mechanismen zur Entscheidungsfindung, von Verantwortung für getroffene Entscheidungen und von Wechsel bei Leuten in führenden Positionen. Entscheidungen, die die ganze Gemeinschaft betreffen, werden von Partei- und Verwaltungsgremien getroffen, die keiner gesellschaftlichen Kontrolle unterliegen. […]

2. Die bürokratischen Regierungsmethoden machen es unmöglich, Irrtümer zu berichtigen. Oft ist es unmöglich, selbst in Andeutungen auf die katastrophalen Folgen einer falschen Entscheidung hinzuweisen. Dies vereitelt vor allem die Zensur und die

ausgebauten Regeln der Staats-, Wirtschafts- und Dienstgeheimnisse, doch auch das ganze System, das gezielt alle Versuche bekämpft, alternative Programme oder unabhängige Bewertungen und Analysen auszuarbeiten. […] Dies führt zu Verlusten von Hunderten von Milliarden Zloty.

3. Im bürokratischen System der Regierung des Landes und der Leitung der Wirtschaft hat sich eine exklusive Schicht von Herrschenden etabliert, die keiner Kontrolle vonseiten der Beherrschten unterliegen. Die Leute im Machtapparat treffen Entscheidungen eher im Hinblick auf ihre eigenen Interessen, ihre materiellen Privilegien und ihre Karriere als im Hinblick auf die Interessen der Gesellschaft. […]

Aus all dem folgt ein wichtiger Schluss: Eine Wirtschaftsreform in Polen kann nicht gelingen und die erhofften Ergebnisse in Wirtschaft und Gesellschaft bringen, wenn nicht gleichzeitig eine tief greifende Reform des Regierungssystems unternommen wird, die die Ursachen der im soziopolitischen System wurzelnden Krisen beseitigt und Garantien dafür gibt, daß das alte System nicht wiederkehrt. […]

„Solidarität" ist der Hauptgarant für den Prozeß der Erneuerung. Es gibt in Polen keine andere gesellschaftliche Kraft, die in der Lage wäre, „Solidarität" bei dieser Aufgabe zu ersetzen. Beim Fortschreiten auf dem Weg der Erneuerung müssen wir entschlossen und bereit sein, Opfer zu bringen. Entweder wird „Solidarität" ihre soziale Umgebung verändern, oder das jetzige System wird seine Normen und Ziele durchsetzen, unsere Anstrengungen lähmen und uns schließlich verschlingen und unsere Hoffnungen auf eine Wiedergeburt vernichten.

Es gibt keine Umkehr von dem Weg unserer Wahl. Wir können nur vorwärts gehen, zur vollen Erneuerung unseres Landes.

Europa-Archiv, 17/1981, D 460ff.

Q 4

Lech Wałesa nach der Übergabe der Gründungsdokumente der Solidarność bei Gericht, neben ihm Tadeusz Mazowiecki, 27. Oktober 1980

Q 5

Kriegsrecht in Polen

Aus der Rundfunk- und Fernsehansprache des Staatsratsvorsitzenden, Armeegeneral Wojciech Jaruzelski, anlässlich der Verhängung des Kriegsrechts, 13. Dezember 1981:

Unser Vaterland steht vor dem Abgrund. […] Die staatlichen Strukturen sind funktionsunfähig geworden. […] Die Lebensbedingungen bedrücken die Menschen immer mehr. […] Streiks, Streikbereitschaft und Protestaktionen sind zur Norm geworden. […] Chaos und Demoralisierung haben das Ausmaß einer Katastrophe angenommen. […]

Die mir in diesem dramatischen Augenblick der polnischen Geschichte zufallende Last der Verantwortung ist groß. Es ist meine Pflicht, diese Verantwortung zu übernehmen. Es geht um die Zukunft Polens […]. Wir streben keinen Militärputsch, keine Militärdiktatur an. Das Volk besitzt genügend Kraft und Weisheit, um ein leistungsfähiges und demokratisches sozialistisches Regierungssystem zu entwickeln. […] Der Militärrat der Nationalen Rettung ersetzt nicht die verfassungsmäßigen Machtorgane. Seine einzige Aufgabe ist der Schutz der Rechtsordnung im Staate, die Schaffung von exekutiven Garantien, die die Wiederherstellung von Ordnung und Disziplin ermöglichen werden. Das ist der letzte Weg, um damit anzufangen, das Land aus der Krise zu führen, den Staat vor dem Zerfall zu retten. […]

Im Namen des nationalen Interesses ist vorbeugend die Internierung einer Gruppe von Personen vollzogen worden, die die Sicherheit des Staates bedrohen. In dieser Gruppe befinden sich extremistische Funktionäre der „Solidarität" sowie von illegalen staatsfeindlichen Organisationen. […] Wir werden das polnische Leben konsequent von allen Übeln säubern, ohne Rücksicht darauf, wo sie entstehen. […]

Bürgerinnen und Bürger! So wie es keine Abkehr vom Sozialismus gibt, gibt es auch keine Rückkehr zu den fehlerhaften Methoden und Praktiken vor dem August 1980. Die heute unternommenen Schritte dienen der

Aufrechterhaltung der grundsätzlichen Voraussetzungen der sozialistischen Erneuerung. Alle bedeutsamen Reformen werden unter den Bedingungen der Ordnung, der sachlichen Diskussion und Disziplin fortgesetzt. Das bezieht sich ebenfalls auf die Wirtschaftsreform. […] Eines möchte ich erreichen: Ruhe. Das ist die Grundbedingung, von der eine bessere Zukunft anfangen sollte. Wir sind ein souveränes Land. Aus dieser Krise müssen wir also mit eigenen Kräften herauskommen. […]

Landsleute! Vor dem ganzen polnischen Volk und vor der ganzen Welt möchte ich die unsterblichen Worte wiederholen: Noch ist Polen nicht verloren, solange wir noch leben.

Europa-Archiv 4/1982, D 126 ff.

Q 6

Kirche und Solidarność

Auszüge aus den Predigten von Jerzy Popiełuszko. Der letzte Auszug entstammt seiner Predigt am Tag seiner Entführung und Ermordung am 19. Oktober 1984:

Deinem Kreuz fügen wir das Kreuz der Arbeitswelt hinzu. Wir fügen hinzu das Kreuz unseres Vaterlandes, in dem es keine Freiheit und keine Gerechtigkeit gibt, in dem die Ideale, welche in den Zielen der „Solidarność“ enthalten waren, zerstört und mit Füßen getreten werden. […]

Kämpfe nicht gegen die Gewalt. Gewalt ist ein Zeichen von Schwäche, nicht von Kraft. Eine Idee, die Waffen braucht, um am Leben zu bleiben, stirbt rasch ab. Eine Idee, die nur durch Anwendung von Gewalt aufrechterhalten bleibt, ist entstellt. Einer Idee, die lebensfähig ist, folgen spontan Millionen Menschen. […]

Damit Frieden und Ruhe im Vaterland herrschen, muß alles beseitigt werden, was vom Volk als gesellschaftliches Unrecht empfunden wird. Gerechtigkeit auszuüben und nach Gerechtigkeit zu rufen, dazu sind alle, ohne Ausnahme, verpflichtet. Oft ist es unsere moralische Passivität, die das Unrecht ermuntert. […]

Trotz der schmerzhaften Erfahrungen der letzten Monate ist das Volk weiterhin zu opfervoller Arbeit zum Wohle seiner Heimat bereit. Einer solchen Aufgabe kann sich nur ein Volk annehmen, das sich nicht wie in einem organisierten Gefängnis fühlt. Von einem gemein-

Q 7

Von der Solidarność organisierte Demonstration aus Anlass des Besuchs von Papst Johannes Paul II. in Czestochowa, Foto vom 20. Juni 1983

samen Aufbau des Vaterhauses läßt sich nicht reden, wenn man Menschenrechte mißachtet, Menschenwürde demütigt. […]

Eine Staatsmacht, die über eingeschüchterte Bürger herrscht, erniedrigt die eigene Autorität, läßt das kulturelle Leben der Nation verarmen, degradiert den Wert der Arbeit. Die Zivilcourage zu fördern liegt deshalb sowohl im Interesse der Staatsmacht wie auch im Interesse der Staatsbürger. […]

Die „Solidarność" hat deshalb die Menschheit binnen einer so kurzen Zeit in Staunen versetzt, weil sie nicht mit Gewalt, sondern auf den Knien, mit dem Rosenkranz in der Hand gekämpft hat; weil sie an den Feldaltären nach der Würde der Menschenarbeit gerufen hat, lauter als um das tägliche Brot. Beten wir dafür, daß wir frei sind von Angst, von Einschüchterung, vor allem aber von Rachegefühlen und von Gewalt.

Der Spiegel, 5/1985, S. 114.

Q 8

Lösungsvorschläge

Aus dem Leitartikel „Euer Präsident – unser Premier" von Adam Michnik, KOR-Mitglied und Solidarność-Berater, in der Gazeta Wyborcza („Wahlzeitung"), 3. Juli 1989:

In nächster Zeit wird das politische System in Polen entschieden. Bisher weckte die Person des Präsidentschaftskandidaten die meisten Emotionen. Es ist schlecht, wenn in solch einer Situation Erinnerungen und Rhetorik die Oberhand gewinnen. Versuchen wir, die Situation in Ruhe unter die Lupe zu nehmen und die Frage zu beantworten: Welches politische System ist in Polen für die nächsten Monate und Jahre erforderlich? Die wirtschaftliche Situation ist katastrophal. Dem Land drohen gesellschaftliche Ausschreitungen und Unruhen. Der überwältigende Sieg der „Solidarność" während der Wahlen beweist, dass die Polen für eine grundlegende Veränderung eintreten. Dasselbe haben die sich wiederholenden Aussagen über eine eventuelle Kandidatur Lech Wałesa zum Präsidentenamt zum Inhalt. Polen braucht jetzt eine starke und glaubwürdige Führung. […] Jedoch, es liegt nicht an den Menschen, sondern an den Mechanismen. Es ist ein neues System approbiert worden. Ein System, das neu ist, aber eine Kontinuität garantiert. Solch ein System kann nur auf einem Abkommen basieren, aufgrund dessen ein Kandidat der PVAP [Polnische Vereinigte Arbeiterpartei] zum Präsidenten gewählt wird und der Premierministerposten sowie die Aufgabe der Regierungsbildung einem Kandidaten der „Solidarność" zufallen. Solch ein Präsident wird die Kontinuität der Macht sowie die internationalen Abkommen und Militärbündnisse garantieren. Solch eine Regierung wird das Mandat der überwiegenden Mehrheit der Polen innehaben und eine konsequente Änderung des wirtschaftlichen und politischen Systems garantieren. Nur eine Zusammenstellung der Führungskräfte […] hat Chancen auf eine adäquate Hilfe bei Wiederaufbau der Wirtschaft des Landes.

György Dalos, Der Vorhang geht auf, Bearbeiterin: Elsbeth Zylla; Originalrechte © C.H. Beck 2009, Bonn 2009, S. 53 f.

D 1

Rückblick und Wertung

Im Rahmen einer Podiumsdiskussion anlässlich des 25. Jahrestages des Danziger Abkommens äußern sich Irena Lipowicz, 1980 der Solidarność beigetreten, 1991 Mitglied des Sejm und nachfolgend Botschafterin in Österreich, und der französische Historiker Marc Nouschi über die Bedeutung von Solidarność, 2005:

L: [Jede] Gesellschaft, jedes Land [braucht] einen Gründungsmythos […], und die Solidarność ist so ein Gründungsmythos. […] Die Hauptmessage der Solidarność war, „die Lasten der Anderen zu tragen", die eigene Angst vor der Staatsmacht und der Einsamkeit zu überwinden. Und weil die Menschen in Westeuropa, in diesem glücklichen Teil Europas, diese schreckliche Einsamkeit des Totalitarismus lange Jahre nicht durchlitten, konnten wir uns paradoxerweise immer besser mit der älteren Generation verstehen, die noch die Naziherrschaft erlebt hatte. Gerade sie verstanden (wenn sie keine Täter waren), wie viel es kostet, sich zu überwinden, für die anderen trotz der eigenen Angst und auch Armut etwas zu tun. Und heute, wo wir in Europa gerade eine Stunde erleben, in der man eine echte Solidarität braucht, die nicht als eine zusätzliche Steuer verstanden wird, sondern die eine echte Solidarität zwischen den Völkern ist – vielleicht wird die Solidarność wieder oder eher endlich entdeckt.

[…]

N: Als Franzose, der in Polen lebt, ist die Solidarność für mich zunächst ein Erinnerungsort. Es gibt so viele Plätze und Straßen mit dem Namen Solidarność. Die Solidarność ist tatsächlich ein Mythos geworden, sie ist eine Basis für diese neue Demokratie, für diese dritte, noch nicht die vierte Republik in Polen. Ich denke auch an ein sehr interessantes Museum in Danzig: „Wege zur Freiheit". […] Auch das Datum, dieser 31. August, ist sehr wichtig. Für uns Europäer könnte dieses Datum vielleicht auch das Datum der Freiheit sein. „Keine Freiheit ohne Solidarität", das Motto der Solidarność, ist weltbekannt geworden. Es gibt keine Freiheit ohne Solidarność, ohne Solidarität.

25 Jahre nach Danzig. Das Erbe der Solidarność in Europa. Neuntes deutsch-polnisches Podiumsgespräch, Berlin, 10. November 2005, hrsg. v. Deutschen Polen-Institut Darmstadt, Darmstadt 2005, S. 11 f. Autoren: Juri Durkot/Jutta Wierczimok.

Krise und Umbruch in der Sowjetunion

Am 31. Dezember 1991 um Mitternacht hörte die UdSSR auf zu bestehen. Damit endeten 74 Jahre kommunistische Herrschaft. Was war die Vorgeschichte zu diesem Ende? Welche Rolle spielten dabei die Reformbemühungen Michail Gorbatschows? Warum scheiterte er?

Der Darstellungsteil gibt einen Überblick über Gorbatschows Reformpolitik und deren Ergebnisse. Daran können Sie Krisenmerkmale, Modernisierungsmaßnahmen und Umbrüche in der Sowjetunion bis Ende 1991 analysieren und bewerten.

1 Fassen Sie die Probleme innerhalb der Sowjetunion mittels eines Schaubildes zusammen.
2 Kommentieren Sie Gorbatschows Vorhaben, mittels „Glasnost" und „Perestroika" die politischen, wirtschaftlichen und gesellschaftlichen Probleme der UdSSR zu lösen.
3 Überprüfen Sie Ihnen bekannte Theorien über krisenhafte Umbrüche anhand der Vorgänge, die zum Zusammenbruch der Sowjetunion geführt haben.
4 Beurteilen Sie die internationale Wirkung der Politik Gorbatschows unter Beachtung von Q 1.

Gorbatschows Reformpolitik seit 1985

1985 übernahm Michail Gorbatschow nach Konstantin Tschernenkos Tod das Amt des Generalsekretärs der KPdSU. Der Jurist und Agrarbetriebswirt war nicht nur tatkräftiger, sondern auch deutlich jünger als seine greisen Amtsvorgänger. Im Parteiapparat hatte er zuvor rasch Karriere gemacht. Gorbatschow hielt zwar an sozialistischen Ideen fest, jedoch war er davon überzeugt, dass die gesamte Gesellschaft umgebaut werden müsste, um diesen Ideen zum Sieg zu verhelfen. Die führende Rolle sollte dabei die KPdSU einnehmen. Eine wesentliche Grundlage für wirksame Reformen sah Gorbatschow in der offenen Diskussion aller gesellschaftskritischen Themen und einer damit einhergehenden Demokratisierung des Landes. Glasnost (Offenheit) und Perestroika (Umgestaltung) wurden die Schlüsselbegriffe seiner Reformpolitik. Damit wuchs nicht nur sein Ansehen im westlichen Ausland, er wurde zugleich zum Hoffnungsträger für die Menschen des Ostblocks.

Zu den ersten Maßnahmen der neuen Offenheit gehörte die schrittweise Lockerung der Zensur. Dissidenten wie der Menschenrechtler und Friedensnobelpreisträger Andrej Sacharow konnten aus der Verbannung zurückkehren; bisher verbotene Bücher wurden veröffentlicht; die Verfolgung der Kirche wurde eingestellt; Medien durften frei berichten. So entwickelte sich zunehmend eine wenn auch nicht gänzlich freie, so doch öffentliche Diskussionskultur. Die Auswirkungen von Misswirtschaft, Korruption und Ineffizienz kamen dabei ebenso zur Sprache wie die Reaktorexplosion von Tschernobyl am 26. April 1986. Sie wurde nicht mehr wie bisher bei ähnlichen Katastrophen üblich totgeschwiegen. Wenn auch zögerlich, so gab die sowjetische Führung das Ausmaß dieses GAUs zu. Auch die Auseinandersetzung mit der eigenen Geschichte wurde zum Thema gemacht, Archive wurden geöffnet. Stalins Verbrechen und die Erinnerung an die Opfer des Stalinismus waren nun kein Tabu mehr. Ebenso wurde nach fast fünfzig Jahren der Leugnung die Existenz des Geheimprotokolls zum Hitler-Stalin-Pakt offiziell eingeräumt.

Die Entwicklung der sowjetischen Außenpolitik

Um den überschuldeten sowjetischen Staatshaushalts zu entlasten und wirtschaftliche Korrekturen vornehmen zu können, suchte Gorbatschow den Dialog mit den USA über Abrüstungsmaßnahmen. Nach zwei Gipfeltreffen mit US-Präsident Ronald Reagan wurde 1988 ein Vertrag über den Abbau von Mittelstreckenraketen unterzeichnet und ratifiziert. Zudem zog Gorbatschow bis zum Februar 1989 die sowjetischen Truppen aus Afghanistan ab und beendete damit den dort seit 1979 geführten Krieg.

Als im Herbst 1989 Revolutionen in den osteuropäischen Satellitenstaaten den Systemwechsel erzwangen, verzichtete Gorbatschow auf militärische Interventionen zugunsten der dortigen prosowjetischen Staatsführungen. Damit wurde die bisherige Machtstellung der Sowjetunion grundlegend erschüttert. Mit der Auflösung des Warschauer Pakts und des Rats für gegenseitige Wirtschaftshilfe fand der Ostblock Anfang 1991 sein Ende.

Die wirtschaftliche Entwicklung der Sowjetunion

Die Planwirtschaft und der jahrzehntelange Rüstungswettlauf des Kalten Krieges hatten die Wirtschaft massiv belastet. Die meisten Betriebe waren marode und unproduktiv. Versorgungsmängel bestimmten das tägliche Leben. Dagegen vorzugehen war eines der wichtigsten innenpolitischen Ziele Gorbatschows. Mehr Eigenverantwortung der Betriebsleiter, die teilweise Privatisierung von Unternehmen – vor allem in der Landwirtschaft – bis zur Schließung unrentabler Betriebe sollten aus der Krise führen. Auch den weitverbreiteten Alkoholismus versuchte man zu bekämpfen, indem der Wodka verknappt wurde. Doch die Reformen führten nicht zu den erwarteten wirtschaftlichen Erfolgen, viel zu tief war die Krise. Viele Menschen wurden arbeitslos und gerieten in bittere Armut. So verlor Gorbatschow kontinuierlich an Zustimmung: Den Konservativen gingen die Veränderungen viel zu weit, den Reformern dagegen waren sie nicht konsequent genug.

Neue politische Kräfte drängen nach vorn

Neben dem Amt des Generalsekretärs hatte Gorbatschow seit 1990 das neu geschaffene Amt des sowjetischen Staatspräsidenten inne. In dem im Juli 1991 zum Präsidenten der Russischen Föderativen Sowjetrepublik gewählten Boris Jelzin erwuchs ihm ein populärer Gegenspieler. Widerstand erfuhr Gorbatschows Politik auch aus vielen anderen Unionsrepubliken, deren Bewohner ihre nationale Selbstbestimmung forderten. Ein neuer Unionsvertrag sollte sowohl den Einzelrepubliken mehr Autonomie einräumen als auch eine erneuerte Sowjetunion zusammenhalten. Doch der Zerfall war nicht mehr aufzuhalten.

Das Ende der Sowjetunion

Am 17. August 1991, unmittelbar vor der vorgesehenen Unterzeichnung des Unionsvertrages, stellte die Delegation eines selbsternannten „Staatlichen Komitees für den Ausnahmezustand" Gorbatschow in dessen Urlaubsort unter Hausarrest. Das aus Vertretern von KPdSU, Regierung, KGB und Militär gebildete Komitee ließ über den Rundfunk verlautbaren, Gorbatschow sei es aufgrund seines Gesundheitszustandes nicht mehr möglich, die Amtsgeschäfte auszuüben, und habe diese dem sowjetischen Vizepräsidenten Jannajew übertragen. Zur Wiederherstellung der öffentlichen wie staatlichen Ordnung sei der Ausnahmezustand verhängt. Dieser Putsch scheiterte binnen 72 Stunden am Widerstand der Bevölkerung, die sich um Boris Jelzin an dessen Amtssitz in Moskau versammelte. Auch die herbeibefohlenen Armeeeinheiten verweigerten den Putschisten den Gehorsam und unterstellten sich dem Befehl Jelzins. Die Putschisten wurden verhaftet und später vor Gericht gestellt.

Wenngleich Gorbatschow am 22. August wieder nach Moskau zurückkehren konnte, wurde schnell deutlich, dass Jelzin politisch die Oberhand gewonnen hatte. Die nachfolgend einsetzende Entmachtung Gorbatschows ging mit der Auflösung des Parteiapparates und der Sowjetunion einher: Die KPdSU und ihre zentrale Parteizeitung, die Prawda (russ. Wahrheit), wurden von Jelzin bereits am 22. August verboten, im Oktober folgte das Verbot des sowjetischen Geheimdienstes KGB. Neben den baltischen Republiken erklärten die Ukraine, Weißrussland, Moldawien, Aserbaidschan, Usbekistan, Tadschikistan, Georgien und Armenien ihre staatliche Unabhängigkeit. Jelzin und das russische Parlament entschieden sich gegen den schwindenden Widerstand Gorbatschows und des Obersten Sowjets für ein unabhängiges Russland. Am 8. Dezember 1991 kündigten die Präsidenten und Ministerpräsidenten von Russland, der Ukraine und Weißrusslands den Unionsvertrag von 1922 auf und gründeten die Gemeinschaft Unabhängiger Staaten. Gorbatschow trat daraufhin am 25. Dezember zurück. Am gleichen Abend wurde die sowjetische rote Staatsfahne mit Hammer und Sichel auf dem Kreml durch die russischen Farben Weiß-Blau-Rot ersetzt.

Q 1

Titelblatt Der Spiegel vom 12. Dezember 1988

Das Material bietet Ihnen die Möglichkeit, die gesamtgesellschaftliche Krise der Sowjetunion, die sich in den 1980er-Jahren zunehmend offenbarte, einzuschätzen und die dagegen getroffenen Maßnahmen zu beurteilen. Q 2 und D 1 geben Zustandsbeschreibungen der sowjetischen Gesellschaft beim Regierungsantritt Gorbatschows; Q 3 und Q 4 schätzen die Politik der „Perestroika" aus unterschiedlichen Perspektiven ein; Q 5, Q 6 und Q 7 geben eine Begründung für den Putsch gegen Gorbatschow sowie Reaktionen darauf; mit Q 8 und D 2 wird eine Selbsteinschätzung Gorbatschows der Wertung seiner Politik durch einen Historiker gegenübergestellt.

1. Vergleichen Sie Noltes Darstellung zur sowjetischen Wirtschaft mit Gorbatschows Analyse und Schlussfolgerungen (D 1, Q 2, Q 3).
2. Beurteilen Sie Gorbatschows Anspruch, die Perestroika sei eine „zweite russische Revolution", vor dem Hintergrund der Ihnen zur Verfügung stehenden theoretischen Grundlagen.
3. Erläutern Sie anhand der Einschätzungen des litauischen Oppositionellen und der Erklärung des putschenden Parteiestablishments, wie Gorbatschows Politik in der Sowjetunion wahrgenommen worden ist (Q 4–Q 5).
4. Überprüfen Sie die Vorkommnisse im August 1991 auf die Merkmale eines krisenhaften Umbruchs (Q 6).
5. Schreiben Sie einen Presseartikel zu dem Foto Q 7.
6. Vergleichen Sie Gorbatschows Selbsteinschätzung mit dem Historikerurteil (Q 8, D 2).
7. Verfassen Sie einen Kommentar zu Gorbatschows Rolle in der Geschichte des 20. Jahrhunderts. Berücksichtigen Sie dabei seine Botschaft anlässlich seines Rücktritts (Q 8).

Q 2

Der Staat in der Krise

Gorbatschow schreibt 1987 über die Ursachen der sowjetischen Krise:

Die Dynamik des Bruttowachstums wurde, vor allem in der Schwerindustrie, zu einer Aufgabe von „höchster Priorität" und zum bloßen Selbstzweck. […] Es gab kostspielige Projekte, die nie den höchsten wissenschaftlichen und technologischen Standards gerecht wurden. Der Arbeiter oder der Betrieb, der am meisten Arbeitskraft, Material und Geld verbrauchte, galt einfach als der beste. […] Eine typische Haltung bei vielen unserer Verantwortlichen in der Wirtschaft war, dass sie nicht mehr darüber nachdachten, wie das nationale Vermögen vermehrt werden kann, sondern wie man mehr Material, Arbeitskräfte und Arbeitszeit auf einen Posten berechnet, um ihn zu einem höheren Preis zu verkaufen. Als Folge davon kam es zu einer Güterverknappung. Wir verbrauchten und verbrauchen in der Tat noch immer mehr Rohmaterial, Energie und andere Mittel als andere entwickelte Länder für eine Produktionseinheit. Der Reichtum unseres Landes an Rohstoffen und Arbeitskräften hat uns verdorben, manche sagen sogar, er hat uns korrumpiert. […]

Schmarotzertum kam auf, das Ansehen gewissenhafter und hochqualifizierter Arbeit sank, und eine Mentalität der „Lohngleichmacherei" machte sich breit. Die Diskrepanz zwischen dem Maß der Arbeit und dem Maß des Konsums, die zu einer Art Stütze des Bremsmechanismus wurde, hemmte nicht nur das Wachstum und die Arbeitsproduktivität, sondern führte auch zu einer Verzerrung des Prinzips der sozialen Gerechtigkeit. […]

Die Wirtschaft geriet finanziell immer mehr in die Klemme. […] Devisengewinne [aus dem Verkauf von Öl und Rohstoffen] verwandte man vornehmlich dazu, die Probleme des Augenblicks anzugehen, selten wurden sie für die Modernisierung der Wirtschaft und für die Schließung der technologischen Lücken eingesetzt.

Michail Gorbatschow, Perestroika. Die zweite russische Revolution, München 1987, S. 20 f., Übersetzer: Wolfram Ströle/Reiner Pfleiderer/Gabriele Burkhardt.

D 1

Auswirkungen der Planwirtschaft

Der Historiker Hans-Heinrich Nolte schreibt 2005 über die sowjetische Wirtschaft:

Unter den Nachfolgern Breshnews als Generalsekretär – Jurij Andropow und Konstantin Tschernenko – war genauso schwer erkennbar, dass die Sowjetunion vor einer tiefgreifenden Krise stand, wie unter Breshnew selbst. Außenpolitisch hielt man an der Weltmachtrolle fest, und innenpolitisch fügten sich die vielen Einzelnachrichten über Schwierigkeiten nur unvollkommen zu einem Bild. Westliche Ökonomen berechneten zwar, daß die Investitionsquote zu niedrig lag […]. Aber dies schien wenig Wirkung auf die Sowjetunion zu haben – die Opposition war weithin vom KGB zerstreut, die Wirtschaft funktionierte immerhin.

Aber langsam begann sich auszuwirken, dass die sowjetische Statistik seit Jahrzehnten nach oben frisiert wurde. Dies lag schon daran, daß jeder lieber gute Zahlen nach oben weitergab als schlechte, da die eigene Karriere damit verbunden war. […].

Der statistische Selbstbetrug geriet an eine Grenze, da sein desinformierender Charakter jede Statistik unglaubwürdig und schließlich die Bürger zornig machte. […] Der Bluff war von Fünfjahresplan zu Fünfjahresplan vererbt worden und hatte Tausenden von Parteioberen und Betriebsdirektoren zu

Leninorden und Sonderzulagen verholfen – das erzeugt Wut; insbesondere bei jenen, die den Bluff nicht mitmachen – oder sich ihn anhören mußten, während sie kein Auto kaufen konnten oder der Putz von der Decke kam.

Hans-Heinrich Nolte, Kleine Geschichte Rußlands, Bonn 2005, S. 348 f. Originalrechte © Reclam 1998.

Q 3

Was ist Perestroika?

Gorbatschow definiert 1987 die Politik der Perestroika:

Perestroika ist eine Revolution. Und zweifellos ist eine entscheidende Beschleunigung der sozialökonomischen und kulturellen Entwicklung der sowjetischen Gesellschaft, die mit einschneidenden Veränderungen auf einen qualitativ neuen Staat hinzielt, in der Tat eine revolutionäre Aufgabe. […]

Die Perestroika ist ein revolutionärer Prozess, denn sie ist ein Sprung nach vorn in der Entwicklung des Sozialismus, in der Verwirklichung seiner wesentlichen Merkmale. Von Anfang an waren wir uns darüber im klaren, dass wir keine Zeit zu verlieren hatten. Es ist sehr wichtig, nicht zu lange auf der Startlinie zu verharren, sondern den Rückstand aufzuholen, dem konservativen Morast zu entsteigen und die Trägheit der Stagnation abzuschütteln. Auf dem Weg der Evolution, durch zaghafte, schleppende Reformen ist das nicht zu schaffen. […]

Natürlich heißt revolutionäres Handeln nicht, mit dem Kopf durch die Wand zu gehen. […] Eine Revolution unterliegt den Gesetzen der Politik, der Kunst des Machbaren also. […]

Gemäß unserer Theorie bedeutet Revolution Aufbau, aber sie impliziert immer auch Zerstörung. Revolution erfordert die Zerstörung all dessen, was veraltet ist, stagniert und den schnellen Fortschritt behindert. Ohne Zerstörung schafft man keinen Platz für Neues. Perestroika ist also auch die entschiedene und radikale Beseitigung der Hindernisse, die der gesellschaftlichen und ökonomischen Entwicklung im Weg stehen, die Beseitigung der veralteten Methoden der Wirtschaftsführung, des Schablonendenkens und des Dogmatismus. […]

Michail Gorbatschow, Perestroika. Die zweite russische Revolution, München 1987, S. 59 f., S. 61 f.

Q 4

Zweifel an der Perestroika

Vytautas Radžvilas, Vorstandsmitglied der litauischen Sajudis („Bewegung"), bewertet Anfang 1991 die Perestroika:

Gegenwärtig muss die Sowjetregierung selbst eingestehen, dass sie weder über eine generelle Konzeption der Perestroika verfügt noch eine Strategie und Taktik zu ihrer Durchsetzung ausgearbeitet hat. Es muss mit Nachdruck unterstrichen werden, dass der vor einigen Jahren aufgegriffene Begriff „Perestroika" im besten Fall nur eine Metapher ist, hinter der weder ein fest umrissener politischer noch wirtschaftlicher oder rechtlicher Inhalt steht. […] Die sogenannte Konzeption der Perestroika ist nichts weiter als eine Sammlung von stereotypen Dogmen des kommunistischen Denkens, in die eine abstrakte humanistische Phraseologie eingeflochten worden ist, die sich einer wissenschaftlichen Analyse entzieht. […]

So erhalten beispielsweise die Begriffe „Demokratie" und „Demokratisierung" unter den konkreten Bedingungen der UdSSR eine sowjetspezifische Bedeutung, weil der Verzicht auf die Grundsätze einer totalitären Denkweise für viele offenbar zu schmerzlich und deshalb nur sehr langsam zu vollziehen ist. Auch die offiziell verkündete „Offenheit" darf nicht als authentischer Ausdruck der Demokratie gewertet werden, weil die jetzt zweifellos bestehende größere Offenheit als ein von der Regierung zugeteiltes, eingeschränktes Recht auf Meinungsäußerung zu sehen ist, das jederzeit wieder zurückgenommen werden kann. „Die sozialistische Marktwirtschaft" wird immer noch als eine zentral geleitete Wirtschaftsform verstanden, bei der für private Initiativen von den Machtorganen enge Grenzen abgesteckt werden. Ohne Gewährleistung demokratischer Grundvoraussetzungen bleibt auch die Idee des Rechtsstaates in der Luft hängen, und die Gesetzgebung bleibt lediglich ein Mittel der Machthabenden, ihre Willkür in eine rechtliche Form zu kleiden. Während der Perestroika wurde kein einziges fundamentales und wahrlich demokratisches Gesetz angenommen, das dazu hätte beitragen können, die Perestroika über den toten Punkt hinauszuführen.

Vytautas Radžvilas, Enttäuschte Hoffnungen, in: Andrejs Urdze (Hrsg.), Das Ende des Sowjetkolonialismus, Hamburg 1991, S. 80 f.

Q 5

Putsch und Ausnahmezustand

Aus dem Appell des sowjetischen Staatskomitees für den Ausnahmezustand vom 19. August 1991 an das Volk:

Wir wenden uns an Sie in dieser für die Geschicke unseres Vaterlandes und unserer Völker schwierigen, kritischen Stunde! Über unserer großen Heimat schwebt eine tödliche Gefahr! Die von Michail Gorbatschow eingeleitete Reformpolitik, die als Mittel zur Sicherung der dynamischen Entwicklung des Landes und der Demokratisierung des gesellschaftlichen Lebens konzipiert wurde, ist aus einer Reihe von Gründen in eine Sackgasse geraten. Anstelle des anfänglichen Enthusiasmus und der Hoffnungen traten Mißtrauen, Apathie und Verzweiflung. Die Machtorgane aller Ebenen haben das Vertrauen des Volkes eingebüßt. Politikastertum hat die Sorge um die Geschicke des Vaterlandes und der Staatsbürger aus dem gesellschaftlichen Leben verdrängt. Kultiviert wird eine böswillige Verhöhnung aller staatlichen Institutionen. Das Land ist im Grunde genommen unlenkbar geworden.

Europa-Archiv, 20/1991, D 512.

Q 6

Putsch in Moskau – die Reaktion

Auszug aus dem Aufruf des Präsidenten der Russischen SFSR, Boris Jelzin, des Vorsitzenden des Ministerrats der RSFSR, Iwan Silajew, und des amtierenden Vorsitzenden des Obersten Sowjets, Ruslan Chasbulatow, vom 19. August 1991 an die Bürger Russlands:

In der Nacht vom 18. zum 19. August 1991 wurde der rechtmäßig gewählte Präsident des Landes entmachtet. Mit welchen Gründen diese Entmachtung auch gerechtfertigt wird, wir haben es mit einem rechten, reaktionären, verfassungswidrigen Umsturz zu tun.

Bei allen Schwierigkeiten und schwersten Prüfungen, die das Volk durchmacht, entfaltet sich der demokratische Prozess im Land immer stärker und gewinnt einen unumkehrbaren Charakter. Die Völker Rußlands werden zu Herren ihres Schicksals. Wesentlich eingeschränkt wurden die unkontrollierten Rechte nicht verfassungsmäßiger Organe, darunter der Partei. Die Führung Rußlands hat eine entschiedene Position zum Unionsvertrag eingenommen, wobei sie die Einheit der Sowjetunion und die Einheit Rußlands anstrebte. Unsere Position in dieser Frage ermöglichte es, die Vorbereitung des Unionsvertrages wesentlich zu beschleunigen, ihn mit allen Republiken abzustimmen und den Termin für seine Unterzeichnung festzulegen: den 20. August dieses Jahres.

Diese Entwicklung hat die reaktionären Kräfte erbittert und sie zu verantwortungslosen und abenteuerlichen Versuchen getrieben, hochkomplizierte politische und Wirtschaftsprobleme mit Gewaltmethoden zu lösen. [...] Wir waren und sind der Meinung, dass Gewaltmethoden unakzeptabel sind. Sie diskreditieren die UdSSR vor der ganzen Welt, untergraben unser Prestige in der Weltgemeinschaft und versetzen uns zurück in die Epoche des Kalten Krieges und der Isolation der Sowjetunion von der Weltgemeinschaft.

All das zwingt uns, das an die Macht gelangte sogenannte Komitee für ungesetzlich zu erklären. Entsprechend erklären wir alle Beschlüsse und Verfügungen dieses sogenannten Komitees für ungesetzlich. Wir sind davon überzeugt, dass die örtlichen Machtorgane strikt den verfassungsmäßigen Gesetzeserlassen des Präsidenten der RSFSR folgen werden.

Wir appellieren an die Bürger Rußlands, den Putschisten eine würdige Antwort zu geben, und fordern, dass das Land zu einer normalen verfassungsgemäßen Entwicklung zurückkehrt. Es ist unbedingt notwendig, dem Präsidenten des Landes Gorbatschow die Möglichkeit zu gewährleisten, zum

Q 7

Jelzin-Anhänger diskutieren mit Soldaten, Foto von Alexej Fedosejew vom 20. August 1991

Volk zu sprechen. Wir fordern die sofortige Einberufung eines außerordentlichen Kongresses der Volksdeputierten der UdSSR. [...] Wir wenden uns an die Armeeangehörigen mit dem Appell, hohes Staatsbewußtsein zu zeigen und sich nicht an dem reaktionären Umsturz zu beteiligen. Bis zur Erfüllung dieser Forderungen rufen wir zum allgemeinen unbefristeten Generalstreik auf.

Europa-Archiv, 20/1991, D 516 f.

Q 8

Das Schlusswort

Aus Gorbatschows Ansprache in Hörfunk und Fernsehen zu seinem Rücktritt, 25.12.1991:

Ich spreche zu Ihnen das letzte Mal als Präsident der UdSSR. Deshalb halte ich es für notwendig, meinen seit 1985 gegangenen Weg einzuschätzen. [...] Die Gesellschaft befand sich [1985] in der Schlinge eines bürokratischen Kommandosystems. Die Gesellschaft musste der Ideologie dienen und dabei die furchtbare Last des Wettrüstens tragen. Die Gesellschaft gelangte an die Grenzen ihrer Möglichkeiten. Alle Versuche von halbherzigen Reformen [...] scheiterten nacheinander. Das Land verlor immer mehr an Perspektive. Es musste alles grundlegend verändert werden. [...]

Der Prozess der Erneuerung des Landes und der grundlegenden Veränderungen in der Weltgemeinschaft hat sich komplizierter erwiesen, als man voraussagen konnte. Trotzdem muss man das Vollbrachte gebührend einschätzen. Die Gesellschaft ist frei. Und das in politischer und geistiger Hinsicht. [...] Es wurde ein totalitäres System beseitigt, das ein weiteres Aufblühen und Wohlergehen des Landes verhinderte. Es wurde ein Durchbruch zu demokratischen Veränderungen vollzogen. Freie Wahlen, eine freie Presse, Religionsfreiheit, wirkliche Machtorgane und ein Mehrparteiensystem wurden zur Realität. Die Menschenrechte wurden als oberstes Prinzip anerkannt. Es wurde mit dem Übergang zu einer vielseitigen Wirtschaft begonnen. Alle Formen des Eigentums werden als gleichberechtigt anerkannt, im Rahmen der Bodenreform ist die Bauernschaft wiedererstanden [...]. Die wirtschaftliche Freiheit des Produzenten wurde gesetzlich verankert. Das Unternehmertum, die Gründung von Aktiengesellschaften und die Privatisierung gewannen immer mehr an Kraft. Es muss daran erinnert werden, dass der Übergang zur Marktwirtschaft im Interesse des Menschen erfolgt. [...]

Wir leben in einer anderen Welt: Der „Kalte Krieg" ist vorbei. Das Wettrüsten wurde gestoppt. Die wahnsinnige Militarisierung unseres Landes, die unsere Wirtschaft, das gesellschaftliche Bewusstsein und die Moral zugrunde richtete, wurde beendet. Die Gefahr eines Weltkrieges wurde beseitigt. [...]

Der Widerstand der alten, überlebten und reaktionären Kräfte und des früheren Partei-, Wirtschafts- und Staatsapparates wurde immer stärker. Aber auch die alten Gewohnheiten, ideologische Vorurteile, Gleichmacherei und Schmarotzertum gewannen immer mehr an Stärke. Sie wurden verstärkt durch unsere Ungeduld, unsere niedrige politische Kultur und unsere Angst vor Veränderungen. [...] Der Putsch im August war der Höhepunkt der allgemeinen Krise. Das Furchtbarste an dieser Krise war der Zerfall der staatlichen Strukturen. [...] Sicherlich war eine Reihe von Fehlern vermeidbar. Vieles hätte man besser machen können. Aber ich bin überzeugt, dass unsere Völker in einer aufblühenden und demokratischen Gesellschaft leben werden. Ich wünsche Ihnen alles Gute.

Europa-Archiv, 20/1991, D 517 f.

D 2

Reformkommunismus?

Der britische Historiker Tony Judt schreibt 2005:

Gorbatschow war [...] von Anfang an „Reformkommunist", wenn auch ein höchst ungewöhnlicher: aufgeschlossen für den Veränderungs- und Erneuerungsbedarf, aber im Grunde nicht gewillt, die Kernthesen des Systems in Frage zu stellen, unter dem er aufgewachsen war. Wie viele Angehörige seiner Generation in der Sowjetunion und anderswo glaubte er aufrichtig, dass der einzige Weg zum Fortschritt die Rückkehr zu den leninistischen „Prinzipien" sei. Die Idee, dass das leninistische Projekt möglicherweise selbst ein Irrweg sei, kam dem Sowjetführer sehr spät [...].

Es gehört zu den Merkwürdigkeiten der kommunistischen Reformer, dass sie stets wie Don Quijote vorgingen: Sie reformierten einige Aspekte ihres Systems und ließen andere unangetastet, führten marktorientierte Anreize ein, erhielten aber die planwirtschaftlichen Kontrollen aufrecht oder erlaubten größere Freiheiten der Meinungsäußerung, beharrten aber auf dem Wahrheitsmonopol der Partei. Doch Teilreformen oder die Reform eines Sektors unter Ausklammerung anderer war ein Widerspruch in sich. „Kontrollierter Pluralismus" oder „sozialistischer Markt" waren Konzepte, die von Anfang an zum Untergang verurteilt waren. Die Idee, die „führende Rolle" der Kommunistischen Partei lasse sich bewahren, während diese selbst nur die pathologischen Auswüchse von 70 Jahren absoluter Machtausübung abwerfen müsse, zeigt, dass Gorbatschow nicht frei von politischer Naivität war. In einem autoritären System ist die Macht unteilbar – lockert man sie, verliert man sie am Ende ganz. [...]

Gorbatschow und seine kontrollierte Revolution wurden am Ende von der Fülle der Widersprüche weggefegt, die sie erzeugt hatten. [...] Sobald das stützende Gerüst von Zensur, Kontrolle und Repression fortfiel, brach alles, was in dem Sowjetsystem von Bedeutung war – Planwirtschaft, öffentliche Rhetorik, Parteimonopol – einfach zusammen.

Tony Judt, Die Geschichte Europas seit dem Zweiten Weltkrieg, Bonn 2006, S. 692 f. Übersetzer: Hainer Kober/Matthias Fienbork.

Die „Singende Revolution“ – Umbruch im Baltikum

In den drei baltischen Sowjetrepubliken Estland, Lettland und Litauen wurde das in den Landessprachen gesungene Lied „Das Baltikum erwacht“ zum Fanal revolutionärer Veränderungen. Wie vollzog sich dieser Prozess? Welche Ergebnisse brachte er?

Der Darstellungstext zeigt, wie in den drei baltischen Sowjetrepubliken Gorbatschows Reformpolitik aufgenommen wurde und welche Folgen sie hatte. Auf dieser Grundlage können Sie die Formen des Kampfes um Selbstbestimmung und Unabhängigkeit analysieren und über die Bedeutung von Erinnerung und Identität für diesen Kampf reflektieren.

1 Stellen Sie dar, welche Auswirkungen Okkupation und Annexion für die baltischen Staaten und ihre Gesellschaft gehabt haben.
2 Erklären Sie die Bedeutung von Perestrojka und Glasnost für die baltischen Unabhängigkeitsbestrebungen.
3 Erörtern Sie das Verhältnis von kollektiver Erinnerung und nationaler Identität am Beispiel des Baltikums.
4 Führen Sie ein fiktives Interview mit Teilnehmern an der Menschenkette über deren Beweggründe (Q 1).

Die sowjetische Herrschaft in den baltischen Republiken

Der Rückeroberung des Baltikums durch die Rote Armee 1944/45 folgten erneute Massendeportationen. Besonders die Eliten wurden Opfer dieser Maßnahmen. Die baltischen Republiken verloren bis zu einem Zehntel der Bevölkerung. Tausende flohen ins Exil. Die systematische Ansiedlung Hunderttausender Sowjetbürger veränderte in den Folgejahren die ethnografischen Verhältnisse. Eine neue, moskaugenehme Elite wurde installiert, die die sozialistische Ideologie und die Vorgaben aus der Zentrale umzusetzen hatte. Russisch verdrängte Estnisch, Lettisch und Litauisch als Verkehrssprache. Die Pflege dieser Sprachen galt als nationalistische Provokation. Die baltischen Republiken fielen ebenso wie die anderen Sowjetrepubliken unter die Vorgaben der sowjetischen Planwirtschaft, die deren Ressourcen, Infrastruktur und Wirtschaft ausbeutete. Gewinne dienten primär dem Militär, der Bürokratie und dem Geheimdienst, die den sowjetischen Machtapparat sicherten. Gleichwohl gehörten die baltischen Sowjetrepubliken während des Bestehens der Sowjetunion zu den Landesteilen mit höherer Lebensqualität.

Perestroika und das Baltikum

Gorbatschows neuer Kurs fand große Aufmerksamkeit. Die Lockerung der Zensur führte zu einer öffentlichen Diskussion wirtschaftlicher, kultureller und ökologischer Probleme. Aufgrund drängender Umweltprobleme formierte sich Widerstand gegen geplante Großprojekte. Die Proteste setzten 1986 in Lettland ein, wo man sich gegen den Bau zweier neuer Wasserkraftwerke an der Düna wehrte. In Litauen gingen die Bürger gegen die Errichtung eines dritten Atomreaktors vom Typ Tschernobyl auf die Straße. In Estland protestierten die Bürger gegen die geplante Ausdehnung des Abbaus von Ölschiefer im Nordosten des Landes, dessen Förderung und industrielle Nutzung bereits zu schwerwiegenden Umweltschäden geführt hatten. Der nationale Protest zwang die Führungen der Republiken, gegenüber Moskau Stellung zu beziehen, woraufhin die Zentrale nachgab und die Projekte zurückstellte.

Protestformen – die „Singende Revolution“

Die Sorge um die Umwelt löste auch eine Debatte über die eigene Kultur und Identität aus. Es bildete sich eine Bürgerbewegung, die ein breites politisches Spektrum abdeckte. Die Opposition wählte insbesondere Jahrestage historischer Ereignisse, die für die Geschichte der baltischen Nationen bedeutsam waren: Der Jahrestag der ersten großen Massendeportation im Jahr 1941 mobilisierte am 14. Juni 1987 in Riga Tausende. Wenige Wochen später kam es am Jahrestag des Hitler-Stalin-Paktes zu landesweiten Demonstrationen in den drei Republiken. Im Gegensatz zu diesen friedlichen Massenprotesten löste die Miliz die Kundgebungen am Jahrestag der Unabhängigkeitserklärung Lettlands gewaltsam auf.

Im Herbst 1988 gründeten sich in den baltischen Republiken Volksfronten, die sich als Sammlungsbewegungen aus Kommunisten, Verfechtern der Unabhängigkeit sowie Vertretern der nationalen Minderheiten verstanden. Die Parole „Nicht mehr Kolonie, sondern eine Republik wollen wir sein!“ sollte den Interessen Nachdruck verleihen.

Aus der Rückbesinnung auf die eigene Kultur und Sprache entwickelte sich eine neue Ausdrucksform des Protests. Die traditionellen Sängerfeste in Estland wurden im Sommer 1988 zu friedlichen Massenkundgebungen. Sie ließen nicht nur bislang verbotene alte estnische Lieder wiederaufleben, sondern drückten auch im Zeigen der verbotenen alten Nationalfahnen in Weiß-Blau-Schwarz den Willen zur Selbstbehauptung aus. Diese musikalischen Demonstrationen gaben der „Singenden Revolution“ ihren Namen.

D 1

„Baltische Kette“ von zirka 2 Millionen Menschen von Tallinn über Riga bis nach Vilnius am 50. Jahrestag der Unterzeichnung des Hitler-Stalin-Pakts

Der Kampf um Selbstbestimmung und Unabhängigkeit

Erste politische Veränderungen zeigten sich, als Mitte 1988 mit Gorbatschows Zustimmung Funktionäre in den estnischen und litauischen Partei- und Staatsführungen durch Reformer ausgetauscht wurden. Den Gründungen nationaler Unabhängigkeitsbewegungen folgten im Oktober 1988 die Gründungskongresse der „Volksfronten“, die sich in ihren Zielen programmatisch glichen: Es wurden Selbstbestimmung, Demokratie und Rechtstaatlichkeit, Wiederherstellung der Rechte der Grundnation bei Garantie der Rechte aller nationalen Minderheiten eingefordert. Angestrebt wurde zunächst die Umwandlung der Sowjetunion in eine Konföderation souveräner Unionsrepubliken. Diese Volksfronten vereinten Reformkommunisten und Anhänger der demokratischen Opposition. Einheitlich forderte man die Wiederzulassung der einstigen Nationalfarben, -hymnen und -wappen sowie die Erhebung der Landessprachen zur Staatssprache; die Jahrestage der Unabhängigkeit von 1918/19 wurden zu Feiertagen erklärt.

Konfrontation mit der Moskauer Zentralgewalt

Während die vorangegangenen Maßnahmen noch hingenommen wurden, veränderte sich der Ton zwischen Moskau und der Volksfrontbewegung Ende 1988, als der Oberste Sowjet Estlands eine Souveränitäts-Deklaration verabschiedete, die Verfassungsänderungen zum Inhalt hatte. Diesem widersprach die Führung der Sowjetunion scharf. Bei den Wahlen zum Kongress der Volksdeputierten 1989 gewannen die Kandidaten der Volksfronten, was in Litauen dazu führte, auf der Grundlage einer Volksabstimmung am 9. Februar die Unabhängigkeit zu proklamieren. Die Obersten Sowjets Estlands und Lettlands erließen Gesetze über die wirtschaftliche Selbstständigkeit ihrer Republiken. Diese Gesetze und das von Litauen beanspruchte Vetorecht gegen sowjetische Gesetze trugen dazu bei, dass Gorbatschow am 30. Mai 1989 eine neue sowjetische Verfassung ankündigte.

Die Obersten Sowjets der baltischen Republiken intensivierten 1990 ihre Forderungen, indem sie erklärten, dass Okkupation und Annexion unrechtmäßig gewesen und daher die alten Verfassungen weiterhin gültig seien. Gorbatschow ordnete daraufhin ab März 1990 die militärische Blockade der baltischen Handelswege an, um die Rücknahme der Gesetze zu erzwingen. Am 29. Juni 1990 lenkte der Oberste Sowjet Litauens ein und kassierte die Unabhängigkeitserklärung, um die Aufhebung der Wirtschaftsblockade zu erlangen. Zu Blutvergießen kam es im Januar 1991, als Einheiten des sowjetischen Innenministeriums den litauischen Sender in Vilnius stürmten, um einen Putsch moskautreuer Kräfte zu unterstützen. An der Grenze wurden lettische Zöllner ermordet.

Das Erlangen der Unabhängigkeit

Der Putsch vom 19. August 1991 in Moskau löste in den Hauptstädten der baltischen Republiken vielerlei Gegenmaßnahmen aus: Aus Angst vor erneuten Angriffen wurden nicht nur die Zugänge zu den Regierungsvierteln verbarrikadiert und gesichert, sondern es kam gleichzeitig zur erneuten Erklärung der Souveränität: Estland vollzog dies am 20., Lettland am 21. August. Litauen verwies auf diesen schon am 9. Februar vollzogenen Schritt. Die drei Staaten wurden in den nachfolgenden Tagen von den nord- und westeuropäischen Staaten anerkannt. Zuvor hatten sich diese Staaten ähnlich wie die USA zögerlich gezeigt, um Gorbatschow als reformwilligen Gesprächspartner gegenüber seinen innenpolitischen Kontrahenten nicht zu destabilisieren und möglicherweise zu verlieren. Diese Politik war durch den gescheiterten Putsch hinfällig geworden. Nachdem Präsident Jelzin bereits am 24. August per Erlass die Souveränität der baltischen Unionsrepubliken anerkannt hatte, folgte am 6. September die Bestätigung durch den neu geschaffenen Staatsrat der UdSSR. Die staatliche Eigenständigkeit war hiermit erreicht.

Das Material ermöglicht es Ihnen zum einen, mittels eines zeitgenössischen Liedes, einer Fotografie und dreier Zeitzeugenaussagen (Q 1, Q 2, Q 4) einen Einblick in die damalige Stimmung und Mentalität zu gewinnen. Zum anderen liefern die Auszüge aus zentralen Beschlüssen (Q 3, Q 5, Q 6) die Möglichkeit, mittels einer Analyse der Argumentation zu einer Reflexion hinsichtlich der Vorgehensweise beim Kampf um die Souveränität zu gelangen. Sie gelangen so zu einer Bewertung der politischen Spielräume, die den drei Nationen bis 1991 zur Verfügung gestanden haben.

1 Fassen Sie die Position der baltischen Demonstranten gegenüber der Sowjetunion zusammen (Q 1, Q 2, Q 4).

2 Überprüfen Sie mithilfe Ihnen bekannter Krisen- und Revolutionstheorien, ob und inwiefern die „Singende Revolution" ihren Namen zu Recht trägt.

3 Analysieren Sie, in welcher Weise die Obersten Sowjets ihre Entscheidungen argumentativ absichern (Q 3, Q 5, Q 6).

4 Entwerfen Sie ein gemeinsames Kommunique der baltischen Republiken an die Europäische Gemeinschaft, in dem Sie die Anerkennung Ihrer staatlichen Unabhängigkeit einfordern.

Q 1

Ein Lied für alle

1989 wurde das Lied „Das Baltikum erwacht – Litauen, Lettland, Estland“ zur Hymne der Unabhängigkeitsbewegung.

Drei Schwestern stehen an der Meeresküste,
Sie sind gebeugt von Schwäche und Müdigkeit.
Zermalmt ihre Länder und Gefühle
Sowie Ehre und Bedeutung dreier Nationen.

Aber in den Türmen schlagen die Glocken des Schicksals,
Und das Meer erhebt seine Wellen.
Drei Schwestern erwachen aus ihrem Schlaf
Und kommen dazu, für sich selbst einzutreten.

Das Baltikum erwacht,
das Baltikum erwacht,
Litauen, Lettland, Estland!

Text und Musik: Viktors Zemgals, Žilvins Bubelis u. Tarmo Pihlaps; ins Deutsche übertragen von Sönke Jaek.

Q 2

Auf die Straße!

Drei Bürger der baltischen Republiken erinnern sich an die „Baltische Kette“ vom 23. August 1989:

Marju Lauristin, Estland: „Ich erinnere mich sehr gut an den 23. August 1989, denn ich war die Erste in der baltischen Menschenkette. Ich musste auf den ‚Langen Hermann‘ klettern. Das ist ein mittelalterlicher Turm hoch oben in der Altstadt von Tallinn, direkt hinter dem Parlament. Aus dem Radio tönte die Stimme des Vorsitzenden unserer estnischen Volksfront. Es war genau 19.00 Uhr. Als er verstummte, entrollte ich unsere estnische Fahne in weiß, blau und schwarz und rief das Wort ‚Freiheit‘. Daraufhin begann die ganze Kette ‚Freiheit‘ zu rufen und aus dem Radio ertönte ein Lied: ‚Das Baltikum erwacht: Lettland, Litauen, Estland.‘“

Sandra Kalniete, Lettland: „Noch heute bin ich überwältigt von der großen Bereitschaft der Leute, an unserer Menschenkette teilzunehmen. Die Volksfronten von Estland, Lettland und Litauen wollten am 50. Jahrestag des Hitler-Stalin-Paktes die ganze Welt und Europa an die geheimen Zusatzprotokolle erinnern. Darin hatten die Sowjetunion und Deutschland Europa unter sich aufgeteilt, und wir drei baltischen Länder sollten wie Finnland unter sowjetischen Einfluss geraten. Tatsächlich hatten Estland, Lettland und Litauen als einzige Staaten nach dem Zweiten Weltkrieg ihre Unabhängigkeit nicht zurückbekommen! Was ich in dem Moment wirklich nicht realisierte, war, dass ich Geschichte schrieb.“

Zigmas Vaisvila, Litauen: „Dieser 23. August ist für uns ein Tag der Stärke, weil wir der ganzen Welt gezeigt haben, dass wir drei Länder solch eine einzigartige Menschenkette zustande bringen konnten. Aber wir hatten auch große Angst. Denn Moskau hatte die Demonstrationen am Montag verboten. Deshalb hatte mich der Vorstand unserer Volksfront beauftragt, einen Aufruf zu verfassen. Sollte Moskau mit Gewalt gegen unsere Kette vorgehen, hätte ich ihn veröffentlichen müssen. Es kam zum Glück nicht dazu. Dass uns die Menschenkette vielmehr in die Freiheit führen würde, haben wir damals gar nicht geahnt.“

http://www.dradio.de/dlf/sendungen/hintergrundpolitik/1021044/. Autorin: Birgit Johannsmeier, veröffentlicht am 22.8.2009.

Q 3

Litauen

Der Oberste Rat der Republik Litauen stellt am 11. März 1990 hinsichtlich der Wiederherstellung des litauischen Staates fest: :

Der Oberste Rat der Republik, indem er gemäß dem Willen des Volkes handelt, beschließt und verkündet feierlich, dass die Gewährleistung der 1940 durch fremde Gewalt verletzten souveränen

Q 4

Demonstration am Jahrestag der Unterzeichnung des Hitler-Stalinpaktes in der Litauischen Hauptstadt Vilnius, Foto von Hans Madej vom 1. August 1990

Rechte des litauischen Staates wiederhergestellt wird, und dass Litauen ab sofort wieder ein unabhängiger Staat ist.

Der Akt des Litauischen Rates vom 16. Februar 1918 und die Resolution der Verfassungsversammlung vom 15. Mai 1920 über die Wiederherstellung des demokratischen litauischen Staates haben ihre Rechtskraft niemals verloren und sind die Verfassungsgrundlage des litauischen Staates.

Das Territorium des litauischen Staates ist unverletzlich und unteilbar. Dort gilt keine Verfassung eines anderen Staates.

Der litauische Staat unterstreicht seine Treue gegenüber allgemein anerkannten Prinzipien des Völkerrechts, anerkennt die Unantastbarkeit der Grenzen, wie das in der Schlussakte der Konferenz von Helsinki über Sicherheit und Zusammenarbeit in Europa von 1975 formuliert ist, gewährleistet die Menschen- und Bürgerrechte und die Rechte der nationalen Minderheiten. [...]

Europa-Archiv 15/1990, D 375 f.

Q 5

Lettland

Aus der Deklaration des Obersten Rates der Lettischen SSR über die Wiederherstellung der Unabhängigkeit der Republik Lettland vom 4. Mai 1990:

[Unter] Berücksichtigung des eindeutig erklärten Willens der Bevölkerung Lettlands, der dadurch unmissverständlich zum Ausdruck gekommen ist, dass bei den Wahlen mehrheitlich diejenigen Abgeordneten gewählt worden sind, die sich in ihrem Wahlprogramm für die Wiederherstellung der staatlichen Unabhängigkeit ausgesprochen haben, [...] beschließt der Oberste Rat der Lettischen SSR:

1. Die Priorität der Grundprinzipien des Völkerrechts vor staatsrechtlichen Normen anzuerkennen, die Übereinkunft zwischen der UdSSR und Deutschland vom 23. August 1939 und die daraus resultierende Liquidierung der souveränen Staatsgewalt der Republik Lettland infolge der militärischen Aggression der UdSSR als rechtswidrig zu betrachten.

2. Die Deklaration der Saeima Lettlands vom 21. Juli 1940 „über den Beitritt Lettlands zur [UdSSR] als von Anfang an ungültig zu erklären.

3. Die von der Verfassungsversammlung am 15. Februar 1922 verabschiedete Verfassung im gesamten Territorium Lettlands wieder in Kraft zu setzen. [...]

8. Allen Bürgern der Republik Lettland und Bürgern anderer Staaten, die ständig in Lettland leben, soziale, wirtschaftliche und kulturelle Rechte sowie politische Freiheiten gemäß allgemein anerkannten menschenrechtlichen Prinzipien zu garantieren. Das gilt in vollem Umfang auch für die Bürger der UdSSR, die den Wunsch haben, weiterhin in Lettland zu leben, ohne die Staatsbürgerschaft Lettlands anzunehmen. [...]

Europa-Archiv 15/1990, D. 377 f.

Q 6

Estland

Aus dem Beschluss des Obersten Sowjets der Estnischen SSR über den staatlichen Status Estlands vom 30. Mai 1990:

Der Oberste Rat der Estnischen SSR bestätigt, dass die Besetzung der Republik Estland seitens der UdSSR am 17. Juni 1940 die staatliche Existenz der Republik Estland de jure nicht unterbrochen hat. Die Republik Estland ist bis heute weiterhin besetzt. Der Oberste Rat [...] betrachtet die sowjetische Herrschaft in Estland als von Anfang an rechtswidrig, erklärt den Beginn der Wiederherstellung der Souveränität Estlands „restitutio in integrum“ [gemeinrechtlich, Wiedereinsetzung in den vorigen, unversehrten Zustand; Anm. Jk] und erklärt eine Übergangsperiode, die mit der Konstituierung der Verfassungsorgane in der Republik Estland beendet sein wird [...].

Europa-Archiv, 15/1990, D 379.

Abiturwissen im Überblick

Krisen und ihre Auswirkungen auf den Geschichtsverlauf

→ S. 16, S. 19

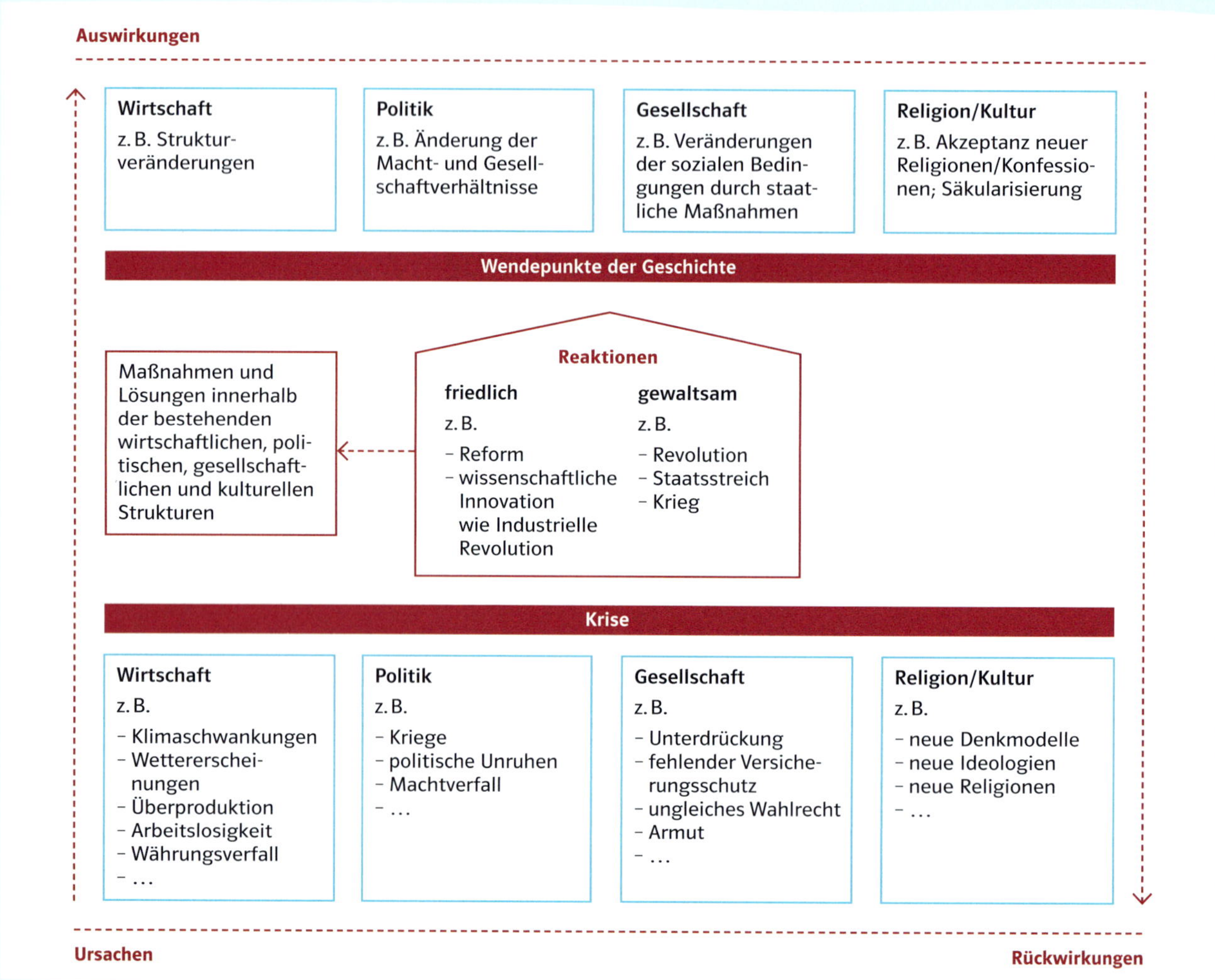

Die Theorie von John Maynard Keynes zum Umgang mit Wirtschaftskrisen

→ S. 20, S. 81

In Krisenzeiten mit rückläufiger Produktion und hoher Arbeitslosigkeit soll der Staat als Investor auftreten und mit öffentlichen Aufträgen die Wirtschaft ankurbeln. Die dafür notwendigen finanziellen Mittel sollen durch Staatsverschuldung (deficid spending) aufgebracht und in Zeiten der Konjunktur aus Steuermitteln zurückbezahlt werden.

Die Theorie von Joseph Schumpeter zum Umgang mit Wirtschaftskrisen

→ S. 21

Die Unternehmer haben die Verantwortung für die Überwindung von Rezessionen. Durch technische Innovationen wie z. B. den Elektromotor entstehen ganz neue Industrien, die zu Wachstum und konjunkturellem Aufschwung führen. Sind die Märkte gesättigt, erfolgt eine neue Rezession, die nun wiederum durch neue Basisinnovationen überwunden werden. Dies vollzieht sich als beständiger Kreislauf.

Die Theorie des historischen Materialismus

→ S. 16, S. 19

Der historische Materialismus ist ein von Karl Marx und Friedrich Engels entwickeltes Deutungsmodell vom Verlauf der Geschichte. Für sie vollzieht sich Geschichte immer in gesetzmäßigen Bahnen. Grundlage dafür sind die Entwicklung der Produktion aller Güter und deren Verteilung. Aus diesen Gegebenheiten entstehen die entsprechenden Herrschaftsverhältnisse. Ändern sich die Art und Weise der Produktion und die Verteilung der produzierten Güter, treten neue gesellschaftliche Kräfte als Akteure in der Geschichte auf. Geraten die neuen Produktionsformen und Verteilungsverhältnisse in Widerspruch zu den bestehenden Herrschaftsverhältnissen, muss dieser Widerspruch durch eine Revolution gelöst werden, die in der Regel neue Herrschaftsverhältnisse hervorbringt.

Die Modernisierungstheorie

→ S. 16, S. 19

Sie ist ein Deutungsmodell für Umbrüche und Wendepunkte in der Geschichte. Modernisierungstheoretiker messen Modernisierungsprozessen in der Wirtschaft, in der Herrschaftsausübung, im Denken der Menschen sowie in überlieferten Normen die entscheidende Bedeutung für Wendepunkte in der Geschichte bei. Dabei kann es sich beispielsweise um völlig neue Produktionsweisen, neue wissenschaftliche Erkenntnisse, veränderte Einstellungen zu Natur und Umwelt oder auch veränderte Formen im Zusammenleben der Menschen handeln. Solche Modernisierungsschübe vollziehen sich zwar nicht ohne das Handeln von Menschen, werden aber häufig nicht mit dem Ziel verfolgt, einen historischen Wandel herbeizuführen.

Krise(n) der römischen Republik seit dem 2. Jahrhundert v. Chr.

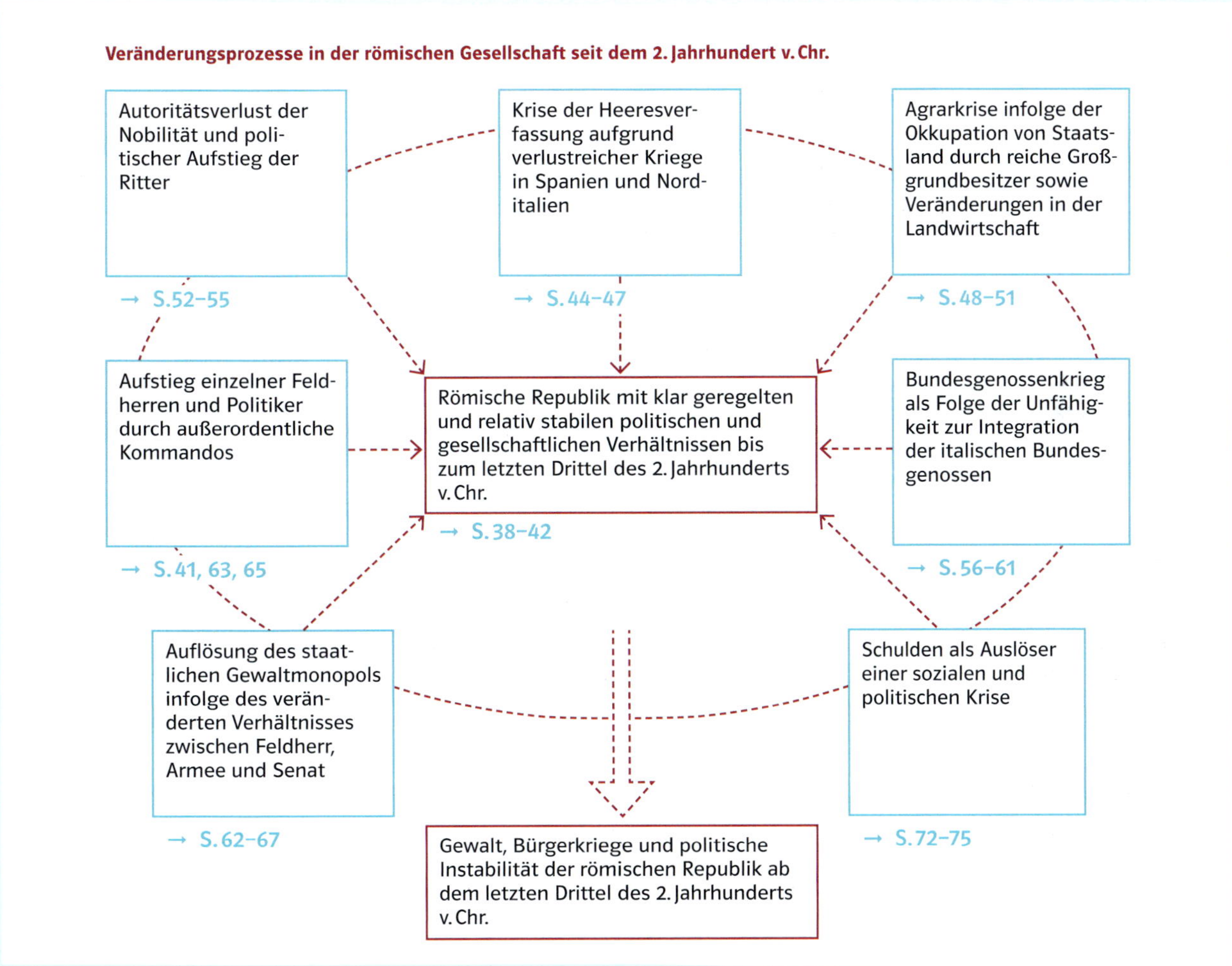

Maßnahmen zur Eindämmung der Krisenerscheinungen und deren Ergebnisse

Reform des Tiberius Gracchus

→ S. 48–49, S. 51

- Beschränkung des Besitzes an Staatsland und Landverteilung an bäuerliche Siedler
- Blockierung des Ackergesetzes durch die Nobilität nach der Ermordung des Tiberius Gracchus

Reform des Gaius Gracchus

→ S. 49

- Wiederaufnahme der Reform der Bodenbesitzungen
- politische Zugeständnisse an die Ritter
- Versprechen, Getreide zu subventionieren
- Reformversuche enden mit der Ermordung des Gaius Gracchus

Versuche der Popularen, die soziale Lage der breiten Volksschichten zu verbessern

→ S. 52–53

Verleihung des römischen Bürgerrechts an die ehemaligen Bundesgenossen nach deren Niederlage im Bundesgenossenkrieg

→ S. 56–57, S. 59

Heeresreform des Gaius Marius

→ S. 62–67

- allmähliche Abkehr vom Milizheer
- Feldherr handelt als Patron
- Veteranen werden zum Machtfaktor
- Erstarken des Militärs führt zu weiterer politischer Instabilität und zur Bedrohung des inneren Friedens

Reformen des Sulla

→ S. 68–71

- Diktatur „zur Gesetzgebung und Errichtung des Staatswesens", Vergrößerung des Senats, Erhöhung der Anzahl der Magistrate, Mindestalter für Ämterübernahme
- engere Bindung der Beamten an den Senat
- Entmachtung des Volkstribunals: Verlust des Vetorechts, Ausschluss der Volkstribunen aus der Ämterlaufbahn (von Pompeius wieder aufgehoben)

Neuordnung der Provinzialpolitik durch Pompeius

→ S. 69

- Neugliederung der Gebiete mit direkter bzw. indirekter Herrschaft
- Neugestaltung der Verwaltungsregionen
- Neugründungen von Städten
- Patronale Fürsorge für die Menschen im griechischen Osten

Triumvirat von Pompeius, Crassus und Caesar

→ S. 76–80

- Populare Methoden zur Durchsetzung politischer Ziele und zur Machtsicherung: außerordentliche Kommandos, Ackergesetze zur Versorgung der Veteranen und zur Verbesserung der sozialen Lage armer und kinderreicher Bürger
- Zerfall des Triumvirats führt erneut zu Bürgerkriegen

Diktatur Caesars

→ S. 81–83

- Versuche, die Schulden einzudämmen und die Staatskasse zu entlasten
- Verbesserung der Reichsverwaltung durch Erhöhung der Beamten- und Priesterstellen
- Ordnung des öffentlichen Lebens u. a. durch eine Kalenderreform und den Plan, das römische Recht zu kodifizieren

Begründung des Prinzipats durch Octavian

→ S. 84–91

- Ausbau einer rechtlich abgesicherten Machtposition: wiederholtes Konsulat, Zensur Übertragung von Amtsgewalten auf Octavians Person
- sakrale Weihe und soziale Absicherung der Macht
- Verbesserung der Staats- und Reichsverwaltung
- rechtlich geregelte Alleinherrschaft bedeutet das Ende der Republik

Krise und Umbruch in Osteuropa Ende des 20. Jahrhunderts

Entwicklung der Vormachtstellung der Sowjetunion gegenüber den osteuropäischen Ländern

→ S. 92–97

UdSSR

Hitler-Stalin-Pakt

1939/40

Einverleiben ostpolnischer Gebiete
zwangsweise Umwandlung der baltischen Staaten in Sowjetrepubliken

Mitglied der Antihitlerkoalition und Siegermacht des Zweiten Weltkriegs

nach 1945

Hegemonialmacht über Osteuropa
Durchsetzung des sowjetischen Gesellschaftsmodells

Die Ostblockstaaten von den 1950er- bis in die 1980er-Jahre (Beispiele)

Krisen in Osteuropa

wirtschaftliche Mangelerscheinungen

fehlende politische Freiheiten

Unterdrückung oppositioneller Kräfte

Versuche zur Änderung der politischen und gesellschaftlichen Situation

- 17. Juni 1953 in der DDR
- Herbst 1956 in Ungarn
- Frühjahr 1968 in der ČSSR („Prager Frühling")
- 1956, 1968 1976 in Polen

Eingreifen der UdSSR (z. T. militärische Intervention)

Zementierung der kommunistischen Herrschaft

→ S. 96–102

weiterer wirtschaftlicher Niedergang u. a. durch Wettrüsten

Herausbildung bzw. Anwachsen einer Opposition

Anwachsen eines ökologischen Bewusstseins

Abkehr der UdSSR von der Breshnew-Doktrin

Erosion der politischen Vorherrschaft der kommunistischen Parteien

Umbruch in Polen (Solidarność, katholische Kirche)

→ S. 102–107

Umbruch in der Sowjetunion (Glasnost, Perestroika)

→ S. 108–113

Umbruch in den baltischen Republiken („Singende Revolution")

→ S. 114–117

Auflösung des Ostblocks – Ende des Kalten Kriegs

Probeklausur

Mithilfe der nachfolgenden Probeklausur haben Sie die Möglichkeit, Ihre Kompetenz, Geschichte zu deuten und zu reflektieren, anzuwenden. Dabei stellen Sie Bezüge zum Kernmodul „Theorien und Modelle zu Umbruchsituationen" und dem Pflichtmodul „Krise(n) der römischen Republik seit dem 2. Jahrhundert v. Chr." her.

1 Geben Sie nach einer quellenkritischen Einführung die wesentlichen Aussagen Plutarchs wieder.
2 Erläutern Sie die vom Autor beschriebene Entwicklung auf dem Land sowie die Reaktionen des Tiberius Gracchus und der reichen Grundbesitzer.
3 Nehmen Sie Stellung zu der Darstellung Plutarchs unter Berücksichtigung moderner Sichtweisen.

Im Jahr 133 v. Chr. eskalierte die Agrarkrise in Rom. Der griechische Gelehrte Plutarch (46–119 n. Chr.) beschreibt in seiner Biographie über Tiberius Gracchus den Zustand auf dem Land und die Umstände, die Tiberius dazu bewogen, sich der Probleme anzunehmen.

Die Römer pflegten das Land, das sie ihren Nachbarn im Krieg abnahmen, zum einen Teil zu verkaufen, zum anderen in Staatsbesitz zu überführen und dann bedürftigen Bürgern oder solchen ohne eigenen Boden gegen eine geringe Abgabe an die Staatskasse zur Nutzung zu überlassen. Als jedoch die Reichen anfingen, den Pachtzins in die Höhe zu treiben und die Armen von ihrer Scholle zu verdrängen, wurde ein Gesetz erlassen, welches bestimmte, daß niemand mehr als fünfhundert Morgen Land besitzen dürfe. Für kurze Zeit tat diese Vorschrift der Habgier Einhalt und half den Armen, welche auf den gepachteten Höfen blieben und den Anteil des staatlichen Bodens bewirtschafteten, den sie von jeher besessen hatten. Später aber brachten die reichen Nachbarn durch vorgeschobene Mittelsmänner die Pachtverträge in ihre Hände und verwalteten schließlich das meiste ganz offen als eigenen Besitz. Aus ihren Heimwesen gejagt, taten die Armen ihre Soldatenpflicht nur noch mit Widerwillen und zeigten auch keine Lust mehr, Kinder großzuziehen, so daß ganz Italien binnen kurzem die freie Bevölkerung zurückgehen sah, während das Land sich mit den Kasernen ausländischer Sklaven bedeckte, welche nunmehr die Ländereien bestellten, aus denen die Reichen ihre Mitbürger vertrieben hatten. […]

Als Tiberius zum Volkstribun gewählt war, wandte er sich sogleich dieser Aufgabe zu. Sein Bruder Gaius berichtet in einer Schrift, Tiberius habe, als er auf dem Weg nach Numantia [Stadt in Spanien, die im Jahr 133 von den Römern zerstört wurde] durch Etrurien kam, das verödete Land gesehen und die aus der Fremde eingeführten Sklaven, welche die Felder bestellten und das Vieh weideten. Da zuerst sei der Entschluß in ihm gereift zu jener Politik, welche ihnen beiden Leiden ohne Zahl bringen sollte. Am meisten jedoch entflammte ihn das Volk selber zu leidenschaftlichem Ehrgeiz, indem es ihn durch Inschriften an öffentlichen Hallen, an Wänden und Denkmälern aufrief, den Armen das Gemeindeland zurückzugewinnen. Er arbeitete das Gesetz freilich nicht allein aus, sondern zog die tüchtigsten und angesehensten Bürger als Ratgeber bei, neben andern den Pontifex maximus Crassus, den Rechtsgelehrten Mucius Scaevola, der damals Konsul war, und seinen Schwiegervater Appius Claudius. Und es ist wohl nie ein Gesetz, das gegen so schreiendes Unrecht und gegen solche Habgier sich wandte, in mildere, schonendere Form gefasst worden. Denn wer für seinen Ungehorsam Strafe verdient hätte, wer das Land, aus dem er widergesetzlich Nutzen zog, hätte herausgeben und obendrein eine Buße entrichten sollen, der mußte lediglich – so lautete die Bestimmung – gegen eine Entschädigung abtreten, was er sich widerrechtlich angeeignet, um bedürftigen Bürgern Platz zu machen. Die Reform hielt sich in vernünftigen Grenzen, aber das Volk gab sich gleichwohl zufrieden. Es ließ das Vergangene ruhen, froh, daß in Zukunft das Unrecht ein Ende hätte. Die reichen Besitzer hingegen verfolgten aus Habgier das Gesetz, aus Zorn und Eifersucht den Gesetzgeber mit ihrem Haß und versuchten, das Volk umzustimmen: Die Verteilung des Landes sei für Tiberius nur ein Vorwand, die Verfassung zu zerrütten und einen allgemeinen Umsturz herbeizuführen. Aber sie erreichten nichts, denn Tiberius, der für ein schönes und gerechtes Ziel kämpfte mit einer Gewalt des Wortes, die eine schlechtere Sache hätte adeln können, war gewaltig und unüberwindlich, wenn er umdrängt vom Volk, auf der Rednerbühne stand und von den Armen sprach.

Plutarch, Tiberius Gracchus 8, zit. nach Plutarch, Große Griechen und Römer, Bd. VI. Eingeleitet und übersetzt von Konrat Ziegler, Stuttgart/Zürich 1965, S. 243–245.

Zum Umgang mit dem Material

Es empfiehlt sich, zunächst das Klausurmaterial zu sichten. In diesem Fall sollten Sie den Text einmal gründlich durchlesen, um einen ersten thematischen und inhaltlichen Eindruck zu erhalten. Dabei können Sie bereits erste Schlüsselbegriffe, Stichworte oder problematische Fachbegriffe markieren oder notieren. Es besteht die Möglichkeit mithilfe eines Dudens oder Fremdwörterlexikons Verständnisprobleme vor der Aufgabenlösung zu klären.

Die Aufgabenstellungen und Vorbereitung der Niederschrift

Eine angemessene Aufgabenbearbeitung hängt im Wesentlichen von der richtigen Kenntnis und Umsetzung der Operatoren ab. Das bedeutet: Wenn Sie den Operator inhaltlich nur unzureichend kennen, werden Sie die Aufgabe nicht zufriedenstellend bewältigen können. Sie haben in diesem Band immer wieder mit den Operatoren gearbeitet, deren Leistungserwartung auf S. 130 f. beschrieben sind. Sinnvoll ist, die in den Aufgaben verwendeten Operatoren zu markieren oder herauszuschreiben. Sie sollten nach Sichtung der Aufgaben und Operatoren das Material ein weiteres Mal lesen. Systematisieren und gliedern Sie den Text mit Anmerkungen und Markierungen im Sinne der Aufgabenstellung und der äußeren Quellenmerkmale.

Klausuren sind in der Regel so gegliedert, dass alle drei Anforderungsbereiche berücksichtigt werden. In diesem Fall geht es um:

1. inhaltliche Wiedergabe,
2. inhaltliche Einordnung, genauere Untersuchung,
3. Deutung und Reflexion.

Ausgehend vom Material und den Operatoren sollten Sie Ihre Niederschrift zu den jeweiligen Aufgaben auf einem Konzeptionspapier in kurzen Stichworten und Sinnabschnitten gliedern. Verwenden Sie Absätze nur dann, wenn tatsächlich ein neuer Gedankengang oder Sinnabschnitt folgt. Auslassungen oder Lücken nummerieren Sie durchgängig und notieren die jeweiligen Ergänzungen auf ein Extrablatt.

Zur inhaltlichen Wiedergabe

Einleitend sollten Sie quellenkritisch in das Material einführen. Autor, Titel und Angaben zur Textart geben Ihnen erste Hinweise. So ist zum Beispiel zu erkennen, dass es sich bei Plutarch um einen antiken Gelehrten handelt, der Biografien bedeutender Persönlichkeiten unter einem bestimmten Blickwinkel verfasste.

Im Sinne der Aufgabenstellung formulieren Sie in eigenen Worten, unter Berücksichtigung einer angemessenen Fachsprache und Verwendung der indirekten Rede eine Zusammenfassung der wesentlichen Aussagen. Achten Sie dabei auf eine präzise und stringente Formulierung, die verdeutlicht, welche Akzente Plutarch mit seiner Darstellung setzt. Belegen Sie die Aussagen mit Zeilenangaben oder Zitaten.

Zur Einordnung und Untersuchung des Materials

Um die Aussagen der Quelle historisch einzuordnen, sollten Sie zunächst Plutarchs Beschreibung der Entwicklung auf dem Land mit genaueren Hinweisen auf die Veränderung der landwirtschaftlichen Produktionsmethoden und die sich hieraus ergebenden Folgen für die Kleinbauern und den Militärdienst erläutern. Was die Reaktionen der angesprochenen Politiker angeht, ist es wichtig herauszuarbeiten, dass Gracchus, der selbst aus einer hochadligen Familie stammte, von Beginn an keineswegs isoliert war, sondern, wie Plutarch selbst schreibt, von namhaften *nobiles* unterstützt wurde. Die Gegenreaktion der „reichen Besitzer" (Z. 77) erfolgte offensichtlich erst nach dem Gesetzeserlass, und die Gegner repräsentierten auch kaum die gesamte Adelsschicht. Der Hinweis auf die Eifersucht, die sie gegenüber Tiberius hegten (Z. 78), umschreibt die Sorge, Tiberius könne durch sein Reformvorhaben große Teile des Volkes zu seiner Klientel machen. Die Befürchtung der Reichen, wonach Tiberius die Verfassung stürzen wollte und (wie später Catilina) einen Umsturz plante, wird auf die Erfahrung der „Verfassungsverstöße" durch Tiberius während seines Volkstribunats zurückgehen.

Zur Deutung und Reflexion

Plutarchs Darstellung ist geprägt von einer einseitigen Sympathie für Tiberius Gracchus und sein „schönes und gerechtes Ziel" (Z. 85 f.) auf der einen und von der negativen Charakterisierung der Großgrundbesitzer auf der anderen Seite. Diese pauschale Kontrastierung unter Zuhilfenahme moralischer Kriterien ist der Quellengattung und den Intentionen des Autors geschuldet; sie entspricht aber genauso wenig der Realität wie die sehr verallgemeinernden Aussagen zur „Agrarkrise". Tatsächlich hat die Forschung festgestellt, dass von agrarischen Nöten sowie einem Bevölkerungsrückgang in „ganz Italien" (so Plutarch Z. 28 f.). nicht die Rede sein kann. Ebenso ist die Vorstellung, die Ländereien seien verödet und würden von Heerscharen ausländischer Sklaven bevölkert, nach Aussage archäologischer Quellen gerade für Norditalien (Etrurien, Z. 41) nicht zu halten. Plutarch ist hier wahrscheinlich von der Rhetorik des Gracchus beeinflusst, der mit solchen Parolen Unterstützung im Volk gewinnen wollte.

Demgegenüber sollten Sie unter Zuhilfenahme der auf S. 50/51 erarbeiteten Forschermeinungen die moderne Beurteilung der Agrarkrise präsentieren und dann als Ergebnis eine eigene Stellungnahme zur Lage auf dem Land, zu ihren Folgen und den Reaktionen der jeweils betroffenen Politiker formulieren. Achten Sie besonders darauf, dass Sie die recht einseitige „Schwarz-Weiß-Perspektive" Plutarchs durch eine differenzierte und ausgewogene Einschätzung ersetzen.

Medien-Methodenkompetenzen im Überblick

Quellen

Textquellen

Textquellen sind eine Großgattung von Quellen. Es gibt eine Vielzahl unterschiedlicher Textquellenarten. Jede von ihnen legt über andere Dinge Zeugnis ab und muss unter diesem Gesichtspunkt betrachtet werden.

Zeitungen:
historische Momentaufnahmen eines ganzen Spektrums von Lebensbereichen (Politik bis Kleinanzeigen)

Zeitzeugenaussagen:
nachträglich „hergestellte" und zunächst mündliche Quelle aus subjektiver Erfahrungsperspektive, persönliche Erinnerungen oft mit späteren Kenntnissen und Erfahrungen gemischt und durch nachträgliche Änderungen und Rechtfertigungen beeinflusst

Analyseschritte

Beschreiben
- → Angaben zum Verfasser
- → Entstehung (Zeit, Ort, Zusammenhang)
- → Textsorte
- → Adressat(en)

Untersuchen
- → Thema
- → Aussage
- → Intention
- → sprachliche Gestaltung (Wortwahl, Satzbau, rhetorische Mittel)

Deuten und Bewerten
- → zentrale Information/Botschaft des Textes
- → Einordnen in den historischen Kontext
- → unter Beachtung von Perspektivität ein eigenes Sach- und Werturteil formulieren

Briefe:
subjektive Sicht auf Ereignisse und Personen, Gefühle und Befindlichkeiten des Verfassers

Flugblätter:
adressatenorientierte, komprimierte Darstellung von Überzeugungen und Zielen politischer oder konfessioneller Gruppierungen, Kritik an Gegnern

Gesichtspunkte für die Analyse (Beispiele)

Bildquellen

Bildquellen sind eine Großgattung von Quellen. Es gibt eine Vielzahl unterschiedlicher Bildquellenarten. Jede von ihnen legt über andere Dinge Zeugnis ab und muss unter diesem Gesichtspunkt betrachtet werden.

Fotos:
vordergründig rein technische Dokumentation historischer Realität, dennoch stark beeinflusst durch Darstellungsabsichten des Fotografen und ggf. Veröffentlichungskontext; private Fotografie als wichtige Quelle zur Alltagsgeschichte

Gemälde:
subjektive Sicht, künstlerische Freiheiten können stark verfremden, bei Historienmalereien erfährt man weniger über das dargestellte historische Faktum als über die Vorstellungen des Künstlers

Analyseschritte

Beschreiben
- → erster Eindruck
- → hervorstechende Elemente
- → bemerkenswerte Einzelheiten
- → Künstler/Urheber
- → Entstehung (Zeit, Ort, Zusammenhang)

Untersuchen
- → Thema
- → Bildgattung
- → dargestellte Personen, Ereignisse, Gegenstände
- → Bildaufbau
- → Perspektive
- → Figurendarstellung
- → Größenverhältnisse
- → Licht- und Farbwirkungen

Deuten und Bewerten
- → Gesamtaussage des Bildes
- → zeittypische Sichtweisen, Vorstellungen, Haltungen
- → eigenes Sach- und Werturteil

Plakate:
adressatenorientierte, komprimierte Darstellung von Überzeugungen und Zielen politischer oder konfessioneller Gruppierungen, Kritik an Gegnern, aber auch zeittypische Produktwerbung in bildlicher und grafischer Verdichtung

Karikaturen:
kritische und tendenziöse Urteile über Personen und Ereignisse der Zeit in Form von Verfremdungen und Anspielungen

Gesichtspunkte für die Analyse (Beispiele)

Darstellungen

Statistiken

Beschreiben	Untersuchen	Deuten und Bewerten
→ Thema → Zeitpunkt/Zeitraum → Größen/Einheiten → Art der Darstellung (absolute Zahlen, Prozentzahlen, Indexwerte)	→ Herkunft der Statistik → Besonderheiten und wichtige Veränderungen in den Zahlenangaben → ggf. Umrechnungen (Prozentzahlen, Indexwerte) → ggf. Übertragung in Diagramm-Darstellung	→ zentrale Aussagen über das Thema → Gründe für dargestellte Entwicklungen (historischer Kontext) → offene Fragen

Karten

Beschreiben	Untersuchen	Deuten und Bewerten
→ Thema → dargestellter Raum → Größen/Einheiten → dargestellte Zeit	→ Entnahme von Informationen im Hinblick auf Untersuchungsfrage → Berechnungen (z. B. Entfernungen, Flächen, Häufigkeiten)	→ Zusammenfassung zentraler Aussagen → Verknüpfung mit vorhandenen Kenntnissen → Probleme der Kartendarstellung

Sachtexte

Beschreiben	Untersuchen	Deuten und Bewerten
→ Verfasser → Thema → Aufbau	→ genaue Fragestellung → Argumentationsgang → Urteile → Belege und Begründungen → sprachliche Mittel	→ zentrale Aussagen → Plausibilität

Fernsehdokumentationen

Beschreiben	Untersuchen	Deuten und Bewerten
→ Thema/Fragestellung → Entstehung (Zeit, Ort, Zusammenhang)	→ verwendete Dokumente (Filmquellen, Bildquellen, Textquellen) → Zeitzeugenaussagen → Experten → Sprecherkommentar → nachgespielte Szenen → Ton/Musik	→ Deutung des historischen Geschehens → geschlossene Deutung oder Offenheit für weitere Deutungen

Spielfilme

Beschreiben	Untersuchen	Deuten und Bewerten
→ Thema → Entstehung (Zeit, Ort, Zusammenhang) → inhaltliche Akzentsetzungen → wichtige Personen → zentrale Szenen	→ Darstellung der Hauptpersonen → filmische Mittel (Kameraführung, Ton/Musik, Licht)	→ Deutung des historischen Geschehens → historische Genauigkeit → gegenwartsbezogene Botschaft

Internetseiten

Suchen	Überprüfen	Auswerten
→ geeignete Schlagwörter → geeignete Seite, geeignetes Portal	→ wichtige sachbezogene Informationen → Glaubwürdigkeit intern (Institution, Verfasser, Nachweise) → Glaubwürdigkeit extern (Vergleich unterschiedlicher Seiten, Vergleich mit anderen Informationsmedien)	→ Auswahl von Informationen → Einfügen in eigenes Konzept → Nachweis von zitierten oder paraphrasierten Passagen → Verwendung und Nachweis von Bildern oder anderen Visualisierungen

Ausstellungen

Beschreiben	Untersuchen	Deuten und Bewerten
→ Thema → Aufbau → wichtige Objekte	→ Auswahl von Objekten → Präsentation von Objekten → Erläuterung von Objekten → Verbindung von Themenbereichen („roter Faden“) → ergänzende Medien und Materialien	→ Anregungspotential → Lernpotential → Konzept insgesamt

Operatoren und Anforderungsbereiche für das Lösen von Aufgaben

(Übernahme aus dem Kerncurriculum für das Gymnasium – gymnasiale Oberstufe, die Gesamtschule – gymnasiale Oberstufe, das Berufliche Gymnasium, das Abendgymnasium, das Kolleg Geschichte Niedersachsen, S. 40 f.)

Anforderungsbereich I

Operator	Beschreibung der zu erwartenden Leistung
beschreiben	strukturiert und fachsprachlich angemessen Materialien vorstellen und/oder Sachverhalte darlegen
gliedern	einen Raum, eine Zeit oder einen Sachverhalt nach selbst gewählten oder vorgegebenen Kriterien systematisierend ordnen
wiedergeben	Kenntnisse (Sachverhalte, Fachbegriffe, Daten, Fakten, Modelle) und/oder (Teil-)Aussagen mit eigenen Worten sprachlich distanziert, strukturiert und damit unkommentiert darstellen
zusammenfassen	Sachverhalte auf wesentliche Aspekte reduzieren und sprachlich distanziert, strukturiert und unkommentiert wiedergeben

Anforderungsbereich II

Operator	Beschreibung der zu erwartenden Leistung
analysieren	Materialien, Sachverhalte oder Räume kriterienorientiert oder aspektgeleitet erschließen und strukturiert darstellen
charakterisieren	Sachverhalte in ihren Eigenarten beschreiben, typische Merkmale kennzeichnen und diese dann gegebenenfalls unter einem oder mehreren bestimmten Gesichtspunkten zusammenführen
einordnen	begründet eine Position/ein Material zuordnen oder einen Sachverhalt begründet in einen Zusammenhang stellen
erklären	Sachverhalte so darstellen – gegebenenfalls mit Theorien und Modellen –, dass Bedingungen, Ursachen, Gesetzmäßigkeiten und/oder Funktionszusammenhänge verständlich werden
erläutern	Sachverhalte in ihren komplexen Beziehungen an Beispielen und/oder Theorien verdeutlichen (auf Grundlage von Kenntnissen bzw. Materialanalyse)
herausarbeiten	Materialien auf bestimmte, explizit nicht unbedingt genannte Sachverhalte hin untersuchen und Zusammenhänge zwischen den Sachverhalten herstellen
in Beziehung setzen	Zusammenhänge zwischen Materialien, Sachverhalten aspektgeleitet und kriterienorientiert herstellen und erläutern
nachweisen	Materialien auf Bekanntes hin untersuchen und belegen
vergleichen	Gemeinsamkeiten, Ähnlichkeiten und Unterschiede von Sachverhalten kriterienorientiert darlegen

Anforderungsbereich III

Operator	Beschreibung der zu erwartenden Leistung
beurteilen	den Stellenwert von Sachverhalten oder Prozessen in einem Zusammenhang überprüfen, um kriterienorientiert zu einem begründeten Sachurteil zu gelangen
entwickeln	zu einem Sachverhalt oder zu einer Problemstellung eine Einschätzung, ein konkretes Lösungsmodell, eine Gegenposition oder ein Lösungskonzept inhaltlich weiterführend und/oder zukunftsorientiert darlegen
erörtern	zu einer vorgegebenen Problemstellung eine reflektierte, abwägende Auseinandersetzung führen und zu einem begründeten Sach- und Werturteil kommen
interpretieren	Sinnzusammenhänge aus Quellen erschließen und eine begründete Stellungnahme abgeben, die auf einer Analyse, Erläuterung und Bewertung beruht
Stellung nehmen	Beurteilung mit zusätzlicher Reflexion individueller, sachbezogener und/oder politischer Wertmaßstäbe, die Pluralität gewährleisten und zu einem begründeten Werturteil führen
überprüfen	Inhalte, Sachverhalte, Vermutungen oder Hypothesen auf der Grundlage eigener Kenntnisse und mithilfe zusätzlicher Materialien auf ihre sachliche Richtigkeit bzw. auf ihre innere Logik hin untersuchen

Operatoren zur Perspektivenübernahme

Operator	Beschreibung der zu erwartenden Leistung
Tagebucheintrag	Gegenüber der Situationsbeschreibung steht die Kommentierung aus ganz persönlicher Sicht im Vordergrund. Sie äußern sich über ein Geschehnis, das Sie erlebt haben, über die Begegnung mit einer Person, die Sie beeindruckt hat, oder über Ihre persönliche Lage und Befindlichkeit.
Brief	Sie berichten einem Ihnen zumeist bekannten, vielleicht vertrauten Adressaten über ein Ereignis, einen Sachverhalt oder eine fremde Position und nehmen dazu Stellung. Der Adressat muss sowohl Ihre Wiedergabe als auch Ihre Beurteilung ohne weitere Informationen nachvollziehen können. In einem öffentlichen Brief nehmen Sie zu einer aktuellen Frage pointiert Stellung. In einem Leserbrief formulieren Sie aus persönlicher Perspektive und auf der Basis eigener Erfahrung Ihre Meinung zu einem Thema, über das in der betreffenden Zeitung berichtet worden ist oder das in der öffentlichen Diskussion steht.
Zeitungsartikel	Vor allem Leitartikel und Kommentar sind von Interesse. Hierbei handelt es sich um Meinungsartikel: Sie beurteilen ein Ereignis, einen Sachverhalt oder eine fremde Position; dabei richten Sie sich an ein weites Publikum, das Sie argumentativ und rhetorisch zu überzeugen versuchen. Besonderes Augenmerk müssen Sie auf die Formulierung von Schlagzeile, Dachzeile (zweite Überschrift unter der Schlagzeile) und Vorspann (kurzer, fett gesetzter Einleitungstext, der das Wesentliche knapp zusammenfasst) richten; hier werden die Deutungsrichtung und Wirkungsabsicht des Textes signalisiert.
Rede	Sie formulieren ein bestimmtes – politisch, sozial, über das Geschlecht begründetes – Interesse einer Person. Die Argumentation ist stärker zielgerichtet als beim Zeitungsartikel, der Einsatz der (auf den mündlichen Vortrag ausgerichteten) Rhetorik ausgeprägter. Sie sollten die Rede auch halten.
Flugblatt	Sie verdichten eine Position, eine Meinung auf wenige, eingängige Schlagwörter. Ein Flugblatt zielt auf öffentliche Wirksamkeit ab. Dazu gehört auch eine funktionale Gestaltung.
Plakat	Wie in einem Flugblatt, allerdings in einem größeren Format und in der Regel stärker bildorientiert. Es geht um die funktionale Verknüpfung von Text, Bild und Grafik, die der wirkungsvollen öffentlichen Vermittlung einer Botschaft dienen soll.
Interview	In Form des fingierten Interviews können historisch Handelnde, Beteiligte oder Augenzeugen in konzentrierter und leicht verständlicher Form Auskunft über ihre Beweggründe, Erlebnisse und Meinungen geben. Sie müssen dafür sowohl Fragen als auch Antworten entwerfen.
Reportage	Persönlich gefärbter Bericht, der auf eigenen Beobachtungen und Recherchen zu einem Thema beruht. Allgemeine Informationen werden mit konkreten Beispielen, Äußerungen von Handelnden oder Betroffenen und subjektiven Eindrücken verbunden. Dabei können Sie sehr gut auch Fotos einbeziehen.

Verzeichnis der Namen, Sachen und Begriffe

Verwendete Abkürzungen
amerikan. = amerikanisch; brit. = britisch; dt. = deutsch; engl. = englisch; geb. = geboren; griech. = griechisch; karthag. = karthagisch; n. Chr. = nach Christus; numid. = numidisch; österr. = österreichisch; poln. = polnisch; röm. = römisch; russ. = russisch; sowjet. = sowjetisch; tschech. = tschechisch; tschechoslowak. = tschechoslowakisch ungar. = ungarisch; urspr. = ursprünglich; v. Chr. = vor Christus

Hinweise
→ Verweis auf ein anderes Stichwort